読まずに死ねない哲学名著50冊

平原 卓 著
Suguru Hirahara

Forest
2545
Shinsyo

まえがき

　哲学、という言葉に、どのようなイメージをもつでしょうか。

「哲学やってます」とマジメな顔して言われると、頭よさそうとか賢そうとかいった印象を受けるはずです。『哲学者のコトバ５００』なんてタイトルの本があったら、読むとチョット頭がよくなりそうな気がしてきますね。

　ただ一方では、役に立たない（金にならない）とか、うさん臭いと感じることもあると思います。

　確かに、哲学と称するもののなかには、いわゆる「俺ぁ哲学もってるからよ」的な人生哲学や、「真理はここにある（それを私だけが知っている！）」と主張しているカルトくさいものも少なくありません。たとえばこんな感じです。

「哲学を勉強してます」

「あ、そうなんですか、よくわかりませんけど……何かすごいですね！」

「お金にはなりませんけど」

「……」

「そんなことより、宇宙の真理を知りたくありませんか(笑)？」

「……（こいつヤバイ）」

もちろん近代社会においては、他者の自由を侵害しないかぎり、どんな言論だって自由に行われていい。しかし、歴史に名を残しているような哲学者が、「私だけが真理を知っている」という預言者口調に陥っていることはほとんどありません。反対に哲学の歴史は、真理はそもそも存在しないことを示す過程だったと言っていいくらいです。

真理をつかむことが哲学の課題ではない。ましてや、それを悟ることでもない。真理という概念自体が、一つの〝背理〟なのだ——。

長い時間をかけて、哲学はそうした洞察に行き着きました（ニーチェがその極致です）。

しかしこのことは、哲学が何の役にも立たないことを意味しているわけではありません。むしろ哲学は、真理が存在しないという深い了解を踏まえて、問うべき事柄を、私たちの生の意味や価値へと移してきたのです。

哲学はこれまで、普遍的な認識は可能か、よい社会とは何か、恋愛の意味は何か、豊かな生とは何かというような、現代に生きる私たちも抱くことのある問題を提起し、深く納得できるような解を与えてきました。本書で紹介する50の作品は、その営みのなかで生み出されてきた、哲学の結晶と言うべきものです。

そもそも哲学とは何か?

多少乱暴ですが、一言でまとめてしまうと、哲学とは「概念」によって共通了解を生み出していく営みです。哲学ではこのことを「共通了解の言語ゲーム」と呼んでいます。

ゲームと言われると「?」と思うかもしれませんが、ポイントは、互いに一から問題を考えなおすことで、共通了解を新しく創出する営みであるということです。営みである以上は、成功することもあれば失敗することもある。あらかじめ成功が約束されているわけではないというのが、ゲームという言葉のニュアンスです。

その意味で、哲学は困難に突き当たったときにこそ真価が試されるツールです。困難な状況においてなお、深い納得を生むような解を示せるか、そうしたものとして日々思考を鍛え上げているかどうかが、学説の試金石となります。

どれだけ物知りだろうと、それが納得できる解につながらなければ意味がない。哲学に権威のための場所はありません。鋭い感受性と鍛え抜かれた洞察力で、問題の端緒をつかみ、共有できる問題の形に仕上げ、納得できる解を与えた人物だけが生き残り、読みつがれ、考えつがれてきた学問、それが哲学です。

哲学は概念の工芸

哲学の面白いところは、考えるための〝材料〟は、一人ひとりの生のなかにあるということです。心の動きに目をこらし、それをうまく概念へと仕上げること。その意味で哲学は、概念の工芸と考えることができます。出来のよい概念は伝わるし、出来の悪い概念は伝わらない。シンプルですが、シビアでもあります。

その点、哲学の古典は、概念の伝統工芸と呼ぶべきものです。古典は古いからスゴいのではありません。スゴいからこそ、何度も読まれ、取り上げられ、試されてきたのです。吟味に対する持続力や耐久性が、古典のもつ本質です。

ですので、古典を読む際には、私たち自身の時代の問題意識から試しなおす姿勢を忘れてはいけません。さもないと古典は単なる英雄列伝になってしまいます。列伝自体も、それはそれで面白いのですが、哲学として生かそうとするなら、哲学者を偉人と見なす態度は、思い切って全部ゴミ箱に捨てる必要があります。それが古典を「哲学的に」読む第一歩だと言ってもいいかもしれません。

そこで、いざ哲学書を手に取って読みはじめると、まずはその難しさに面食らうことでしょう。プラトンやデカルトなど、前提知識がなくても比較的容易に読み進めていくことができる場合もあれば、カントやヘーゲル、フッサールなど、そもそも何を言わんとしているのかさえ、ほとんどつかめない場合もあるはずです。

哲学も一つの学問である以上、ある程度の難しさは仕方ありません。誰でもすぐに理解できるなら、学問の営みとして続くことはなかったでしょう。ただ、哲学が必要以上に難しくなってしまっていることも確かです。

哲学は、一般の人びとの市民感覚で試されることによって生かされます。だからこそソクラテスは街中の若者たちに議論をふっかけ、デカルトは「世間という書物」を学ぶべく街へと降りました。そうした態度が忘れられ、知識階級の知的遊戯という色を帯びだすと、その瞬間から、哲学の「魂」は腐りはじめるのです。

哲学のない人生なんて!?

本書は哲学のガイドマップです。哲学者たちの残した作品を、できるかぎりかみ砕き、解きほぐすことで、哲学がどのように営まれ、受け継がれてきたかを示すことを目的としています。

私も哲学書を読みはじめたころはさんざん苦労しました。当然、日本語に訳された本を読んだのですが、まるで日本語によく似た外国語を読んでいるようで頭に入ってきませんでした。

　しかし、私はふとしたきっかけでウェブサイト「Philosophy Guides」を開設し、哲学書で学んだ内容を備忘録がてらアウトプットしていたのですが、その作業の過程で少しずつですが〝哲学語〟の翻訳にも慣れてきました。

　そして、このたび本書を執筆するにあたっては、〝哲学翻訳家〟になったつもりで、さらにみなさんに理解しやすい日本語になるように工夫して書いたつもりです。

　もちろん、哲学書にまったく触れぬまま生きるのも一つの道ですし、否定するつもりはまったくありません。しかし、古代ギリシア時代から受け継がれてきた人間の叡《えい》智《ち》に触れないというのは、あまりにもったいないことではないか、という考えも一方ではもっています。

　事実、多くの方々が関心をもって「Philosophy Guides」にアクセスしてくださいます。何に役立つかわからなくとも、哲学のない人生に飽き足らず、生き方を、社会を、恋愛を、学ばんとする。哲学書を読まない、読めない、という人も含めて、私たちのなかにはそうした欲求があるのは間違いありません。

　私は本書で知識自慢をしたいわけではありません。自分の知識量など、哲学の巨人たちから比べたら一寸法師のようなものです。しかし、哲学において重要なのは知識量ではなく、どれだけ優れた考え方、つまり原理をともに共有できるかということです。本書でピックアップした哲学者たちは、(全員が必ずしもそういうわけではありませんが)優れた原理を哲学のテーブルの上に置いてきました。それをどう受け止めるかは、私たちに託された問題です。

私は哲学の可能性を信じています。この世界を否定するためではなく、よりよい世界、よりよい生の可能性の条件を取り出し、その実現を可能にするための原理をつくり出すために、哲学を生かすことができるはずです。本書がその一助となれば、筆者としてそれ以上の喜びはありません。

もくじ　読まずに死ねない哲学名著50冊

第二部　中　世――キリスト教神学に取り込まれた哲学

第三部　近　代――普遍性を探求する

第四部 現 代〈I〉——ニーチェ～ハイデガー

第五部 現代〈II〉——メルロ＝ポンティ〜デリダ

装幀●河村 誠
本文デザイン・図版作成・DTP●フォレスト出版編集部

参考：哲学歴史チャート

本文に入る前に、まずは哲学の歴史の全体像を確認しておきたいと思います。

- 古　代：哲学の始まり。神話による世界説明から、概念による世界説明へ。
- 中　世：キリスト教の時代。「哲学は神学のはしため」。
- 近　代：「自由」の時代。道徳、社会の原理的構想。
- 現　代：反近代、反哲学の時代。裏切られた近代の理念と、再建のきざし。

古　代

ヨーロッパ哲学は、紀元前7世紀の古代ギリシアにて誕生しました。

哲学の祖タレスは、ギリシアのミレトスという都市で活躍しました。当時のミレトスは、エジプトやメソポタミアといった地域との交流が活発で、いまでいう国際都市のような地方でした。タレスは、ギリシア神話による世界説明が普遍性をもたないことに気づき、代わりに「水」という概念を世界説明の原理として採用しました。ここに哲学が誕生します。

古代ギリシア哲学におけるビッグネームは、プラトンです。師ソクラテスの影響のもと、プラトンは世界を物理的な秩序から、意味と価値の秩序として捉えなおすことで、哲学の歩みを大きく進めました。

善や美といった諸価値の「本質」を探求するという態度は、プラトンによって打ち立てられました。

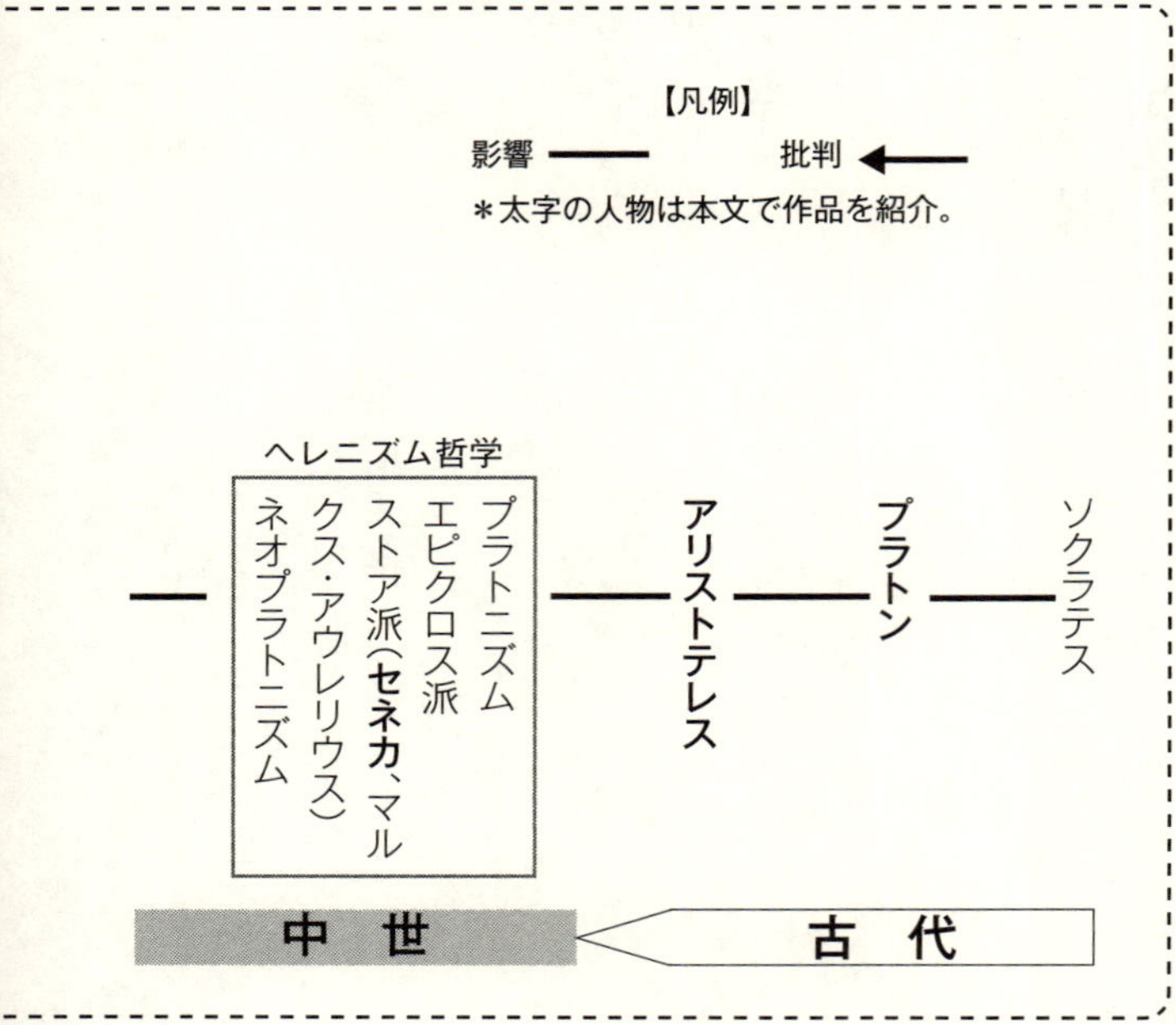

中世

中世に入ると、ヨーロッパにおけるキリスト教の発展を受け、哲学はキリスト教のもとに置かれ、「スコラ哲学」として営まれます。

この時代の哲学のあり方を端的に示すものに、「哲学は神学のはしため」という言葉があります。哲学は信仰を完成させるかぎりで価値がある。こうした考え方がスコラ哲学の特徴です。

代表はトマス・アクィナス。アクィナスは神を原理とする体系を打ち立てることで、信仰を一本化し、宗派対立を調停しようと試みました。

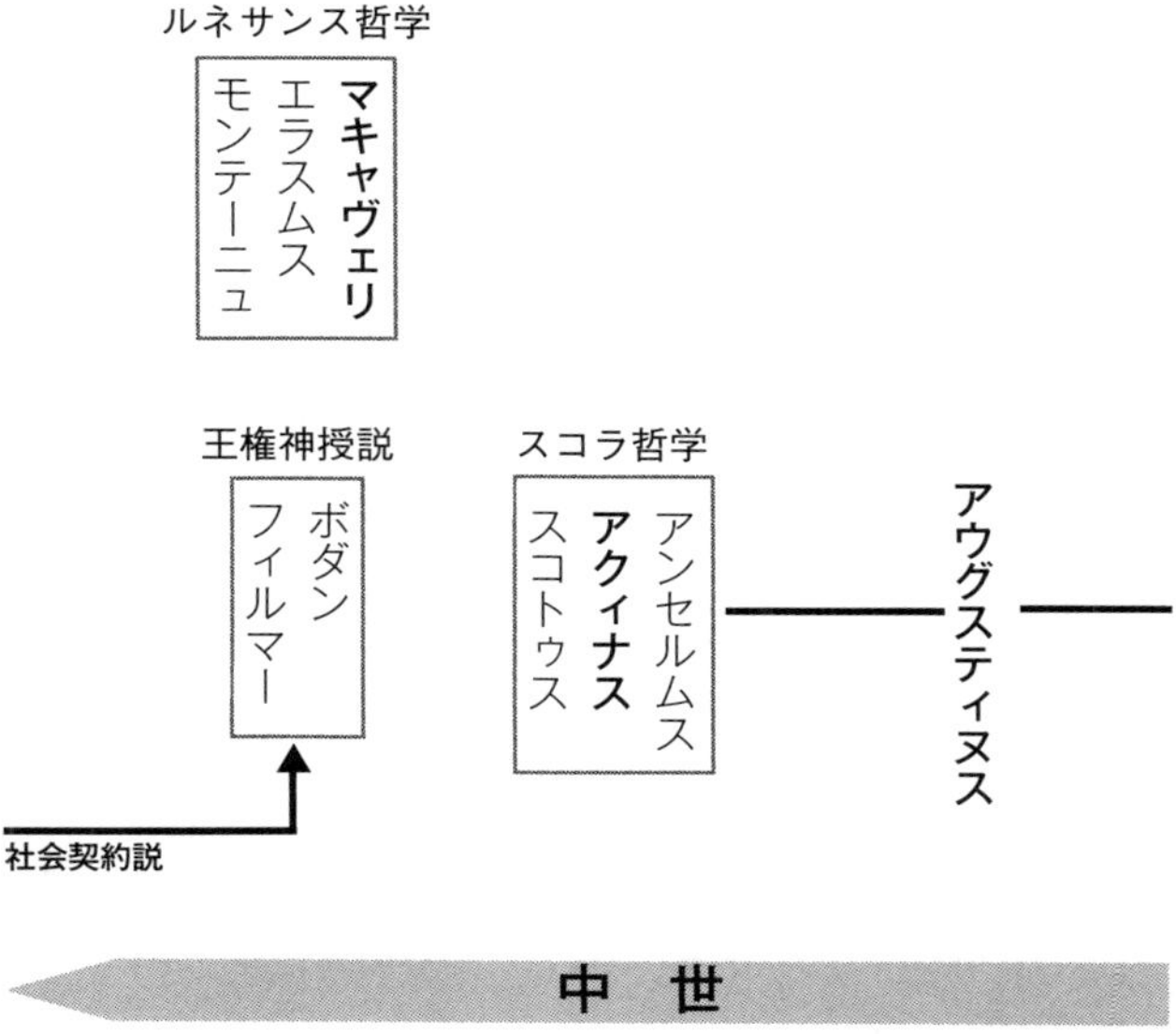

近代

近代を言い表す最大のキーワードは「自由」です。

ルネサンス期を経て、数学や自然科学が発展するにつれ、キリスト教の絶対性に疑問が投げかけられはじめます。その結果、人間が神の被造物であるという観念はほぼ不可逆的に崩れていき、それと平行して、人間は一個の存在として等しいはずだという理念が成立してきました。

中世では、人間は独力では

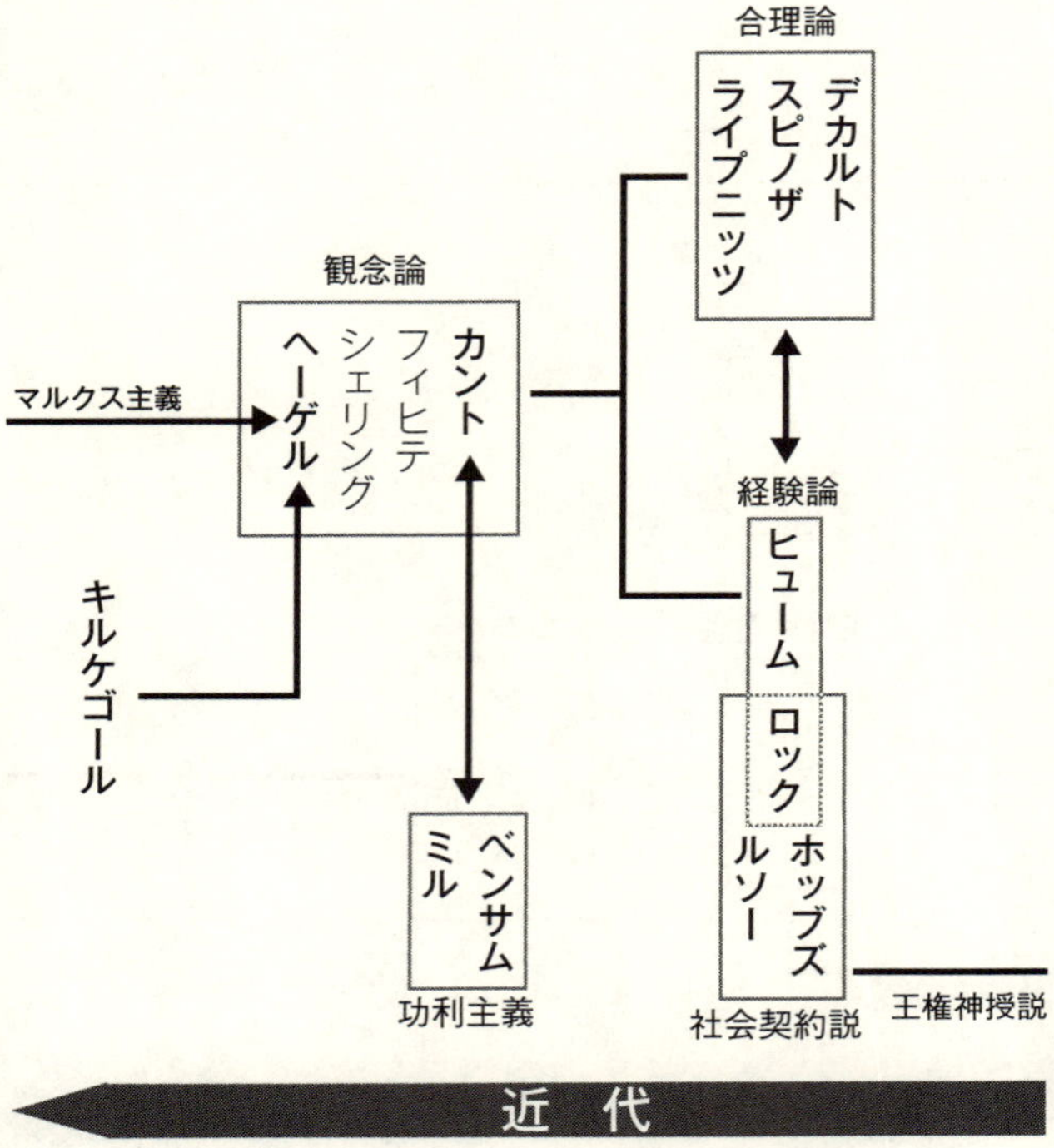

真理を探求することも、善を目がけることもできないとされていました。真理も善も、人間の知性だけで到達することはできず、最終的にはただ神の「恩恵」によってのみ可能となるというのが中世スコラ哲学の前提でした。

近代に入り、神の存在が背景に退くにつれ、そうした見方が転換しはじめます。人間は自分の理性によって、何が真であり、何が善であるかを知ることができる。こうした洞察に達したとき、「道徳」という観念が生まれました。

中世では、道徳は成立の余地がありませんでした。というのも、私たちが何をなさねばならないかについては、ただ神の言葉のみが教えると見なされていたからです。

道徳の理念とともに、近代社会の理念が展開してきます。世界の秩序は神によって定められているわけではない。私たちは自分自身で、誰もが自由に、自分にとっての「よい」を追求できる社会を構想することができるはずだ。ホッブズやルソー、ヘーゲルといった近代哲学者たちは、それぞれの状況でこの課題に取り組み、答えを与えてきました。

現　代

現代は、哲学にとって複雑な時代です。

産業革命の進展とともに、近代哲学の描いた理想の実現が期待されましたが、いざフタを開けてみると、近代社会は巨大な格差を生み出すシステムであることが明らかとなりました。

そうした「矛盾」を鋭く見抜いたマルクス主義やポストモダン思想は、反近代の立場から、近代哲学に対し集中砲火を浴びせています。

一方、近代哲学が生み出した理念を受け止め、それを徹底的に鍛え上げる動きも見られます。認識論ではニーチェやフッサール、社会哲学ではアーレントといった哲学者たちがこの課題に取り組みました。

現代は、学説の評価が確立しづらい時代です。世代が入れ替わるまでは玉石混淆の状態が続くでしょう。わずか数年で古典よりも古ぼける化石もあれば、光り輝くダイヤモンドの原石もあります。それらを見分けるのは一筋縄ではいきませんが、哲学の基礎教養と、一から自分で考えなおすという「自律」の意識が鍵となります。

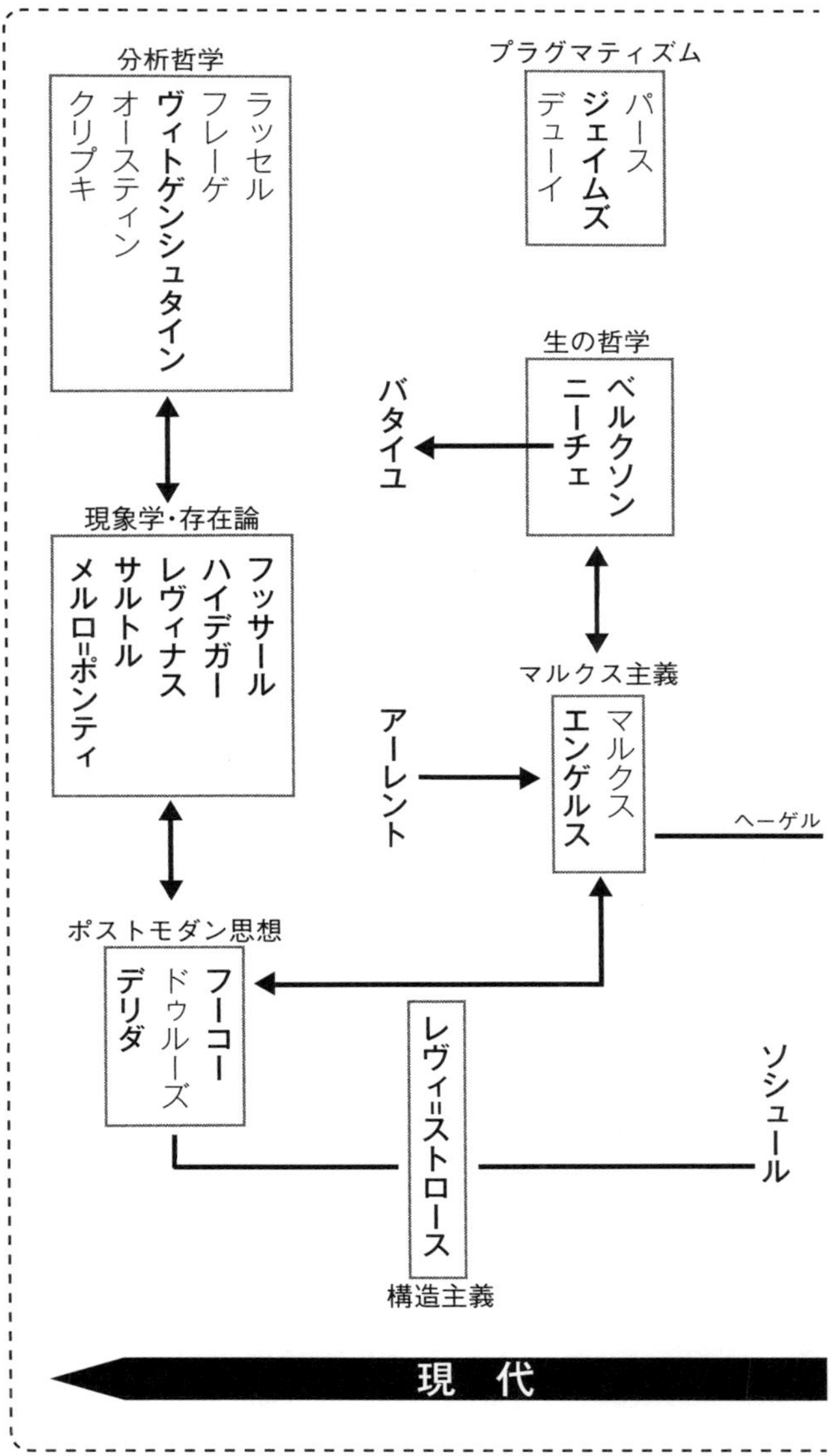
分析哲学
ラッセル
フレーゲ
ヴィトゲンシュタイン
オースティン
クリプキ
プラグマティズム
パース
ジェイムズ
デューイ
生の哲学
ベルクソン
ニーチェ
バタイユ
現象学・存在論
フッサール
ハイデガー
レヴィナス
サルトル
メルロ=ポンティ
マルクス主義
マルクス
エンゲルス
アーレント
ヘーゲル
ポストモダン思想
フーコー
ドゥルーズ
デリダ
レヴィ=ストロース
構造主義
ソシュール
現　代

哲学書を読む前に知っておきたい5つの心得

1 **あきらめずに、粘り強く、**
自分の頭で考えながら読む。


哲学者も私たちと同じ人間、同じ理性をもっています。

地道に読み進めれば、必ず腑に落ちる瞬間に出会えます。

2 **動機をすくい取るように読む。**

「なぜ、こんなことを論じているのか？」

の答えを追う姿勢で読む。

枝葉末節にこだわらない。

いったん著者が目がけている方向性がつかめれば、
可読性と理解度がアップ。

3 **繰り返し読む。**

一回読んだだけで理解することはほぼ不可能。

古本に出せないくらい、メモを書き込みながら読む。

4 **仲間と読む。**

一人で読むと、ふと苦しさや寂しさに襲われることも。

できるだけ仲間を見つけ、ともに考え、ともに話す。

時には読書会も開催し、終了後はともに呑む。

継続は力なり。

5 **名を残した哲学者だからといって、**
必要以上に畏敬の念を抱かない。

哲学者＝文章の達人ではない。
読んでいるこっちがバカなのではと自信喪失するほど、
理解しづらい文章（悪文）もある。
読者を放ったらかしにして、
独善・独断で書き散らす哲学者も少なくない。
主張が原理的かどうか確かめながら読むのが大切。

第一部

古代ギリシア

●宗教から概念による世界説明へ

title: 01 ソクラテスの弁明

「よく」生きることについての哲学

プラトン（前427〜前347年）

魂ができるだけすぐれたものになるよう、ずいぶん気をつかうべきである。
――『世界の名著6』収録「ソクラテスの弁明」田中美知太郎・訳、中央公論社

真とは何か。善とは何か。どのように生きることが「よい」のか。私たちは普段の生活を送るなかで、こうした問いに囚われることがある。古代ギリシアの哲学者プラトンもその一人だった。プラトンは師のソクラテス*に、本当の「よい」生き方とは何かと問い、力強く答える哲学者の姿を見た。

よく生きるとはどういうことか――？

ソクラテス、そしてプラトンは、このテーマに対して哲学の歴史上初めて取り組んだ哲学者だ。

*ソクラテス（前470〜前399年）古代ギリシアの哲学者。アテネで活動した。著書を残さず、彼の思想は弟子のプラトンらによって伝えられた。

本篇はプラトンの初期対話篇だ。

アテナイ（現在のアテネ）を中心とするデロス同盟と、スパルタを中心とするペロポネソス同盟との間で起きたペロポネソス戦争が、アテナイ側の敗北により終結した5年後の紀元前399年のこと。戦争の敗因を哲学者に負わせようとする政界の有力者アニュトスの手先だったメレトスが、「国家の信じる神々を認めず、青年を堕落させた」とのかどでアテナイの法廷にソクラテスを公訴。

本篇は裁判を見守っていたプラトンが、ソクラテスによる弁明の一部始終を記録したものである。

「真実」のみを語ろう

当時のギリシアでは、弁論のテクニックを教えるソフィスト*という職業が大きな力をもっていた。政治家になり、世間的に成功するためには、弁論がうまくなければならなかったからだ。聴衆の心を動かし、自分に有利なように議論を進められるかどうかが、当時の弁論において重要視されることだった。

*ソフィスト
前5世紀〜前4世紀初期にかけてアテネを中心に、主に富裕層から授業料を受け取って知識や弁論術を伝えていたギリシアの知識人。詭弁家と訳されることからもわかるように、彼らは真理や倫理的な問題よりも相手を説得、打ち負かすことに重きを置いていた部分があり、悪評も多かった。

そんな背景もあり、ソフィストたちに告発されたソクラテスは、弁明の冒頭、皮肉を込めて次のように言う。

「アテナイの人びとよ、私を告発した者たちは素晴らしい弁論を行った。あまりにも素晴らしいため、私は自分を忘れそうになるところだった。一方、私は、弁論はうまくないし、そもそも裁判所に来たことさえない。だから諸君には、ぜひ、私の言葉遣いではなく、そこで言われている内容が真実であるかどうかにのみ注意を払ってほしい」

要は、言葉遣いや表情、声によるバイアスを外し、自分の言葉のなかから、ただ「真実」のみをつかみとってほしいというのだ。

では一体、その「真実」とは何だろうか。

無知の知

ソクラテスは弁論の途中、自分はソフィストとは異なる知恵をもつと語る。それが「無知の知*」だ。学校の教科書で一度は目にしたことがあるだろう。しかし、この言

*無知の知
無知であることを自覚した時点で相手よりも優れていること。また、真理の探求へのあるべきスタンス。

葉が生まれたきっかけを知っている人は意外に少ないのではないだろうか。

ソクラテスは言う。私はデルポイの神殿にて、「自分よりも知恵のある人はいるか」と尋ねたことがある。すると「誰もソクラテスより知恵のある人はいない」と託宣《たくせん》が下された、と。

その真偽はともかく、ソクラテスはこの託宣に驚きを覚えた。なぜならソクラテスには、自分が知恵あるものではないという自覚があったからだ。

なぜ無知な自分よりも知恵がある人がいないのか。初めソクラテスにはそれが解せなかったが、ある政治家との議論を思い出したとき、神託の意味を理解することができた。

「確かに彼には、世間での暮らし方についての知恵はある。しかし、私たちが本当に知るべきことである『善』や『美』については何も知らない……」


――――

このちょっとしたことで、わたしのほうが知恵があることになるらしい。

つまり、わたしは、知らないことは知らないと思う、ただそれだけのことで、

――――

まさっているらしいのです。　　——前掲書

ソクラテスは、この政治家にかぎらず、賢人として名をはせる人物を訪ねては議論を繰り返したが、やはり彼らも世間のつまらない知恵ばかり身につけ、それでいて何でも知っているふうに語る。

この態度は、「自分は無知だ」という自覚に立って、本当に考えるべきことについての探求を一から始めようとするソクラテスとは対照的だ。

魂の配慮こそなすべきこと

本当に考えるべきことは、どうすれば世間で成功できるかではなく、よく生きるとは何かである。だが、そもそも、よく生きるとはどういうことか。この問題について、ソクラテスは、「魂の配慮」というキーワードを使って聴衆に論じていく。

「たとえ釈放されたとしても、私は神に従い、次のように人びとに説き回るだろう。君たちはアテナイという偉大なポリス*（都市国家）の市民でありながら、どれだけ多く

*ポリス　前8世紀頃からギリシア各地にできた小規模な都市国家。

の金銭を自分のものにできるか、どれだけ自分の評判、地位を高められるかということばかり気にかけている。だが本当に行うべきは、『魂』ができるだけ優れたものになるよう配慮することだ」

ソクラテスが考える「よく生きる」ことの核心は次のとおりだ。「魂」を優れたものにするためには、それを気遣う必要がある。どれだけお金を支払っても、あるいは、容姿を磨いても、内面の「魂」は優れたものにならない。自分の内面を振り返り、「魂」を「よい」方向に向け替えることによってのみ、「魂」は優れたものになる。

新しい倫理観を探求した哲学者ソクラテス

本篇で描かれているソクラテスは、確かになかなかの変わり者だ。

「神に選ばれた自分が人びとを批判し、魂を配慮するように促すことは誰にも止められない」

ソクラテスの主張を一言でまとめるとそういうことになる。

だが、本篇を読むと、プラトンにとってソクラテスとは、それまでの文化や習俗の価値観にとらわれることなく、何が「よい」ことであるかについて、「無知の知」というゼロ地点から根本的に問い直し、探求した哲学者だったことがよくわかる。

ソクラテス自身は裁判に敗れ、みずから毒杯をあおって死を選んだが、「私たちが本当に行うべきは、善とは何であり、美とは何であるかを知ることである」というソクラテスの確信は、『パイドロス』（39ページ）や『国家』（51ページ）といったプラトンの代表的な対話篇のメインテーマとして受け継がれ、より深められていくことになる。

title:02

饗宴

恋愛についての優れた洞察

プラトン（前427～前347年）

恋とは、善きものが永遠に自分のものであることを目ざすもの、というわけです。

――『世界の名著6』収録「饗宴――恋について」鈴木照雄・訳、中央公論社

恋愛とは理解しがたい体験だ。意識の向こう側から私たちに到来し、引き込んでいく。ふと気がつくと、いつもあの人のことを考えている。もっと知りたい、もっと話したい、もっと触れ合いたい。この気持ちは一体何だろう。プラトンは、哲学の歴史上初めて、こうした問いに取り組んだ哲学者だ。

本書はプラトンの中期対話篇だ。登場人物は、パイドロス、パウサニアス、エリュクシマコス、アリストパネス、アガトン、ソクラテスの六人。ギリシア神話に出てくる恋愛の神、エロス*についての討論を描き出し、恋とは何であるかについて論じている。

*エロス（エロース）　ギリシア神話における恋愛の神。ギリシア神話の神アフロディテの子とされ、ローマ神話のキューピッドにあたる。

ここであらかじめ言っておくと、本書でいう恋は少年愛*のことを指している。現在ではしばしば少年愛は〝異常〟なものと見られるが、当時のギリシアでは、ポリスの市民に暗黙の義務として課せられていたようだ。

古代ギリシアにおける恋愛と現代における恋愛は、その形式からすれば、大きく異なる。それゆえ、プラトンの恋愛論は、現代の恋愛について考えるには役に立たないのではないだろうか、と思う人もいるかもしれない。

確かにそれは、部分的には正しい。だがむしろ、そうした違いがあるからこそ、本篇を吟味することには価値がある。プラトンの主張に納得できるところがあるなら、それはプラトンが恋愛の本質をうまく取り出していることを意味するからだ。

*少年愛
年長者が若者に教育を施すのは、当時のギリシアでは社会の望ましい規範とされていた。

エロス神を賛美する

討論の前半は、ソクラテスを除く五人によるエロス神の賛美だ。この五人による討論は、当時の哲学者やソフィストの間で一般的な説をそれぞれ代表している。まずは、各登場人物の発言を要約してまとめてみよう。

まずパイドロスは、エロス神が讃えられるべき理由は、その生まれにあるという。パイドロスはギリシア神話の立場を受け継ぎ、エロス神は徳と幸福を得るために最も強い力としてはたらくとした。

次にパウサニアスは、エロス神には二種類あるので、それを区別せずに語るパイドロスの評価は物足りないと指摘する。第一のエロスは節操のない恋であり、第二のエロスは理性的な男性のみに対して向かう恋である。パウサニアスは、後者のエロスこそが賞賛に値するという。

三番目に演説を行うのはエリュクシマコスだ。エリュクシマコスは、前の二人に対して、徳を同時に目指すようなエロスこそが真の賞賛に値すると論じる。

エリュクシマコスの次は、アリストパネスだ。喜劇作家でもあるアリストパネスは、前の三人のソフィスト的な見解に対して、一種のおとぎ話（ミュートス）を通じてエロス神を賛美する。

「人間は本来、男女に分かれていなかった。神々に対して不遜な態度をとりつづけていたため、ゼウスによって男女へと分けられてしまったのだ。それゆえ、人間が本来の姿を取り戻すために、自分の片割れを探し求めるのは当然ではないか」

エロスは完全性を求めるロマン的な〝憧れ〟である。これがアリストパネスのポイントだ。

五番目は、アガトンによる演説だ。アガトンは著名なソフィストのゴルギアスの弟子ということもあり、巧みな表現を用いてエロスを賛美する。

「エロスは神々のなかでも最も若く、華奢である。なおかつ、正義の徳をもち、欲望に流されない慎みの徳ももつ。エロスは最もよく、最も美しいものである。すべての神と人びとの心を魅了する神、それがエロスなのだ」

アガトンがそのように説いたとき、討論に参加していた人びとはアガトンに喝采《かっさい》を送り、その見事な演説を褒め称えた。

さて、以上の五人の演説を見てみると、彼らは共通してギリシア神話の観点からエロス神について論じ、賞賛していることがわかる。だが彼らに対してソクラテスは、彼らの賞賛は臆見《おっけん》（ドクサ）*に基づいており、「真」であると言うことはできないと考える。

*ドクサ
思い込みや想像による考え。プラトンやアリストテレスのように理性に立脚したものではなく、素人が感覚的、日常的に感じ取った、デタラメな考えともいえる。

「確かに賛美の仕方はすばらしい。しかしそれはエロス、つまり恋についての『真』とは関係がない。私は彼らのように表現の美しさを気にすることなく、ただ真なることだけを話そうと思う」

恋とは、善きものと幸福への欲望である

ソクラテスはここで、マンティネイアという都市に住む巫女《みこ》、預言者であるディオティマから聞いた話をもとに、恋についての〝真〟を説いていく。

ちなみにディオティマという女性が実在したかどうかについてはわかっていない。プラトンが自分の見解を示すために創作した人物だというのが定説だ。ともあれ大事なのは、彼女が実在したかどうかではなく、プラトンがディオティマに語らせていることについて、私たちが納得することができるかどうかだ。

ここからはソクラテスとディオティマの会話を見ていこう。

「エロスとは一体何でしょうか。そして、それは私たちにとって、どのような意味をもつのでしょうか」

そうしたソクラテスの質問に対して、ディオティマは次のように答える。

> 以上を総括して言いますと、恋とは、善きものが永遠に自分のものであることを目ざすもの、というわけです。　――前掲書

「善きもの」と言われると、道徳的、宗教的な善をイメージするかもしれないが、ここで言われているのは、ロマン的な「よさ」のことだ。たとえば、ちょっとした仕草のうちに相手の「よさ」を見て、それを何度も思い出し、甘い気持ちを味わうことがあるだろう。

恋における「よさ」は、世間的な利益、あるいは道徳的、宗教的な善とは本質的に異なる意味、価値をもつのだ。

当たり前のこと、と切り捨てるのは早い。ここで重要なのは、こうした「よさ」は私たち自身の恋愛経験を振り返っても納得できるということだ。

文化も世界像も異なる時代に生きたソクラテス（プラトン）の洞察の深さは、驚嘆に

値するものだ。

肉体の美を入口とする

次にディオティマは、ソクラテスに対して正しき「恋の道」について説く。
「恋する人は、まず美しい肉体に向かうことから始めなければならない。美しい肉体に向かった後は、美しい魂に向かい、美しいものに向かう必要がある。そして最終的には、美そのものについての知識に到達しなければならない」

プラトニック・ラブという言葉がある。恋愛の肉体的な側面を否定し、精神的側面に価値を置く恋愛のあり方を指すものだ。

だがそれは、じつのところプラトンが説く恋愛の形とは異なる。というのも、プラトンは美しい肉体に恋愛の第一の条件を見ているからだ。

プラトンは外見の美しさを否定するわけではない。それは恋愛のきっかけであり、私たちが恋心を覚える際の本質的な条件であると考えるのだ。

恋愛の本質論

もちろん、プラトンの主張を現代の恋愛に対してそのまま応用することはできない。文化も違えば時代も違う。近代における自由恋愛の意味については、また異なる角度から考える必要がある。

とはいえ、私たちはプラトンの恋愛論から、より自分の人生を豊かにするヒントを得ることができる。誰かを好きになるというたったそれだけで、自分で自分の人生を明るく灯すことができるのだ。

一目見ただけなのに、ふとその人のことを思い出し、もっと知りたい、触れたいと思ってしまう。世界はその人を中心に色づき、意味を編みかえていく。そうした心の動きに目をこらし、描き出した哲学者はプラトンが初めてだ。

title:03

パイドロス

恋愛と共通了解の本質論

プラトン（前427～前347年）

この狂気こそは、すべての神がかりの状態の中で、みずから狂う者にとっても、この狂気にともにあずかる者にとっても、もっとも善きものであり、またもっとも善きものから由来するものである。

――『パイドロス』藤沢令夫・訳、岩波書店

プラトンは『饗宴』（31ページ）で、恋愛をめぐる討論を描き出し、私たちにとって恋愛がもつ意味は何かという点について論じていた。恋愛とは、よきものが永遠にわがものとなるよう目がける欲望である、というのがプラトンのポイントだった。

本篇でプラトンは、さらに一歩踏み込んで、ロマンティシズム*（あこがれ）とエロティシズム*（性欲）との相克《そうこく》を、物語の形式で描き出している。

恋愛においては、単にロマン的な欲望だけが現れることはない。外見の美しさを味

*ロマンティシズム
夢や空想の世界に憧れ、現実から逃れて、甘い情緒や感情に浸ろうとする傾向。

*エロティシズム
「エロス」に由来する語で、肉体的な愛欲を満たそうとする傾向。

わおうとするエロティックな欲望もまた本質的な意味をもつ。エロス的な欲望とロマン的な欲望が、ともに高まり、日常的な生を超え出ていく類い希な経験が本篇で描かれている恋愛のあり方だ。

なお、この作品で恋愛に関する対話が占めているのは全体のおよそ半分であり、残りは弁論術に関する対話になっている。

この点についてもあわせて確認したい。

恋の「本質」を明らかにせよ

対話は、本篇のタイトルでもあるパイドロスという名の向学心あふれる若者が、弁論家リュシアスから聞いた恋愛についての議論の内容をソクラテスに伝えるところから始まる。リュシアスがアテナイの街にやってきて、滞在中の邸宅にて語った恋愛論は、パイドロスの強い興味を引いた。

リュシアスの説はこうだ。

「私たちは普通、自分を恋してくれている人に身を任せるのがよいと考えている。だが私たちはむしろ、自分を恋していない人にこそ身を任せるべきである。恋をしている人は恋の力に流されてしまい、自己をしっかりと配慮することができないからだ」

恋心を抱えているとき、時として私たちは理性的な判断ができないことがある。したがって、自分を諫めてくれる相手にこそ、私たちは身を任せるべきである、ということだ。この点についていえば、私たちの実感からしても説得力がないとも言いがたい。だがそれは、ソクラテスの言う一つの臆見（ドクサ）であり、「真」の知識ではない。ソクラテスは、リュシアスの論じ方そのものに問題があると考えるのだ。

リュシアスは、恋する人は欲望に流されて何かを行ったり、親切をしたりするので、恋から覚めたときに後悔するかもしれないとか、恋の欲望は一時的なので、親しい関係を持続させることはできないなどと語っている。

だがソクラテスは、リュシアスの一見確からしく見える主張に対して、まず恋愛そのもの、恋愛の意味は何かについて考える必要があると反論する。さもないと議論が拡散して、論点がぼやけてしまうからだ。

ひとがどんなことを論議するにしても、そこからよき成果をあげようとするなら、はじめにしておかなければならないことが一つある。それは、論議にとりあげている当の事柄の本質*が何であるかを、知っておかなければいけないということだ。それをしないと、完全に失敗することになるのは必定である。
——前掲書

共通了解を作り出すためには、何が問われるべき事柄であるかについて明らかにする必要がある。これはこの対話篇にかぎらず、哲学の基本ルールだ。

恋の本質はよき「狂気」である

さて、議論の方法については本節の後半に譲るとして、まずは恋愛に関する対話について見ていこう。

恋愛とは何か。この問いについて、ソクラテスは詩人ステシコロスからの話として、恋愛の本質はよき〝狂気〟であると語る。

*本質　ある事柄の「何」と呼ばれるようなもの。究極的な真理、事柄の背後に隠れているものと解される場合もあるが、ここでは「共通意味」を指す。

狂気と聞くと、何だかアヤしいものに思えるかもしれない。だがソクラテスは、狂気は決して悪いものではなく、むしろよきものの源泉であると考える。日常の世界を超え出た感性のあり方を狂気と呼んでいるのだ。

イデアとは何か？

恋の本質はよき狂気である。プラトンはこのことを「イデア」*の物語によって説明する。

イデアとは何かというと、あるものをそれたらしめている〝本体〟のことだ。

たとえばここに、パソコンや机、イスがある。だが、ひと口にパソコンといっても、世の中にはいろいろな種類のパソコンがある（デスクトップ型、ノート型……）。にもかかわらず、これがパソコンであると認識できるのはなぜか。プラトンによれば、この機械が〈パソコン〉というイデアに与《あずか》っている（分有している）からだ。

これと同様に、この机は〈机〉というイデア、このイスは〈イス〉というイデアに与っている。だから私たちは、それらがパソコンや机、あるいはイスとして認識でき

＊イデア
プラトンの中心的な概念。そのものをそのものたらしめている根源的な存在。

るというのだ。

ただ、ここで疑問が生まれる。私たちの目の前にあるのは、それぞれのパソコンであり、机であり、イスである。にもかかわらず、なぜそれらがイデアに与っていることがわかるのだろうか。そのことをいつ、どこで知ったのだろうか。

ソクラテス(プラトン)の答えは、私たちの魂が、この世に降りてくる前にイデアを見ていたからだ、というもの。かつて見たイデアを思い出す(想起する)こと、これが対象を認識することだというのだ。

イデアの物語は次のように進む。

私たちの魂を一組の馬と、その手綱を取る馭者《ぎょしゃ》(馬に乗り、操る者)からなっていると考えてみよう。馬は翼をもち、宇宙を駆け巡る。そのとき魂は、神々の魂の行進に従ってゆく。神々の魂は、天を登りつめると、天球の外側に出て、天の外の世界に入る。魂も一緒にその世界へと入り、「正義そのもの」や「美そのもの」といったさまざまなイデアを見てまわる。

だが、魂がそれ以上神の魂の行進について行けなくなると、地上に落ちてきて、肉体のなかに植えつけられる。こうして人間はこの世に生を受ける。それゆえ、私たちがこの世で何かを認識することは、かつて魂が見たイデアを思い出す（想起する）ことである――。

魂の不死を説くこの物語は、それ自体として見れば、普遍的な妥当性をもつとは言いがたい。だがそれは事後的な観点だ。

この物語において何より重要なのは、〈美〉のイデア（美そのもの）に関する洞察だ。

「〈美〉のイデアは、他のイデアと異なり、簡単には忘れられない。それゆえこの世で美しい人を見ると、天外で〈美〉のイデアを見たときの感情がよみがえり、意識の向こう側から私たちを襲ってくる。美しい人は、〈美〉のイデアそのものを見ることができない苦悩を癒してくれる、たった一人の医者なのだ」

〈美〉のイデアへの欲望、それは意識の向こう側から到来してくる。美は〝味わう〟ものである。だからこそ、恋愛の本質は日常を超えて至高の美を再び味わいたいという「狂気」であるというのだ。

ロマン的欲望とエロス的欲望

さらにプラトンは、恋へと向かう魂の性格を捉えるために、物語の続きを次のように語る。

二頭の馬のうち、一頭は「節度と親しみ」をもち、言葉で命令すれば馭者に従う良馬である。だが、もう一頭は「放縦と高慢の徒」であり、なかなか馭者に従わない悪馬である。

魂が美しい人を見たとき、思慮ある良馬のほうは、その人に飛びかからないように自分を制御するが、放縦な悪馬は「愛欲をともに味わおう」と美しい人に持ちかけるように、良馬と馭者に強要する。

そこで魂は美しい人の方へと向かい、その姿を見る。馭者は立ちすくみ、その人の前から引き下がるが、悪馬は無理やりその人へと近づこうとする。

しかし馭者は悪馬を力任せに制圧し、ついに悪馬は馭者の思慮深さに従うようになる——。

プラトンはここで、良馬が悪馬を従わせるストーリーを描いているが、逆に悪馬が良馬をそそのかす可能性だってあるだろうという向きもあるはずだ。恋愛は「狂気」である以上、愛欲が思慮を圧倒することもありうるからだ。
だがそのこと自体は重要ではない。むしろここで着目するべきは、ロマン的欲望（あこがれ）とエロス的欲望（性欲）がともに恋愛の本質をなしているという洞察だ。どちらが欠けても、恋愛は成立しない。言われてみれば確かにそうだと思えないだろうか。

共通了解に到達できるかどうかを吟味せよ

さて、ソクラテスとパイドロスは、初めに取り上げたリュシアスの意見を振り返り、そもそも「弁論術」（ディアレクティケー＊）とは何か、議論を行うとはどういうことかについて論じていく。

＊ディアレクティケー　相手との問答のなかから真理を導き出そうとする、ソクラテスが用いた弁証法。

ソクラテスが考える弁論術の要点というのは、議論をうまく進めるためには、まずは共通了解が成立しやすい事柄と、成立しにくい事柄の特徴を知り、これから論じようとしている事柄がそれらのどちらに属するかを判断することである。

たとえば、パソコンや机が何であるかについての共通了解は、比較的簡単に成立する。形があり、重さがあり、作業のための道具である。私たちはそれを見たり使ったりしているうちに、それが何であるかを自然と了解している。

では、善さや正義、美しさといった意味や価値についてはどうだろうか。それらについては、必ずしも厳密な共通了解を得られるわけではない。意味や価値についての共通了解は、事物の場合とは異なる方法でしか成立しないのだ。

ソクラテスは、こうした前提に基づいて進められる〝正しい〟議論の方法を弁論術と呼ぶ。ここでは詳しく確認しないが、弁論術の核心は、多様なものを一つに総合すること、そしてまとめあげたものを多様なものに分割することの二つにある。

ここで最初にパイドロスがソクラテスに伝えたリュシアスの話に戻ってみよう。リュシアスは恋愛に関するいろいろな観点を示しており、恋愛の経験があればピンとくる箇所もあるので、一見したところ、説得力があるように思えるかもしれない。だがリュシアスの論じ方は、主張に説得力をもたせるために、いろいろな情報をちりばめているにすぎない。

では、私たちは恋愛についてどのように論じればいいか。ソクラテスにならうと、まず私たちは、恋愛のさまざまな経験を列挙し、それをまとめあげて、何がそこで問われるべき問題であるかを明らかにする必要がある。こうしてスタート地点を共有したあと、恋愛のもつ意味について論じていけばよい。議論を拡散させず、核心に向かって共通了解を深めていくこと。これがソクラテス、そしてプラトンが考えるよい議論の特徴なのだ。

恋愛と共通了解の本質論

本篇の恋愛論が妥当かどうかは疑問の残るところだろう。だが、本篇にかぎらず、哲学において重要なのは事柄の本質、すなわち意味を理解することだ。

その観点から見れば、私たちが恋愛に陥るとき、相手の美をわがものにしようとするエロス的欲望がわきあがる一方で、その美に対する配慮がロマン的欲望として生じてくるという構造については、私たちも了解できるはずだ。

また、弁論術に関する箇所でプラトンは、私たちにとって「よい議論」とは何であるかをうまく規定している。共通了解に達するためには、まずは問題点を共有し、論じられる事柄の核心をつかまなければならない。それが建設的な議論の条件である。

この洞察は、単なる「対話が大事論」と比べて、格段に優れている。

title:04 国家

正義とは何かをめぐる対話

プラトン（前427〜前347年）

〈善〉のイデアこそは学ぶべき最大のものである。

――『国家』藤沢令夫・訳、岩波書店

ソクラテスとプラトンは、哲学の歴史において初めて、事柄の「本質」に対する問いを示した哲学者だ。ソフィストや弁論家が、事柄から得られる利益や不利益といったもろもろの帰結のほうから論じるのに対し、プラトンは、ソクラテスの態度を受け継いで、事柄そのものの意味を明らかにすることを初めて主題化した。これは哲学の歩みを大きく進めた重大な一歩だと言っていい。

本篇はプラトンの中期対話篇であり、プラトンの主著だ。中心のテーマは、正しさ〈正義〉とは何か、というものだ。

正義とは何かと問われたら、私たちはどのように答えるだろうか。少年はヒーローや学校の先生、青年は警察官や裁判官、あるいは法律が正義であると答えるだろう。大人になると、真の正義など存在せず、おのおのが自分の利害に応じて動いているにすぎないと考える人も多くなる。

だが、それらはいずれも、正義の具体的な事例、哲学的にいえば表象（イメージ）であり、正義そのもの、正義の本質ではない。

一体、正義そのものは何だろうか。正義に果たして根拠などあるのだろうか。そして、私たちの生において正義はどのような意味をもつのだろうか。

本篇でプラトンはこうした問いに取り組み、答えを与えようとする。

ギュゲスの指輪

正義そのものは何か。プラトンがこうした問題を立てた背景には、一体なぜ正義を選ばなければならないのかということが、プラトンにとって切実なものとして現れていたことがある。

対話篇の途中、登場人物の一人グラウコンが、次のようなエピソードを語り出す。

ある日、羊飼いのギュゲスは、羊たちに草を食わせているとき、大地に大きな穴を見つけ、そのなかで黄金の指輪を見つけた。ギュゲスは指輪を身につけて、ふと指輪の玉受けを回したところ、自分の姿が透明になることがわかった。そこでギュゲスは、その指輪を使って王妃と通じ、国王を殺して、王権を手に入れた――。

一見、何のことはないエピソードに読めるかもしれないが、ここには正義をめぐる根本的な問題が象徴的に提起されている。

この物語で重要なのは、これはギュゲス一人の個別なエピソードとして片づけることはできない、ということだ。ギュゲスは不正を行うために指輪を探したわけでも、それをつくり出したわけでもない。ギュゲスは偶然、その指輪を見つけ、透明になれることを知った。

卑近な事例だったらいくらでもある。あなたは偶然、職員室のゴミ箱のなかから来週のテストの問題用紙を見つけてしまった。あなたはそれを見なかったことにできるか。テストの問題がわかっていれば、合格点をとることは容易だし、不正を疑われることもないだろう——。

そう、時と場合によっては、私たちの誰もがギュゲスの立場になりうるのだ。

さあ、こうなるといったい、われわれが最大の不正よりも正義のほうを選ぶためのどのような根拠が、なお残っているでしょうか？　われわれはただその最大の不正を、人目を欺《あざむ》く巧みな偽善の下にかくして所有しさえすればよい、そうすればわれわれは、神々のもとでも人間たちのあいだでも、生きているあいだも死んでからのちも、気ままに暮して行けるのだということは、一般の人々も権威ある大家たちも、口をそろえて保証するところではありませんか。

——前掲書

もし自分が不正をはたらいていることが誰にもわからないなら、私たちは不正をはたらいて幸福になろうとするのではないだろうか。不正をはたらかないのは、ただ単に共同体から強制されているからにすぎず、そうした強制のないところでは、正義など何らの価値もない一つのお題目になってしまうのではないだろうか。

プラトンはこの問いに直接答えているわけではないが、これは正義の本質を考える際には誰もが直面せざるをえない根本的な問題だ。

「イデアのイデア」である〈善〉のイデア

では、プラトンが正義の本質にどのようにアプローチしたのかについて見ていこう。

プラトンは〈善〉のイデアが正義の根拠であると論じる。〈善〉のイデアとは、善そのもの、ある事柄をよきものとする〈善〉の〝本体〟のことだ。

ここでのポイントは、〈善〉のイデアが一切のイデアの根拠、すなわちイデアのイデアであるという規定だ。〈正義〉や〈美〉のイデアは、〈善〉のイデアに基づいて初めて存在しうる。また、〈善〉のイデアは知識、真理の根拠である。それゆえ、〈善〉

のイデアなしには、正義や美を十分に知ることはできない。

興味深いのは正義の根拠は〈真〉のイデアではなく〈善〉のイデアであること、また、〈真〉のイデアは〈善〉のイデアを根拠として存在しうるという点だ。

つまり、真理は〈善〉のイデアによって初めて存在しうる。この洞察に基づいて、プラトンは次に、私たちはどうすれば〈善〉のイデアを認識することができるのかという問題に取り組んでいく。

洞窟の比喩

正義の根拠である〈善〉のイデア。それを認識できれば正義とは何かがわかるはずだ。この点について、プラトンは有名な「洞窟の比喩」（図1）によって論じる。ストーリーは次のようなものだ。

　地下の洞窟に住んでいる人間を考えてみよう。彼らは子どものころから体が縛られて身動きがとれず、頭が前に固定され、後ろを見ることはできない。洞窟の上の方で火が燃えていて、その光が後ろから彼らを照らしている。その火と彼らの間に、壁があるとしよう。そして、人形遣いが衝立《ついたて》の上に操り人形を見せるような具合に、壁の上に人間や動物の像が差し出され運ばれていると考えてみよう。

　要するに、火の存在を知らずに生まれたときからずっと影絵を見せられてきた状態だ。当然、人びとは影を虚像ではなく実体、真実だと思いこむようになる。後ろを向いたことがないから、どうしても真実を認識できないのだ。

　ここで、もし縛られた人のうち、誰か一人が縛りを解かれ、光のほうを見るように強制されたらどうなるだろうか。その人は初め、今まで自分が見ていたものが光に照らされた影であると言われても、納得できず、

図1　洞窟の比喩

影のほうが真実であると思うはずだ。

ではその人が洞窟の外まで連れて行かれたらどうなるだろうか。初めはまぶしく、まわりのものは何も見えない。それらを見るためには、光に目を慣れさせる必要があるからだ。だが、ひとたび光に慣れて、太陽を見ることができるようになれば、洞窟に戻ろうとすることはないだろう――。

この比喩を通じて、プラトンは何を論じているのだろうか。

一言で言うと、〈善〉のイデアを認識するためには、魂をそちらへと向け替える必要があるということ、洞窟の例でいえば、影ではなく光、そして光に照らされた〝本体〟を見よということだ。「よい」生活を送ることを心がける人はすべて、魂を向け替え、〈善〉のイデアを見なければならない。そして、魂の向け替えのために用いられる技術が、教育(パイデイア)*にほかならない。

〈善〉のイデアは、悟りや信仰などによって限られた人びとにしか獲得されないものではない。適切な手引きさえあれば、誰でも見ることができるという確信が、本篇に

*パイデイア
古代ギリシアの教育の基盤ともいえる思想、システム。〝正しい〟とする方向を気づかせ、向き替えさせせようとする考え、およびそのシステム。

*タレス(前625～前547年頃)
古代ギリシアの哲学者。紀元前6世紀前半、都市国家ミレトスにて活

おける議論を支えている。

〈善〉のイデアについての洞察

もちろん、本篇で示されている世界像が普遍的であるとは言いがたい。だが古代ギリシアの世界像を、現代の科学の水準から批判するのは的外れだ。まずは、本篇において示された世界像の意味をしっかり受け取る必要がある。

ソクラテス、プラトン以前の哲学者たちは、「世界とは何か？」という問題について、物質的な概念を用いて論じていた。哲学の祖であるタレス*は、万物の原理は「水」であると言った。これに対して、タレスの弟子のアナクシマンドロス*は「無限なるもの」と言い、アナクシマンドロスの弟子のアナクシメネス*は「空気」であると論じた。

確かに、彼らも世界説明の原理を、ギリシア神話から概念に置き直した点で、大きな功績を残した。だが、世界の根拠を〈善〉という価値に置いたプラトンの洞察は、それまでの哲学の水準を強く推し進める画期的なものだったと言っていい。

動。西洋哲学の祖。世界は「水」によって生まれ、水に帰ると考えた。

*アナクシマンドロス（前610頃〜前546年）
タレスの弟子として活動した哲学者。「無限なるもの」（ト・アペイロン）という抽象概念を用いて万物の起源を探った。

*アナクシメネス（前585〜前525年）
アナクシマンドロスの弟子。死人が呼吸をしないことから、空気（プネウマ）が生命、そして世界をもつくっていると主張した。

title:05

形而上学

世界の原理を概念的に明らかにする試み

アリストテレス(前384～前322年)

知恵を愛する者の学は、存在するものを、まさに存在するというそのかぎりにおいて、部分的にではなしに、普遍的に考察するものである。

――『世界の名著8』収録「形而上学」川田殖、松永雄二・訳、中央公論社

アリストテレスは、哲学者プラトンの弟子だ。アテネにリュケイオン*という学校を開き、哲学だけでなく、論理学、自然学*(いまでいう自然科学)、政治学から芸術に至るまで、あらゆる分野で研究活動を行った。多くの著作を残し、今日の学問の礎を築いた。本書は、それらの学問分野、とくに自然物を体系的に探求する「自然学」の基礎をなす事柄をテーマとするものだ。アリストテレスの死後、未刊行の論文や手稿を編集して発表された。

形而上学*という概念は、哲学の歴史においてさまざまに使われているが、アリスト

*リュケイオン
アリストテレスがパトロンであるアレクサンドロス三世の援助によって開設した学園。

*自然学
ギリシア哲学の一部門。論理学、倫理学と並び論じられた。ルネサンス期以降は、主に自然

テレスの語るところの形而上学は「概念の学」であると考えるとわかりやすい。本書でアリストテレスは、それまでさまざまな文脈で使われていた概念を包括的に論じている。こうした試みを行ったのは、アリストテレスが初めてだ。

もちろん現代においては妥当とはいえない概念もあるが、いまなお使われている概念もある。その視野の広さには、何度立ち返っても驚かされる。

さまざまな概念の解説

初めに、アリストテレスが取り上げている概念について見ていこう。

はっきり言って、現代のわれわれからすると辞書を読んでいるような退屈さは拭えない。しかし、現代よりも〝不思議〟が多かった当時、彼らがどのように世界を見て、どのような思考の道筋から謎を解明しようとしたのかを想像すると、いくらか興味深く読めるはずだ。

ここではすべてを確認することはできないので、重要なものだけをピックアップする。

科学として展開された。

＊形而上学
現象の背後にある真理、世界の根本原理（神、実体など）を探究しようとする学問。ポストモダン思想や分析哲学により批判。

●元《アルケー》*：事物がそこから存在し、生成し、あるいは認識される第一の地点。原理のこと。

●因：原因、根拠のこと。素材因、形相因、始動因、目的因の四つがあり、まとめて四原因と呼ばれる。素材因は事物のもと、形相因は事物の本質、始動因は事物の運動変化の始まり、目的因*は事物の終局点を意味する。アリストテレスは目的も因の一つだと考える。

●必然：必要条件。「偶然」に先立つ。偶然があるのは必然があるから。

●一（ひとつ）：一元論でいう「一」のこと。多元論でいう「多」の対概念。

●「ある」：偶然付帯的（〜である）、本来的（〜がある）の二つ。

●実体：事物の基体、「これはペンです」と言うときの「これ」。

四原因のうち、目的因は少しわかりにくいので補足する。

アリストテレスは、存在するもの一般には、あらかじめそれが目指していく目的が

*アルケー
アリストテレスによると、万物の根源であるアルケーを初めに追究したのは、それを水としたタレスである。

*目的因
最高の目的因は最高善であり、最高善は最高の共同体である国家（ポリス）において目指されると説いた。

含まれていると考えていた。たとえば『自然学』では、健康のために散歩していると き、散歩は健康を目的因として行われているとしている。また、『政治学』(67ページ) では、ポリスの目的因は最高善であると論じている。

以上の概念の他にもアリストテレスは、同・異、先・後、量・質、完全・欠如、全体といった概念をコンパクトにまとめている。確かに、どれもいまなお使われている概念だ。定義が妥当であるかどうかはともかく、それだけアリストテレスが適切にポイントをつかんでいたことがうかがえる。

神＝不動の動者

アリストテレスの師プラトンは、イデア説に基づく物語の形で世界像を示していた。一方、アリストテレスは、プラトンと同じ道はたどらず、「原因」と「結果」の推論により、世界の全体像を描きだそうとする。

学者タイプのアリストテレスには、作家タイプのプラトンのイデア説がどうも気に入らなかったようだ。直近の師弟関係であっても、弟子は師匠の見解が間違っていると思えば、積極的に言いかえていく。これが古代ギリシアにおける哲学の営みであった。
アリストテレスは、事物は「原理」と「原因」をもち、いつか必ず消滅すると論じる。だが、事物の原理である「動」自体は、事物の存在にかかわらず、つねに存在する。わかるような、わからないような説明に聞こえるかもしれないが、こうして進められるアリストテレスの推論をまとめると、およそ次のようになる。

この「動」は、何らかの事物が実際に現実活動していなければ存在しえない。それは事物の原理ではあっても、事物それ自体ではないからだ。
それゆえ、現実活動することが本質であるような原理、質量をもつことなく、永遠存在するような実体としての原理、言いかえると第一の原因が存在しなければならない。それを私は「不動の動者*」と呼びたい。これは「知性」(ヌース*)、すなわち「神」と言うべきものであり、「一」なる宇宙の円環運動の根本原因である。

*不動の動者
アリストテレスが探求した宇宙、天体を動かす存在、大雑把に捉えれば神。自分自身は決して動こうとしないが、天体を動かす存在、ゆえに不動の動者。第一の動者、第一原因とも。

*ヌース
知性のほかにも、心や精神、理性を意味するギリシア語。

何かが動くためには、動因が存在しなければならない。そしてその動因にも動因がなければならない。

このようにして、原因と結果の系列をずっとさかのぼっていくと、最後にそれ自身は動かされず、因果関係の系列全体を支えている「不動の動者」に突き当たる。この第一の原因を、アリストテレスは世界の根本原因だと考えるのだ。

時が下り、ヨーロッパ中世のスコラ哲学を代表する神学者アクィナスは、主著の『神学大全』（89ページ）で、このアリストテレスの議論をキリスト教哲学に結びつけ、世界は創造主すなわち神を根本原理とする〝存在のネットワーク〟だと論じている。

アリストテレスが語る「神」に、宗教的な性格はほとんどない。だが、推論の方法に関しては、確かにアクィナスに受け継がれている。つまり、アリストテレスとアクィナスの両者とも、因果の系列に関する推論を通じて、系列そのものを成り立たせている第一の原因、すなわち第一の原理を明らかにし、それに基づいて、世界の全体像を描こうと試みているのだ。

アリストテレスの洞察力

正直に言うと、本書を読んだとき、私は初め「なんてつまらない本だ」と思った。プラトンの『ソクラテスの弁明』(24ページ)や『饗宴』(31ページ)などの対話篇には、世界とは何であるかについての見方をぐるりと向け替えるような力があるが、本書はある意味常識的なことを延々と述べているにすぎないと思えたのだ。

だが、よくよく考えてみると、古代ギリシアにて著された本書が、現代の私たちにとって常識的と思えること自体、驚くべきことではないだろうか。

確かに、ドイツの哲学者カントの議論に従えば、「不動の動者」に関する推論は妥当とは言いがたい。だが、アリストテレスの概念の取り出し方やまとめ方は、一級品だ。意味や価値の探求を得意とするプラトンと、機能や作用の分析を得意とするアリストテレス。このように対極的なタイプの哲学者が存在したことに、古代ギリシア哲学の特徴がある。

title:06 政治学

人間の営みとしての「政治」に迫る

アリストテレス（前384～前322年）

人間がその自然の本性において国家をもつ（ポリス的）動物であることは明らかである。
——『世界の名著8』収録「政治学」田中美知太郎・訳、中央公論社

政治は私たち人間に固有の営みだ。もし私たちが単なる動物であれば、政治は存在せず、一切はサル山のサルのように、弱肉強食のもとにあっただろう。だが人間は、あるべき生の理想を踏まえ、共同体を構想し、政治によって既存の共同体をより「よい」ものへと編み変える可能性をもつ。これは他の動物にはない、人間に固有の可能性だ。

政治とは何か。国家（ポリス）とは何か。国家は何のためにあり、政治は何のために行われなければならないか。本書でアリストテレスは、この一連の問題に取り組み、国家はいかに統治されるべきか、どのような国制が〝正しい〟のかについて、実践的

な観点から答えを与えようと試みる。

国家は「最高善」を目がける共同体

アリストテレスは、そもそも国家とは何であるのかという問いを置き、これについて論じていく。国家が何であるかを知らずして、政治について論じることはできないからだ。

この問題に対してアリストテレスは、『形而上学』（60ページ）でも示していた「目的因」の観点から論じていく。目的因とは、事物や事柄には、それが目がけようとする目的があらかじめ含まれているという考えだ。

では、私たちの目的因は何か。アリストテレスは〈善〉だという。アリストテレスの息子ニコマコスにより編集された『ニコマコス倫理学』*には、次のようにある。

「私たちにとっての目的因は善であり、最高の目的因は最高善である。最高善は存在しなければならない。さもなければ、目的の系列は果てしなく進むことになり、私たちの欲求は満たされず、空虚なものになるからだ」

*『ニコマコス倫理学』アリストテレスが残した手稿を、その息子ニコマコスが編集した研究書。

『政治学』におけるアリストテレスの根本洞察は、国家（ポリス）は単なる生活共同体ではなく、最高善を目的因とする共同体であるというものだ。日常的な衣食住、「必要」一般に関しては、家族においてまかなわれる。必要が満たされるにもかかわらず、家族を超える共同体が成立するのは、人びとが〈善〉を追求する本性《ほんせい》をもっているからである。

人間は善を目的因とし、国家は最高善を目的因とする。私たちの目的因が善である以上、最終的な共同体である国家をつくるのは、人間にとってごく自然なことである。その意味でアリストテレスは、人間を「ポリス的動物*」と呼ぶ。

*ポリス的動物
よりよく生きるためにポリス的共同体をつくり、その完成を目指す、人間以外の動物には見られない、人間の自然における本性をさす。

最善の国制は共和制

国家は人びとが善を目指すための体制であり、政治学はその目的に照らして最適な体制を探求する学問である。この洞察に基づき、アリストテレスはどんな国家体制を理想としたのか。

アリストテレスはここで、国家のあり方を、人間のそれになぞらえて論じる。

「人間にとって最善の生き方は『中庸』を得ていることにある。なぜなら最高善は『幸福』であり、そのためには『中庸』の徳をもつ必要があるからだ。同様に、国家体制もまた中庸を得ているものが最善である。それゆえ、中間層である『市民』による支配、なかでも大衆が参加する共和制が最善の国家体制である」

善を目がける生活のプラットフォームとしての国家

本書におけるアリストテレスの政治構想には、師のプラトンが『国家』で論じていた政治体制を批判する意味がある。

プラトンが説く国家体制は、哲学者が国家を導くことをよしとする「哲人政治*」だ。これに比べると、アリストテレスの共和制のほうが、バランスがとれていると思えるかもしれない。実際、いまでこそ少なくなったが、プラトンの政治哲学は全体主義の根源であるという批判も珍しくなかったのだ。

だが、ここで見逃してはならないのが、プラトンとアリストテレスの間には、歴史的に決定的な違いがあるということだ。それはペルシアの脅威だ。

*哲人政治
真善美のイデアを深く知る哲学者が統治する国家を理想としたプラトンの学説。

プラトンが『国家』を著したころ、いまだペルシアの脅威は深刻だった。それゆえ政治は第一に、ポリスを維持することに方向づけられざるをえなかった。

これに対して、アリストテレスが活躍したのは、マケドニア王国がスパルタを除く全ポリスを束ねるコリントス同盟*の盟主となり、アレクサンドロス三世*によるペルシア征服を経て、領土を拡大しようとしていた時代だ。

この時代的背景から読み取れることは、アリストテレスにとって国家はもはや生存を第一の、そして主要の目的とする共同体ではなかったということだ。

アリストテレスは、国家は単なる生存を超えて、各人が善、すなわち幸福を目がけるための一般条件とならなければならず、国家体制はその点を踏まえて構想されねばならないとする。私たちがプラトンよりも本書の構想について納得できるところがあるのは、それが近代社会の理念に響きあうところがあるからだ。

もちろん、アリストテレスの構想を、現代のグローバル社会にそのまま適用することはできない。アリストテレスの共和制は、奴隷の存在を前提としているし、そもそも国家が最高かつ最後の共同体であるわけではないからだ。いくら共和制といっても、

＊コリントス同盟　前337年にスパルタ以外の全ポリスが加盟した、マケドニアによるギリシア南部を支配する同盟。

＊アレクサンドロス三世（前356～前323年）　コリントス同盟を結成させたマケドニア王フィリッポス二世の息子。コリントス同盟の盟主を引き継ぎ、ペルシア討伐のため東方遠征、領土を拡大した。アリストテレスのパトロンでもある。

基本的人権という理念に基づく近代の共和制とは原理的に異なるものだ。

だが、本書で重要なのは、アリストテレスが、人間は単なる生存に飽き足らず、より「よい」ものをどうしても目がけてしまうという本性を読み取って政治制度のあるべき形を構想しているということだ。

私たちにとって政治がもつ根本的な意味は、私たちがどのような存在であるかという地点から考えなければ明らかにすることはできない。なぜなら政治は自然にそこにあるようなものではなく、私たち人間がつくり出す制度であり、営みであるからだ。

第二部

中　世

●キリスト教神学に取り込まれた哲学

title:07

人生の短さについて

充実した人生を送るための条件は何か

ルキウス・アンナエウス・セネカ（前4頃〜後65年）

われわれは短い人生を受けているのではなく、われわれがそれを短くしているのである。

——『人生の短さについて』茂手木元蔵・訳、岩波書店

中国・南宋の思想家、朱熹《しゅき》（朱子）の作とされる漢詩に「少年老い易く学成りがたし」という一句がある。月日が経つのは早いが、学問を修めるのは難しい。わずかな時間も無駄にせず、学問に励むべし——。儒学の一派、朱子学を打ち立てた朱熹の学問にかける思いがよく現れている言葉だ。

時代は異なるが、朱熹と同じく政治と文芸の両方で活躍した思想家に、ローマ帝国＊期の哲学者セネカがいる。第五代ローマ皇帝ネロ＊の家庭教師として知られ、治世初期はブレーンとして活躍したものの、ネロによって自殺を命じられた。

＊ローマ帝国
イタリア半島の都市国家だった古代ローマが、地中海沿岸に領土を拡大し帝国として発展。

＊ネロ（37〜68年）
ローマ帝国の第五代皇帝。妻二人、実母も殺したり、64年のローマの大火ではキリスト教

本篇はセネカによる「道徳論集」の一篇だ。西暦50年前後のローマにて、当時のローマの食糧長官を務めていたセネカの親戚のパウリヌスに宛てて書かれたとされている。

ストア学派*の哲学には、私たちが哲学に対して抱く一般的なイメージが強く表れている。騒がず静かに。欲望に流されず禁欲的に。実生活よりも観想（真理そのものを眺めること）を重視すべし……など。これはローマ帝国のように社会の秩序が比較的安定し、人びとの欲望が解放され、それまでの習俗的な倫理が崩れはじめると反動として現れてくる典型的な考え方だ。

本篇におけるセネカの主張についても同様のことがいえる。その意味で本篇は、哲学というよりも、むしろ〝説教〟とでも言うべきものだ。

人生は使い方を知れば長い

まずは本篇のタイトルにもある「人生の短さ」について、セネカがどのように考えていたのかについて見ていきたい。

哲学の世界では、時間についてさまざまな説がある。均等であり計測できる量であ

を迫害したりするなど（実際はそうではなかったとする説もある）、現代でも暴君としてのイメージがつきまとっている。

＊ストア学派
ギリシア哲学の一派。前4世紀末頃、キプロスのゼノンにより創始。前期・中期・後期に区分され、主な論者にセネカ、エピクテトス、マルクス＝アウレリウスがいる。ストアは「禁欲的」を意味する「ストイック」の語源とされる。

るという見方もあれば、純粋な質であるという見方もある。1時間、1分、1秒……というように時間をずっと細かくしていけば、「いま」は消滅してしまうというような、謎かけに近い考え方もある。

これについては、平準化された時間と、欲望に応じて現れる時間という二つの区別を置くと、かなりスッキリと考えることができる。

私たちは、時間を共有することで生きている。1秒は誰にとっても1秒、1時間は誰にとっても1時間、1年は誰にとっても1年である。こうした共通性があるからこそ、私たちは約束に間に合うし、カップラーメンは伸び過ぎずにおいしく食べられる。

他方、時間は私たちの欲望に応じて意味づけされるという側面ももつ。やりたくない仕事の1時間と、恋人とのデートの1時間は、平準化すれば同じ長さとなるが、それがどのように〝生きられている〟かに目を向けると、月とスッポンくらいの違いがある。

セネカの議論も、基本的にはこうした時間の混同に対して向けられている。

「人生そのものが短いと考えるのは間違っている。人生は、私たちの使い方次第で、短くなったり長くなったりする。それゆえ人生を浪費せず有効に使うのが大事だ。われわれは短い人生を受けているのではなく、われわれがそれを短くしているのである」

このことに気づくのが、時間を有効に活用するための第一歩である、とセネカは考えるのだ。

自分のために時間を使うべし

では、一体どのようにすれば時間を有効に活用し、生の長さを実感することができるのだろうか。セネカは、仕事に忙殺されることを避け、時間を自分自身のために使うことが必要だと説く。

「多忙な人が年をとったところで、長く生きたとはいえない。彼はただ『あっただけ』だ。ちょうど嵐のなかで同じ海域をぐるぐる引き回される船と同様、長く翻弄されている状態だ。そして、こういう人に老いは突然やってきて、彼らを面食らわせるのだ」

日々の労働に忙殺されているかぎり、本当になすべき仕事へ向き合うことはできない。これは一般のビジネスマンも納得できるところだろう。重要な仕事があるのに、日々のルーティーンや定例ミーティング、雑務に追われ、なかなか手が回らない状況だ。もっとも、セネカが語るところの仕事とは、こうした世俗の営みからはかけ離れているが。

セネカはパウリヌスに対し、食糧管理の仕事などさっさと辞めて、元気のあるうちに「より偉大な仕事」に向かうべきだと忠告する。

> 神はいかなる本質、いかなる快楽、いかなる状態、いかなる形体を有するか、いかなる出来事が君の魂を待ち構えているのか、肉体から解放されたわれわれを自然はどこに集めて置くのか、(中略)その他続々と続く、無限の神秘に満ちた諸問題である。君は今や俗界を去って、以上のごとき問題に心を向けたいのではないか。現に温かい血の通っている間に、溌剌《はつらつ》とした元気をもって、より良い方向に進まねばならない。
>
> ——前掲書

多忙な人ほど人生は短い。なぜなら彼は主体的に生きたのではなく、ただ存在していたにすぎないからだ。名誉や財産を求めて時間を浪費するのではなく、本当に取り組むべき問題に対して時間を費やすべきである、というセネカからパウリヌスへの説教だ。

充実した人生の一条件

近代社会では時間をどう使おうと、それが他者の権利を侵害しないかぎりは自由であり、誰もが「偉大な仕事」へと向かわねばならないとする根拠はない。

だがここでは、そのことを踏まえたうえで、あえて次のように考えてみたい。すなわち、セネカはここで私たちが充実した生を送るための一条件を示しているのだ、と。

刹那的な生き方が充実しているとは言いがたい。哲学的な思索を偉大な仕事とするのは言いすぎだが、他者との関係性のうちで、自分がなすべき事柄をつかみ、それを着実にこなしていけば、人生の短さを嘆くことなく充実した生を送ることができるという主張には、一定の理があるように思える。

title:08 告白

自己をさらけ出し、人々に信仰の希望を伝える

アウグスティヌス(354~430年)

御身は内にありしにわれ外にあり、むなしく御身を外に追いもとめいたり。
——『世界の名著14』収録「告白」山田晶・訳、中央公論社

中世ヨーロッパにおける哲学は、主に二つの柱からなる。一つはヘレニズム哲学*であり、もう一つはスコラ哲学*だ。

第一の柱であるヘレニズム哲学はアリストテレスの後に発展した諸学派からなる。代表的なものとして、プラトンのイデア説を受け継いだプラトン学派、エピクロス学派*、ストア学派などがある。

第二の柱であるスコラ哲学はキリスト教神学とアリストテレス哲学を融合した世界説明の体系を打ち立てた。代表的な哲学者に、アクィナスやスコトゥス*などがいる。

*ヘレニズム哲学
ヘレニズム期(アレクサンドロス大王の東方遠征以降300年程度)に発展した哲学。世界の根本原理を問う代わりに、共同体から離れた個人の生き方を問うのが特徴。

*スコラ哲学

本節で見ていくアウグスティヌスは、アクィナスに強い影響を与えた初期キリスト教界最大の思想家だ。

アクィナスに影響を与えたと聞くと、アウグスティヌスはさぞかし真面目なエリート学者だったのでは、と思えるかもしれない。しかし、アウグスティヌスが自分の欲望のやみがたさに対して深い悩みを抱えていたと聞かされれば、どこか身近さを覚える人もいるのではないだろうか。

本書には、アウグスティヌスが信仰による〝真実〟の探求に向かうまでの内的なドラマが克明に描き出されている。本書が『告白』と題されているのは、それが神への懺悔《さんげ》であるとともに、ありのままの自分をさらけだすことによって、人びとに信仰の希望を伝えるものでもあるからだ。とはいえ本書には、信仰の有無にかかわらず、私たちの心を動かす力強さがある。

重要なポイントをピックアップすると、自由意志、回心、記憶と時間に関する三つの論点がある。以下、それらに絞って見ていくことにしたい。

中世ヨーロッパの教会、聖堂、修道院に付属する学院（スコラ）で研究された学問であるスコラ学の一部門。聖書における神の教えを信仰により受け入れたうえで、理性で「理解」することを目的とする。

＊エピクロス（前341～前270年）
エピクロス派の始祖であり、人生を「快」の追求に費やすことを唱えた快楽主義で知られる古代ギリシアの哲学者。エピクロスが重視した「快」とは、肉体的なものではなく精神的なものであった。

「罪」を犯す理由は私の自由意志にある

まずは、自由意志に関する議論について見ていこう。ここで問われるのは、「罪」を犯す理由だ。

アウグスティヌスは本書の冒頭、自分が過去に情欲に負けたり、盗みを働いたりしたことを振り返り、私たちが罪を犯すのはなぜかという問いを置く。それに対するアウグスティヌスの答えはこうだ。

「罪を犯す理由は私にある。なぜなら情欲をもつのは他でもない私自身であるからだ。それゆえ私以外のどこかに、自分の罪の原因を求めるのは不合理である。したがって、罪の原因は私の自由意志だとするのが最も妥当である」

私たちの意志は本当に自由なのか。この点に対する答えを先にいうと、その問いに答えは存在しない。これが哲学的な答えだ。私たちは脳科学や医学、心理学などを通じて意志がどのように働いているかについて、さまざまなデータを取得することができる。しかし、それらはあくまでも〝解釈〟にすぎない。「目が目を見られない」の

＊ドゥンス・スコトゥス（1266頃～1308年）イギリスで生まれた中世ヨーロッパの哲学者で、トマス・アクィナス死後のスコラ哲学の継承者。

と同じように、意志そのものを直接に把握することはできない。それゆえ意志が〝本当は〟どのように存在しているのかについて知ることは、原理的に不可能である。

以上を踏まえたうえで、アウグスティヌスの主張を吟味してみよう。そもそも、なぜアウグスティヌスは自由意志を「罪」の原因として、「善」の原因としなかったのか。

アウグスティヌスと同時代の思想家に、ペラギウスという人物がいる。人間は自らの意志を正しく用いることで、神に頼り切りになることなく、自分で善を目指すことができるというのが基本的なスタンスである。これに対して、アウグスティヌスは神に対し、徹底的な謙遜の態度を示す。

「人間は無から創造されたものであり、放っておけば無を意志してしまう。これに対して、『善』は神の恩恵によって初めて意志することができる。神の恩恵なくして、人間は善を意志することさえできないのだ」

ペラギウスとアウグスティヌスのどちらが本当に正しいか。原理的に考えるかぎり、この問いに対する答えもない。だが史実上は、ペラギウス主義は異端とされ、アウグスティヌスはキリスト教会で重要な位置を占めるようになった。

「取って読め」

本書でアウグスティヌスは、キリスト教の教義について論じるとともに、神によって「罪」ある生から救われ、キリスト教に回心するに至った過程についても述べている。本書が「告白」と題されるのはそのためだ。

アウグスティヌスの言葉を額面どおりに受け取れば、青年時代には悪友と遊びまわり、情欲にまみれた生活を送っていた。それでも学業をきちんと修めて、イタリアのミラノで修辞学の先生になる。だが、そこでもやはり情欲にさいなまれ、なかなか回心できず、苦悩のうちでもがいていた。

ある日、転機が訪れる。アウグスティヌスがミラノの自宅で、なぜ回心できないのだろうと悲しみに暮れていたとき、隣の家から子どもが「取って読め、取って読め」と歌うのが聞こえてきた。

——隣の家から、くりかえしうたうような調子で、少年か少女か知りません——

――が、「とれ、よめ。とれ、よめ」という声が聞こえてきたのです。

――前掲書

その声を神の命令として受け取ったアウグスティヌスは、急いで手近の聖書を開き、最初に目に止まった箇所を読んだ。「ローマの信徒への手紙」第一三章一三・一四節である。

「宴楽と泥酔、好色と淫乱、争いとねたみを捨てよ。主イエス・キリストを見よ。肉欲を満たすことに心を向けるな」

アウグスティヌスはこの箇所を読んだとき、心の闇は晴れ、ついにキリスト教に回心することができたと振り返っている。

もちろん、実際にそうした出来事があったかどうかを確かめるすべはない。事実かもしれないし、創作かもしれない。だが、逆にそうした奇跡ともいえる偶然があったからこそ、アウグスティヌスは力強い信仰者になることができたのだと見ることもできる。いずれにせよ、物語としての力は絶大だ。

神はどこに存在するか？

アウグスティヌスは、神を認識する原理を明らかにするため、私たちの「記憶」に着目する。というのも、アウグスティヌスは、一切の知覚や経験、概念は記憶のうちにあり、神もまた記憶のうちでのみ見いだされると考えたからだ。これはアウグスティヌスの独創的な記憶論だ。

それを語るうえで着目したいのはアウグスティヌスによる「時間は自己の現在に相関して存在する」という考えだ。

私たちは普段、時間は未来から現在を経て過去へと過ぎていく〝流れ〟としてイメージしている。だが、アウグスティヌスからすれば、時間は現在に相関して、自分の魂に位置づけられるものだ。すなわち、現在から見た過去は「記憶」、現在についての現在は「直観*」、未来についての現在は「期待」であるという。

――じっさい、この三つは何か魂のうちにあるものです。魂以外のどこにも――

＊直観
目の前の対象を直接に見て取ること。危険を感じるというときの「直感」とは異なる。

見いだすことができません。過去についての現在とは「記憶」であり、現在についての現在とは「直観」であり、未来についての現在とは「期待」です。

——前掲書

この洞察を踏まえて、アウグスティヌスは、私たちは時間のうちに「分散」しており、それゆえ神の恩恵なしには現在に集中することができず、神を認識することができないとする。

どれだけ神に達したいと強く願っても、最終的には、ただ神の恩恵だけが神に達することを可能にしてくれる。

自由意志の問題と同じく、ここにもアウグスティヌスの徹底的な謙遜が現れている。

本書が読み継がれている理由とは？

アウグスティヌスは、キリスト教哲学において多大な業績を残した。だが、本書が読みつがれている理由は、おそらくそれだけではない。アウグスティヌスが自分の生き方について悩み、その答えをつかみ取ろうと必死にもがく様を描いていることもまた、その理由に数えられるだろう。

神をひたすら心のうちに求め、信仰を通じて自分の生をよきものとしようという真摯さが、アウグスティヌスの思想の〝核〟として、私たちの心に迫ってくるのだ。

title:09 神学大全

信仰の正しさは論証できるか

トマス・アクィナス（1225頃～1274年）

聖なる教は一つの学である。

――『世界の名著20』収録「神学大全」山田晶・訳、中央公論社

スコラ哲学の態度を端的に表現するものに、「哲学は神学のはしため」という言葉がある。これは、哲学は神学に隷属しなければならない、哲学は神学を理解するために役立つかぎりにおいて価値がある、とする考え方を指す。

一見、この考え方は、私たち人間の理性がもつ意義を否定しているかのように思えるかもしれない。だが、この言葉を有名にした中世スコラ哲学の代表選手、アクィナスのねらいは、理性を活用し、信仰に基づく統一的な体系を打ち立てることで、キリスト教の教義を統合することにあった。

キリスト教とひと口にいっても、決して一枚岩ではなく、さまざまな宗派がある。今日でこそ、宗派間の対話と協力をはかるエキュメニズム*（世界教会主義）の運動があるが、アクィナスの時代、各宗派は〝真の信仰〟をめぐって対立し、相互に論争を繰り広げていた。すでに1054年、キリスト教会はローマ・カトリック教会と東方正教会に分裂、12世紀から13世紀にかけては、カタリ派やワルドー派といった教派がヨーロッパ各地に広がり、カトリック教会がそれらを弾圧する異端審問（宗教裁判）が行われていた。

宗派同士が相互に争うなか、単に「私は神を信じます」と宣言したところで、何の説得力もない。神の真実は、信仰を共有する者であれば、誰でも納得できるように論証されなければならない。本書におけるアクィナスの論述は、そのような揺るぎない確信によって貫かれている。

*エキュメニズム
20世紀初頭にプロテスタント主導のもと始まった、キリスト教の宗派を越えた結束を目指した運動。

神の存在証明

キリスト教の大前提は、神が存在するというものだ。この前提がなければ、信仰自体が成立しない。それゆえ問題は、どう論じれば神の存在を誰もが納得できるかということになる。この点を踏まえて、アクィナスは神の存在証明を行う。

この証明を理解するにあたっては、アリストテレスの『形而上学』（60ページ）にある「不動の動者」についての説を思い出すといい。原因と結果の系列をたどっていくと（原因の原因、そのまた原因……）、最後にそれ以上さかのぼれない根本原因に達するはずである。アクィナスの証明は、このアリストテレスの推論をキリスト教の文脈に応用したものだ。

神は、因果の系列それ自体を支えている第一の原因である。これは要するに、その系列全体を活かしている〝動力源〟が神であるということだ。

ここには次のような推論がある。もし「不動の動者」が存在しなければ、世界そのものが存在しないことになる。だがその推論は明らかに正しくない。それゆえ神は「不動の動者」として、つねに存在しつづけているのでなければならない――。

一見して明らかなのは、因果関係という観点を置いたことで、神の存在についての推論がきわめて明瞭になったことだ。個々人の神秘体験や共同体の物語に頼ることなく、純粋な推論を踏まえて神の存在を論じることで、より多くの人びとが納得できる信仰のあり方を開くことがアクィナスのねらいだったのだ。

存在のアナロギア

では、原因と結果の系列は、どのように神と被造物の関係につながるのだろうか？

アクィナスの説はこうだ。神は第一の原因であり、世界の根本原因である。被造物は神に由来して存在するが、この際、万物は神の形相《けいそう》、すなわち本質を「分有」し、神に類似する。

こうした神と被造物の類似関係を、アクィナスは「存在のアナロギア」と呼ぶ。アナロギアとは、英語の「アナロジー(analogy)」（類推、類比）の語源となったラテン語だ。

存在するということが万物に共通であるように、何らかのアナロギアによって作用者の形相の類似性を分有するであろう。神によって存在するものは、それが存在するものであるかぎりにおいて、このような仕方で、全

＊ガリレオ・ガリレイ（1564〜1642年）

—存在の第一の普遍的根原たる神に似るのである。

——前掲書—

神に類似するといっても、姿形が似るのではなく、その本質において類似するというのだが、これは一体どういうことだろうか。アクィナスによると、それは「善」において類似することだ。

では「善」とは何か。アクィナスは「善」とは欲求されうるもの、すなわち完全であることだとする。完全性は、第一の原因である神から与えられる。神は最高善であり、被造物は神の完全性を分有することで、善の性質を受け取る。これが「存在のアナロギア」の意味だ。

存在=善のネットワークという洞察

もちろん、中世に書かれた本書の世界像をそのまま受け入れることには無理がある。デカルトやガリレイ*、ベーコン*といった近代哲学、近代科学の創始者たちの業績を踏まえてなお、アクィナスが描く世界像が普遍的な妥当性をもつと主張するのは強引だ。

イタリアの天文学者。地動説を唱え、異端審問を受けたことで有名。ちなみに、ガリレオの不遇な状況を知ったデカルトは、自身の『宇宙論』の発表を見送った。

*フランシス・ベーコン（1561〜1626年）

シェイクスピアとほぼ同時期に生きたイギリスの哲学者。実験や観察を通して自然の法則を解明、支配することの必要性を唱え、こうした思想は近代科学に大いに寄与したとされる。「知は力なり」の言葉で有名。

だが、それでもなお、アクィナスの議論の意義を、私たちは無視できない。アクィナスにとって、神は一切の被造物から切り離され、雲の上から絶対的な命令を下すような冷酷な存在ではない。最高善である神は、被造物に存在＝善を分有させ、それによって存在＝善のネットワークをつくり出す。これが神と被造物の類似関係であり、世界そのものの姿である。

「存在のアナロギア」説によってアクィナスが言わんとしているのは、要するに、存在そのものが悪であるような被造物はありえないということだ。人間は神ではないので、完全によき存在となることはない。しかし、神の被造物として存在している以上、人間は誰もがよき存在である。時に人間は悪に陥るが、それは善を欠くかぎりであり、存在そのものが悪であるわけではない。

アクィナスはこうした主張で正統と異端の対立を調停し、キリスト教の教えを一本化することで、本当に人びとに伝わり、共有されうる信仰の体系を打ち立てようとしたのだ。

title: 10
君主論

祖国統一を願う〝現実主義者〟の書

ニッコロ・マキャヴェリ（1469〜1527年）

もともとこの世のことは、運命と神の支配にまかされている……だが、われわれ人間の自由な意欲は、どうしても失われてはならない。

――『世界の名著16』収録「君主論」池田廉・訳、中央公論社

13世紀末から15世紀末にかけて、ヨーロッパでルネサンス文化が花開いた。レオナルド・ダ・ヴィンチ、ミケランジェロ、ラファエロといった巨匠が現れ、文学や建築、芸術などさまざまな分野で偉大な業績が成し遂げられた。マキャヴェリもまた、ルネサンス期のイタリア・フィレンツェにて活躍した政治思想家だ。

マキャヴェリの政治思想のポイントを一言で言うと、現実主義（リアリズム）*だ。リアリズムという言葉には、どこか冷たい響きがある。だがマキャヴェリは、政治はなるようにしかならず、人間の理想は何ら意味をもたない、という意味で「現実」を捉

*リアリズム
国際関係を「無政府状態」と客観的に位置づけ、そのなかでいかに各国（自国）が生き残るかを国益という観点から分析する政治思想。

えていたわけではない。

ルネサンス文化の意義は、神中心の中世文化から、人間中心の近代文化への橋渡しをなしたことにある。『君主論』の意義も、この文脈から捉えるとわかりやすい。国家は確かに「運命」の支配のもとにある。だが国家は決して、神によって定められた秩序ではない。人間のはたらきかけによって、国家は進むべき方向を変えることができる。そのためには、宗教や道徳における理想ではなく、武力や法律といった現実的な条件に基づいて政治を行わねばならない。

本書は、そう考えるマキャヴェリがフィレンツェ共和国の政争に巻き込まれて失脚し、隠遁《いんとん》生活を送っていたなかで書き上げられた。生前には発表されず、死後、1532年に出版された。

国家の土台は「よい法律」と「よい武力」

当時のイタリアは、フィレンツェ共和国やミラノ公国、ヴェネツィア共和国といった小国に分裂しており、ハプスブルク家とフランス・ヴァロワ朝からの圧迫を受けて混乱状態にあった。マキャヴェリは本書で、フィレンツェを統治するメディチ家*にイタリア統一の期待を託して、国家を統治するための方法を示している。その意味で本書は、イタリアに新たな国家を打ち立てることを視野に入れた実践論として読むことができる。

マキャヴェリが本論のカナメとして置く原理は、「よい法律」と「よい武力」だ。

> 君主にとってよい土台をすえることがいかにたいせつであるかは、すでに述べたとおりである。でなければ、必然的に、われわれは破滅の道をたどる。ところで、昔からの君主国も複合国も、また新しい君主国も、すべての国にとって重要な土台となるのは、よい法律とよい武力とである。
>
> ――前掲書

「よい武力」といわれてもピンと来ないかもしれないが、ここでは自国軍のことを指している。

*メディチ家
フィレンツェの門閥貴族。14世紀から商業・銀行業により台頭、15世紀に全盛を迎え、フィレンツェの実権を掌握した。ルネサンスの学芸の保護者としても知られる。1737年断絶。

当時、フィレンツェ軍の主役は傭兵《ようへい》だった。ただ当時の傭兵は、ありていに言えば、給料目当てに群がってくる暴力集団であり、練度も統率度も決して高いわけではなかった。ミラノ公国のような周辺国が、次第に常備軍的な傭兵軍へと移行しつつあるなか、フィレンツェは依然として、軍の隊長さえも傭兵に頼る始末だったらしい。マキャヴェリは、強国となるためには正規軍を国家の土台としなければならず、君主は傭兵軍や外国の援軍に頼ることなく、自前で武力を用意する必要があるとの考えを示した。

必要であれば悪徳も行使せよ

現実主義者というと、どうしても感情的な部分を後まわしにして、最終的な利益を見越して物事を決める人というイメージが付きまとうのではないだろうか。事実、マキャヴェリの主張もまた鋭いナイフのような冷徹さを放っている。

理想を実現するためには、現実的な条件が必要だ。どれだけ高貴な理想であろうと、それを現実世界に無造作に持ち込めば、君主は破滅せざるをえない。確かに人間は政治に関与することができるが、政治で変えられるのは現実の半分だけであり、残りの半分は「運命」により支配されている。それゆえ君主は、自国の存亡がかかっているのであれば、悪徳であっても行わなければならない——。

一つの悪徳を行使しなくては、自国の存亡にかかわるという容易ならぬばあいには、汚名などかまわずに受けるがよい。

——前掲書

もちろんマキャヴェリは、君主は悪徳者でなければならないと言いたいわけではない。神が世界の秩序を定めているわけではなく、人間がそこに介入して世界の秩序を変えることができるのだから、そのリーダーとなるべき君主は、状況に合わせて柔軟に態度を変える力を身につけなければならないと主張するのだ。

私は、用意周到であるよりはむしろ果断に進むほうがよいと考えている。なぜなら、運命の神は女神であるから、彼女を征服しようとすれば、うち

――のめしたり、突きとばしたりすることが必要である。――前掲書――

哲学の歴史を眺めても、これだけ伊達男な表現はなかなかお目にかかれない。分裂状態にある祖国イタリアの現状を憂うマキャヴェリの情熱がほとばしる一節だ。

中央集権化によって国家を治める

各人が互いの権利を侵害することなく共生するための第一の条件は、基本的な秩序を確立することにある。そのための原理として、本書でマキャヴェリは、法律と武力を打ち立てて中央集権化を行うことにより、暴力契機を縮減することを提唱した。

一見これは、抑圧的で反民主主義的な政治体制に思えるかもしれない。だがマキャヴェリには、各人の自由は国家の独立あってこそだという考えがあった。君主が悪徳さえも犯さなければならない根本の理由はここにある。マキャヴェリは『政略論』*で次のように言っている。

*『政略論』　1517年にマキャヴェリが発表した政治学の古典的著作。古代ローマの共和制を模範にすべきと主張した。

ひたすらに祖国の存否を賭して事を決するばあい、それが正当であろうと、道にはずれていようと、思いやりにあふれていようと、冷酷無残であろうと、また称讃に値しようと、破廉恥なことであろうと、いっさいそんなことを考慮にいれる必要はない。そんなことよりも、あらゆる思惑を捨てさって、祖国の運命を救い、その自由を維持しうる手だてを徹底して追求しなければならない。

——『世界の名著16』収録「政略論」永井三明・訳、中央公論社

何よりも優先すべきは、祖国の独立である。古代ローマがあれほどの勢力を誇ることができたのは、他国に従属せず、自由な共和政体を維持することができたからだ。フィレンツェも偉大な国家になるため、ローマの先例にならうべきだと考えたマキャヴェリは、本書をみずからの遺言として武力と法律による中央集権化のプランを示したのだ。

マキャヴェリの説く現実主義は、決して、一切は国家間のパワーバランスで定まる

ので「なるようにしかならない」という意味ではない。現実の社会を変えるためには、現実の条件が必要である。その条件を満たすことができれば、完全に任意のものではないとしても、人間の力で社会の秩序をつくり出すことができる。こうした意味での現実主義なのだ。

ところで、こうしたマキャヴェリの洞察が、神による世界創造を説く中世スコラ哲学と、市民社会の原理を論じる近代哲学の間に挟まれていることは、きわめて興味深い。マキャヴェリ以降、政治の原理を神意に求めることは、一つの後退と見なさざるをえなくなった。マキャヴェリは近代政治哲学の祖と呼ばれるが、その根本の理由はおそらくこの点にある。

第三部

近　代

●普遍性を探求する

title: 11 方法序説

近代哲学のマニフェスト

ルネ・デカルト(1596〜1650年)

「私は考える、ゆえに私はある」というこの真理は、懐疑論者のどのような法外な想定によってもゆり動かしえぬほど、堅固な確実なものである。

──『世界の名著22』収録「方法序説」野田又夫・訳、中央公論社

古代ギリシア哲学、中世哲学と進んできて、ここから見ていくのは近代哲学だ。哲学では一般的にニーチェ以降から現代とされるので、近代哲学はおよそ3世紀の間、ヨーロッパにおける哲学の主役の座を占めていたことになる。本節で見ていくのは、近代哲学の祖として知られるデカルトの代表作だ。

近代哲学には主に二つの柱がある。一つは認識論*であり、もう一つは社会哲学*だ。認識論はデカルト、社会哲学はホッブズにより打ち立てられた。デカルトとホッブズは同一世代の哲学者で、学問上の交流もあった。

*認識論
私たちの認識の構造を問う哲学の一分野。「どうやって主観は客観を認識しているのか？主観の認識が客観に一致しているといえる根拠はどこにあるか？」を根本の問題とする。

*社会哲学

彼らがなぜ近代哲学の二本柱の祖として位置づけられているか、そして、そもそもなぜ認識論と社会哲学が近代哲学の二本柱をなしているのか、この点を理解するためには、当時のヨーロッパの時代状況を確認する必要がある。

当時、ヨーロッパではルター*の宗教改革*に端を発する宗教戦争が、ドイツやフランスなど各地で勃発、政治的な利害も絡み、ヨーロッパ中が血で血を洗う戦争状態に陥っていた。宗教戦争は、キリスト教を決定的に分断する事件であり、キリスト教が唯一絶対の真理であるという中世的な世界観に対して根本的な疑問を投げかけることになった。

こうした状況において、近代哲学は、伝統的な世界観を前提とすることなく、私たちの生の普遍的な原理*を示すという課題に取り組んだのだ。

共通了解の原理を探求

デカルトの代名詞は「われ思う、ゆえにわれあり」(コギト・エルゴ・スム)。大学などで哲学を勉強したことがなくても、おそらく一度は聞いたことがあるだろう。哲学の

人間社会について問う哲学の一分野。人間は神の意志によらず、みずから社会のあり方を構想できるという観念が成立するとともに現れてきた。創始者はホッブズ。

＊マルティン・ルター(1483〜1546年)
世俗化した教会を批判した宗教改革者。

＊宗教改革
16世紀前半にドイツのルター、スイスのカルヴァンらの免罪符批判を端緒として起こったキリスト教世界における政治や社会の大変動。

歴史において決定的な意義をもつ言葉だ。

デカルトは本書で、「理性で考えれば誰もが受け入れられる地点から哲学を出発させなければならない」という考えを、哲学の歴史上初めて明確に打ち出した。これは文化や宗教の違いを超えた「共通了解*」の可能性を開く、決定的な転回点だったということができる。

どのような信仰をもっていようと、どのような共同体で生きていようと、考える方法と原理を手にしていれば、誰でも「真理」に到達することができる。こうしたメッセージが、デカルトの「われ思う、ゆえにわれあり」に込められている。

人間は理性を等しく備える

方法を正しく用いれば誰でも必ず真理（共通了解）に到達できる。それを保証する条件として、デカルトは各人に「良識」あるいは「理性」が生まれつき備わっているという前提を置く。

カトリックからプロテスタントへの分離に発展した。

＊原理
根本法則、根本要素のこと。デカルトの語る方法的懐疑は、認識の原理を見つけるために考え出された方法。

＊共通了解
宗教や文化の違いを超えて、理性を備えているかぎりは誰でも到達しうる普遍的な認識のあり方。自然世界の事柄については広い共通了解が成立する一方、善や美といった意味や価値については、共通了解は限定的にしか成

立しない。

よく判断し、真なるものを偽なるものから分かつところの能力、これが本来良識または理性と名づけられるものだが、これはすべての人において生まれつき相等しい。

――前掲書

人間は理性によって世界を合理的に推論し、その全体像を理解することができる。理性は誰もが等しく備えているので、理性の使い方を間違えないかぎり、世界についての推論は誤らず、それゆえ共通了解を達成することができる。

そこで問題となるのが、どこに認識の出発点、すなわち原理を置くかということだ。というのも、どれだけ理性を正確にはたらかせたとしても、スタート地点がバラバラなら、結果も〝人それぞれ〟にならざるをえないからだ。

そこで、デカルトは哲学のスタート地点を置くという目的のもと、「方法的懐疑」という方法を提案する。

方法的懐疑のポイントはあえて一切を疑うことにある。すべてを疑って、疑いつくすこと。こうした徹底的な懐疑を、デカルトは方法的懐疑と呼ぶ。

「方法的懐疑」で哲学の出発点を築く

では、方法的懐疑は一体どのように行われるのだろうか。デカルトによる懐疑の実例を見てみよう。

第一に、感覚は疑わしい。なぜなら欺くことがあるからだ。また、自分の外側にある対象が存在するかどうかにも疑いの余地が残るため、これを原理とすることはできない。

では、自分の内側の思考はどうか。一見確実そうに見える幾何学の証明についても、間違いを犯しうるので疑わしい。夢も同様に疑わしい。

このように考えていくと、何一つ確実なことは残らないように思える。しかし、まさにそのように疑っている自分が存在するということは否定することができない。

「私は考える、ゆえに私はある」というこの真理は、懐疑論者のどのような法外な想定によってもゆり動かしえぬほど、堅固な確実なものであるこ

とを、私は認めたから、私はこの真理を、私の求めていた哲学の第一原理として、もはや安心して受け入れることができる、と判断した。

——前掲書

誰もが受け入れられる原理を置き、それに基づいて理性を正しくはたらかせれば、文化や習俗の違いにかかわらず、私たちは世界についての共通了解に達することができるというデカルトの洞察は、哲学の新たな地平を切り拓く、きわめて画期的なものだった。

なぜこの洞察が画期的かというと、一定の理性をもつかぎり、私たちの誰もが方法的懐疑を実際にやってみることができるからだ。方法的懐疑が一つの「方法」である理由はそこにある。

私たちは、デカルトの推論の過程をたどりなおして、その妥当性を吟味することができる。それによって、優れた洞察は受け入れ、誤っている洞察はよりよいものに置き換えることができる。方法的懐疑という原理は、哲学にそうした編み変えの可能性をもたらしたのだ。

なぜ近代哲学の出発点となったのか?

なかには哲学と聞くと、頭のいい人たちがあれこれ観念をいじくり回し、生活の場面から離れて、孤高に真理の探求を行っているというイメージをもつ人もいるかもしれない。

確かにそうした哲学者も一定数いる。だが、名著とされる哲学の著作を一通り読むと、哲学とは必ずしもそうした営みではないことがわかってくる。歴史に名を残す哲学者たちは、それまでの伝統的な世界観や常識をいったんチャラにして、人びとの生活の場面から問題の端緒をつかみ出し、理性をもつ人であれば、原則的に誰でも理解することができるような形に問題を仕上げ、解を与えてきた。プラトン以降、哲学の営みはそうして受け継がれてきたのだ。

デカルトは決して多作の哲学者ではない。直前のスコラ哲学者たちと比べると、むしろ寡作といえるほうだ。にもかかわらず、デカルトが新しい哲学の時代を切り拓いたとされるのはなぜか。それは、デカルトが時代の問題を深くつかみ出し、理性に対する強い信頼をもとに、哲学を根本的に立て直したからだ。

哲学の営みにおいて大事なのは、どれだけ物知りであるかではなく、どれだけ優れた原理を置くことができるかにある。本書を読むと、そうした思いを強くせずにはいられない。

近代哲学は、キリスト教を中心とする中世的世界観の絶対性が崩れつつあるなか、いかにして認識の普遍性を確保し、誰もが「よい」生を送るための条件を見いだすことができるか、という問題に正面から取り組んだ。本書はそうした近代哲学の出発点を印《しる》すマニフェストと呼ぶべきものだ。

title: 12

情念論

情念の意味を説く

ルネ・デカルト（1596〜1650年）

情念によって最も多く動かされうる人々が、この世の生において最も多くの楽しさを味わいうるのである。

——『世界の名著22』収録「情念論」野田又夫・訳、中央公論社

哲学には伝統的に論じられてきた問題がある。心と身体の関係について問う「心身問題*」は代表的なものだ。心身問題は、現代では「心の哲学（Philosophy of mind）」における重要なテーマであり、いまなお学説上の対立が続いている。本書はその心身問題の端緒をなす古典だ。

心身問題における根本の問題は、「精神（意識、心）と身体はどのように関係しているのか」というものだ。

人間は意識だけでなく「延長*」ももつ。延長とは、空間のうちで一定の場所を占め

*心身問題
精神と身体の関係についての問題。本書『情念論』における心身二元論のほか、スピノザによる心身平行論（精神と身体の間には対応関係があるだけとする説）や、ライプニッツによる予定調和説（神が世界創造の時点で

ることをいう哲学上の概念だ。

身体は延長をもち、空間中に位置を占めている。これに対し、精神は延長をもたない。意識が「ある」といっても、モノのように空間中に位置を占めているわけではない。私たちは意識としても、また身体としても存在している。あり方の異なる二つが一体どのように関係しているのか。そもそも、心はどこに、どのようにあるのか。それが心身問題だ。

精神と身体は「松果腺」を通じてつながっている

では、この問題に対して、デカルトはどのような答えを示したのだろうか。次に要約してみよう。

身体の機能に着目すると、身体運動の物体的な原理は心臓の熱だ。心臓に流れ込む血液は精気*をつくり、精気は脳へと流れこむ。

精気の流れは、脳の奥にある松果腺《しょうかせん》という器官によりコントロールされ

両者の調和を取りはからったとする説）がある。この問題は、現代における科学哲学でも論じられており、いまだ決着していない。

*延長
「終了時間を延長する」という場合の「延長」とは意味が異なる。デカルトは物理的なものがもつ高さや幅という属性を「延長」（大きさ、広がり）という言葉で呼んだ。身体は延長をもち、精神は延長をもたない。なぜ異なる属性をもつ二つから人間が成り立っているのか。それがデカルトの心身

ている。松果腺は精気を脳の孔から放出し、神経を通して筋肉に到達させ、これによって筋肉を運動させている。

また、精神は松果腺のうちで生じる運動から知覚を受け取っている。このように、松果腺は精神と身体をつなぐ役割を果たしているのだ。

松果腺というのは脳のなかにある小さな内分泌器で、ここ最近になってようやくその機能が解明されたばかりだ。

もちろん、デカルトが生きた時代にそんなことが知られているわけがない。では、なぜデカルトが松果腺に注目したかというと、脳の奥深くにあり、かつ脳のなかで唯一左右に分かれていない器官であると信じ（顕微鏡レベルで観察すると実際には分かれている）、ここに心と身体をつなぐ重要な何かが隠されていると考えたからだ。

もっとも、デカルトのこの説が医学的に見て間違っていると批判するのは、哲学のルールに反することだ。重要なのは、精神と身体は別のものとして存在しており、脳の一部位——デカルトによれば松果腺——を通じて相互に関係しているという洞察

二元論の主要テーマである。

＊精気
デカルトの概念。体内を循環する血液が蒸発して、脳の内側にある空室に入り込み、それが神経へ空気ポンプのように伝わることで身体運動を起こす、というもの。イメージとしては油圧装置が近い。人間の身体は、精気の流動によって動く「機械」のようなものであるとデカルトは考えたのだ。

である。心身を別のものとして区別し、その関係に着目するという態度自体、デカルト以前には存在しなかったのだ。

情念の〝到来性〟

続けてデカルトは、情念について論じる。情念とは、いまでいう感情とほぼ同一のものだ。

デカルトによると、情念は、脳の精気が心臓の動きを変化させる神経を流れることで生じるものだ。たとえば夜道を一人で歩いているときに、急に目の前に暴漢が現れたら、誰でもドキッとするだろう。そうしたたぐいの感情を、デカルトは情念と呼んでいる。

デカルトは私たちの基本的情念として、驚き、愛、憎しみ、欲望、喜び、悲しみの六つを挙げている。だがここで問題なのは数ではない。重要なのは情念が、意識の向こう側から到来してきて、意識に対し、何らかの行動を引き起こすようにはたらきかけてくるということだ。

私たちはうれしいときは自然とうれしくなるし、悲しいときは自然と悲しくなる。「さあ悲しくなろう」と思って悲しくなることはできない。それらは意識の向こうからこみあげてきて、抑えられたり抑えられなかったりする。こうした〝到来性〟が、情念のもつ共通の特徴だとデカルトは考えるのだ。

欲望は未来の「善」への原動力

さて、デカルトによると、六つの基本的情念のうち、なかでも欲望は特別の位置を占めている。なぜなら、驚きを除く四つ（愛、憎しみ、喜び、悲しみ）は、ただ欲望を通じてのみ、ある行為を引き起こすことができるからだ。

欲望がはたらくことで、私たちは未来の対象を目がけて行為できるし、ひいては「善」（よさ）を目がけることができる。

たとえば愛の情念が生まれたとしよう。気になる人ができると、相手に想いをはせるだけでなく食事やデートに誘おうとする。もっと近づきたい、相手の美に触れたいといった「よき」ことへの欲望が生じるからこそ、相手に対して何らかのはたらきかけをしようとする。

欲望がはたらかなければ、情念は行為をもたらさない。私たち自身の経験を振り返っても確かだといえる。

もちろんデカルトは、私たちは欲望のおもむくままに行為すべきだ、と言っているわけではない。私たちは訓練によって、何が善であるかを判断し、本当に目指すべき善をとらえられるようになると考えるのだ。

本書の結論にて、デカルトは次のように論じている。

「情念が到来したら、まずは落ち着くこと。そのうえで、情念を否定するのではなく、知恵によってこれをよく使うこと。なぜなら、情念が人生における楽しさの源泉であるからだ」

デカルトの倫理学

現代の自然科学の見地からすれば、本書に特筆すべきポイントは存在しない。だが、そのこと自体はさほど重要ではない。むしろ本書で着目すべきは、私たちの身体は、それ独自の構造によって運動するという洞察だ。現代的な観点からすれば真新しさなどない自明のことだが、当時は画期的な観点として受け止められた。ルネサンス期、ベルギー生まれの医師ヴェサリウス*により創始された近代解剖学により、人体の構造が少しずつ明らかになりはじめ、人間が神の被造物であるというキリスト教の観念は、ほぼ不可逆的に妥当性を失っていった。

デカルトは本書で、解剖学の知見を参考にしつつ、どうすれば私たちは「よく」生きることができるかという問いに対し、情念のあり方を明らかにすることで解を与えようとしている。

欲望を避ける〝求めない生き方〟が理想とされがちな現代において、自分の心の動きを見つめることの意味を説くデカルトは、私たちに生の意味を深く教えてくれる。

*アンドレアス・ヴェサリウス（1514〜1564年）
近代医学を切り拓いたベルギー出身の人体解剖学の創始者。

title:13 リヴァイアサン

市民国家の時代を切り拓く

トマス・ホッブズ（1588〜1679年）

自分たちすべてを畏怖させるような共通の権力がないあいだは、人間は戦争と呼ばれる状態、各人の各人にたいする戦争状態にある。

――『世界の名著23』収録「リヴァイアサン」永井道雄、宗片邦義・訳、中央公論社

15世紀のルネサンス期を経て、16世紀に入ると、ヨーロッパに絶対王政の時代が到来する。イングランドのテューダー朝、フランスのブルボン朝など、強大な権力によって中央集権化をはかる政治形態が現れてきた。だが、絶対王政といっても、国王は最初から絶対的な権力をもっていたわけではない。

絶対王政が成立する以前、ヨーロッパでは貴族や教会といった封建領主が農奴に土地を貸し与えて労働させる封建制度が行われていた。しかし、内乱による封建領主の没落もあり、王権が相対的に上昇してきた。

そこで絶対君主は、国内の不安定な政治状況を解決するため、「王権神授説*」を提唱して、みずからの絶対王政を正当化しようとした。王権神授説は、国王の権力は神から直接授けられたものであり、臣民は国王に対抗する権利をもたないとする考え方だ。

ホッブズが本書を著すころ、イギリスは市民革命の最中にあった。王権神授説を唱えるチャールズ一世の専制政治に議会が反発、1642年に内戦に突入した。クロムウェル*を中心とする議会派と国王派の対立は、議会派の勝利に終わり、チャールズ一世は処刑、その子チャールズ二世はヨーロッパに亡命し、議会派のリーダーであったクロムウェルによる独裁が始まった。

本書はこうした混乱の時代に著された。

王権神授説から社会契約説へ

ホッブズは本書で、それまでの政治思想を大きく推し進める考え方を打ち出した。それは「社会契約説*」だ。

*王権神授説
王の権力は神から与えられ、神以外の誰からも束縛されることはないという、現代から見たらとんでもない思想。絶対王政を正当化するための根拠として使われた。

*オリバー・クロムウェル（1599〜1658年）
イングランドの政治家。専制政治を行うチャールズ一世を死刑に処すも、その後自らが議会を仕切り、独裁体制をしいた。彼の指導者としての評価は現在でも分かれている。

社会契約説の意義は、王権神授説に対する根本的な批判のもとに成り立っているという点にある。

王権神授説は、キリスト教の教義を前提とする考え方だ。宇宙は神によって創造され、神は国王に統治権力を与えた。王権神授説の正当性は、ひとえにキリスト教の権威によって支えられているのだ。

これに対し、社会契約説は次のように考える。

「人間が神による被造物であると考えねばならない根拠も、神が国王に統治権力を与えたと考えねばならない根拠もない。むしろ、権力の基礎は市民同士の合意にあり、権力はその合意に基づき、統治者に委託されると考えるのが妥当である」

社会契約説の態度を端的に示すものに、「自然状態*」という概念がある。国家、社会が成立する以前に想定される人間の状態だ。この仮説から出発して、ホッブズやルソーといった哲学者たちは、国家の正当性の原理について論じた。

自然状態の中身については、哲学者の間で微妙に異なる。しかし重要なのは、神が世界を創造したという前提を括弧《かっこ》に入れ、一個の人間がどのように存在するかという

*社会契約
近代社会・市民社会の正当性の原理。政治権力の根拠をキリスト教の教義に求める王権神授説に対して、社会契約説はこれを市民間の合意に求める。代表的な論者にホッブズ、ロック、ルソーがいる。「社会契約」という表現を用いたのはルソーが初めて。

*自然状態
社会契約説における根本仮説。国家や社会の成立以前の状態を指す概念。実証されるべき史実ではなく、概念的なモデルである点に注意。社会契約について

地点から議論を行ったことにある。こうした考え方は、現代の政治哲学者アーレントが『革命について』（414ページ）で正当に評価しているように、まさしく革新的なものだったのだ。

リヴァイアサンの原理は何か

本書のタイトル「リヴァイアサン」は、旧約聖書に登場する海の怪物レヴィアタンから取られた。他にもホッブズには『ビヒモス』*という著作があり、これもまた、旧約聖書に出てくる陸の怪物ベヒモスから名づけられた。

とはいえホッブズは本書で、海の怪物をめぐる物語を描き出しているわけではない。それはあくまで一つの比喩だ。

では、リヴァイアサンとは何か。ホッブズはリヴァイアサンを、人間がみずからを模してつくり上げた人工国家として規定する。リヴァイアサンの素材と製作者は、ともに人間であり、その「魂」は主権である。

このことを踏まえて、ホッブズは次のように問う。

も同様。

*『ビヒモス』
ホッブズの著作。イングランド内戦から王政復古までをたどった歴史的な分析が語られている。

「どのようにして」またどのような「契約」によって人工人間はつくられるか。「主権者」の「権利」およびその正当な「権力」あるいは「権限」は何か。

――前掲書

国家を人間からなるネットワークと見なしたとき、どのような契約（約束）を基礎としなければならないか。また、その際、主権者の権利と権力の正当性の根拠はどこに置かなければならないか。これが本書におけるホッブズの問題設定だ。

人間は神の被造物ではない

リヴァイアサンは神の被造物ではなく、人間がつくり出す制度である。このホッブズの主張の前提には、そもそも人間は神の被造物ではないという考えがある。

もし人間が神の被造物であるという立場に立つなら、約束という要素を取り入れる余地はない。

実際、中世スコラ哲学を代表するアクィナスは『神学大全』（89ページ）にて、人間の精神には宇宙の秩序を司る神の法が含まれており、それが教えるところに従って行為することが人間のあるべき姿である、と論じている。被造物である人間が約束を結んで協力し、世界の秩序に手を加えることは、神の意志を無視することであり、許されることではない、というのが中世ヨーロッパにおける基本的な考え方だった。

一方ホッブズは、人間は、身体と精神の両側面でほとんど同じ能力をもつものとして「自然」から生み出された、という考えを置く。人間は希望、絶望、恐怖、怒りといった感情だけでなく、思考力や言語をもつ。相互に約束し、自分たちで物事を決める能力をもつ。美醜や善悪を知り、善を目がけることもできる。

善は神の恩恵によって初めて知りえるという前提に基づくスコラ哲学の権威が崩れつつあるなか、人間のあり方から国家構想を行ったホッブズには、何度立ち返っても驚かされる。

自然状態は「万人の万人に対する闘争」に行き着く

では、人間が神ではなく自然から生まれ、言葉を用い、約束する能力があるのなら、万人が等しく幸福を享受できるということなのか？　もちろん、そんなことはない。ホッブズは、人間は何ら理由なく他者と約束すると考えるほど素朴ではない。むしろ次のように考える。

人間が等しく心身の能力を備えており、求める対象が限られるなら、その対象をめぐって人びとの間に相互不信が生まれ、「万人の万人に対する闘争」が現れる。

> 自分たちすべてを畏怖させるような共通の権力がないあいだは、人間は戦争と呼ばれる状態、各人の各人にたいする戦争状態にある。すなわち《戦争》とは、闘いつまり戦闘行為だけではない。闘いによって争おうとする意志が十分に示されていさえすれば、そのあいだは戦争である。
>
> ――前掲書

一見すると、「万人の万人に対する闘争」の概念は、あたかも人間に闘争本能のようなものがあると想定しているように思えるかもしれない。だが重点は、闘争状態は条件次第で成立するものだ、という点にある。

条件が満たされれば闘争状態となるし、満たされなければそうならない。たとえ人類の歴史上、闘争が起こらなかった日が一日としてなかったとしても、それは人間が本能的に闘争を求める生き物であるということではなく、能力の平等や求める対象の希少性といった相互不信の条件が、普遍的に満たされていたということなのだ。

平和の条件は権利の譲渡?

では、「万人の万人に対する闘争」を終結させるために、人間は何をなしうるのか?

ホッブズは、私たち人間は各人が互いに同意できるような平和条項——「自然法*」を考えだすと語る。

自然法のポイントは、「万人の万人に対する闘争」を終結させるために各人が相互の同意に基づいて、権利を〝譲渡〟することにある。

なぜなら、権利を有しているかぎり、闘争状態の根本的な理由はなくならないから

*自然法
人為的に形成される実定法に対して、人間の本性（本来の性質）に基づいて普遍的に存立、妥当する法。中世では人間の精神に内在する神の意志として説かれたが、近代以降は、法をつくり出す人間の「自然権」（天賦人権）の観念により置き換えられた。

である。ホッブズはここに「万人の万人に対する闘争」の解決の条件があると考えたのだ。

公共権力を設立する

確かに、自然法は人びとの良心にはたらきかけはする。だが、現実の行為にはさまざまな事情が絡んでいるので、絶対的な拘束力をもつわけではない。

では、約束に強制力と実効性を与えるためには、何が必要なのか。

ホッブズが導き出した答え、それは公共権力（コモン・パワー）だ。

公共権力は、各人が自然にもっている権利を〝譲渡〟し、自分たちの意志を一つの意志（総意）に結集することによって成立する。譲渡先は国王の場合もあれば、議会の場合もある。ただし権力の根拠には、ただ人びとの同意と相互契約がなければならない。国王や議会はあらかじめ権力をもっているわけでも、神から権力を授かっているわけでもない。公共権力の正当性の根拠は、ただ人びとの間で交わされる約束だけであり、譲渡先は人びとの合意を代表するように権力を行使しなければならない、とホッブズは考えるのだ。

市民国家の祖ホッブズ

本書でホッブズが示した考え方はきわめて画期的なものだった。しかし、そこに問題点がないわけではない。

ホッブズは、一切の権力を譲渡することによって公共権力を設立する必要があるという。だが、ひとたび権力を譲渡してしまえば、人びとは公共権力の代表者の行為を追認することしかできず、それゆえ権力の濫用《らんよう》を批判することは原理上不可能となってしまう。もちろんホッブズは、抑圧的な政府を擁護するために本書を著したわけではないが、本書の議論が絶対王政の擁護に結びついてしまうことは否定できない。

とはいえ、そうした批判は結局のところ些末なものだ。本書でホッブズが、国家を人間相互の合意と約束に基づく〝市民国家〟として示したことの意義は揺るがしがたい。神によって政治権力が保証されているとする国家観は、哲学的にはホッブズの時点をもって、根本的に乗り越えられたのだ。

title: 14

エチカ

「善」の根拠を数学的に導く倫理学（エチカ）

バールーフ・デ・スピノザ（1632〜1677年）

自分の愛するものを他の人々が愛することを、また自分の意向通りに他の人々が生活することを、単に感情に基づいて努める人は、本能的にのみ行動するものであって、そのゆえに人から憎まれる。

——『エチカ』畠中尚志・訳、岩波書店

近代哲学の初頭、認識論では「合理論*」と「経験論*」という大きな対立が現れた。合理論とは、世界は知覚経験によらず、根本原理から推論を合理的に積み重ねることで認識できるとする立場のことだ。本節で見ていくスピノザは、デカルトやライプニッツと並んで、合理論を代表する哲学者だ。

これに対し、経験論は、根本原理なるものは存在せず、世界はただ知覚経験によってしか認識できないとする考え方だ。代表的な哲学者にロックとヒュームがいる。

*合理論
知覚や意識経験に先立つ根本原理から出発し、純粋に合理的な推論によって世界を説明しようとする認識論の立場。数学をモデルとする。経験論と対比され、デカルト、スピノザ、ラ

合理論は「世界の全体は推論により正しく知りうる」という独断論的な立場をとり、経験論は「世界は経験できる範囲でしか知りえず、絶対に正しい認識はありえない」という懐疑論的な立場をとる。

わかりやすく言えば、数学のように純粋な推論によって世界の全体を認識できるに違いないと考えたのが合理論であり、実験や観察の届くかぎりでしか世界は認識できず、世界の全体など認識できるわけがないと考えたのが経験論だ。デカルト以降、哲学は次第に難しくなるが、この対比を念頭に置いておけば、まずは大丈夫だ。

さて、本節で見ていく『エチカ』は哲学の歴史のなかでも、きわめてユニークな著作だ。タイトルの「エチカ」は倫理学を意味する。スピノザは本書で、数学の方法をモデルにして、世界のあり方を描きつつ、善の根拠はどこに置くことができるかという問題に取り組んだのだ。

数学と倫理学は、一見したところ、水と油のように思えるかもしれない。だが当時、学問に「理系」や「文系」といった区別が存在したわけではない。

普遍的な認識に到達するためなら、理系も文系も関係ない。臆病風に吹かれて「私

イプニッツなどが代表。主にヨーロッパ大陸で展開したことから、大陸合理論とも呼ばれる。

＊経験論
認識の源泉は意識経験、知覚経験にあるとする立場。生得観念を認めない。合理論に対比され、ロック、ヒュームなどが代表的。主に現在のイギリスで展開したことから、イギリス経験論とも呼ばれる。

は文系だから」と数学を避けるようでは、宗教に替わる「善」の根拠を置くことなど、到底できるわけがない……。必ずしもスピノザがそのように考えていたわけではないが、本書を読むと、そうしたスピノザの気迫を受け取らずにはいられない。

汎神論の世界観

本書で示されているスピノザの基本的な世界観は「汎神論」と呼ばれる。汎神論の要点は、神が唯一の「実体*」であり、その他の事物はどれも神の「属性」にほかならないとする点にある。神は、あらゆる事柄の原因であり、神が考えるように世界は存在する。これがスピノザの世界観だ。

当時の知識人にとって、神の存在は常識として信じられていた。だが、その点を批判しても意味がない。スピノザのいう神の本質を見てほしい。ユダヤ教やキリスト教の神とはまったく異なることがわかる。

スピノザは、神が宗教と密接に関連していた時代において、近代における自由の感度をもとに、宗教的な性格をもたない神の概念を示すことで、それまでの伝統的な世

*実体
「それ自体で存在するもの」のこと。現象、性質（属性）の変化の持続的な担い手を意味する。

界観を一歩推し進めたのだ。

善悪の根拠について

神は一切の原因であり、人間を含む一切はその「属性」である。これを前提として、スピノザは、人間の感情と善悪の関係について論じていく。

スピノザのポイントは、人間のもつ欲望は善を求めるということにある。ここでいう「善」とは、自己保存のために欲望されるものの一般を指す。平たく言えば、何が善であるかは、私たちの欲望に応じて決まってくるということだ。

私たちが意志し、欲望するものが善である。神の恩恵が善を明らかにするというキリスト教的な主張はここには存在しない。実際、スピノザはキリスト教徒ではなく、ユダヤ教徒だった。

ここでおそらく、自己保存の欲望と善を結びつけることに違和感をもつ人がいるかもしれない。だが、スピノザはそれらを直結させているわけではない。私たちは理性により欲望の方向を変え、より完全な（よりよい）善を求めることができる、と考えるのだ。

理性の導きに従って生活するとき、人は自分の本性と一致し、最も有益な人間になる。スピノザは、そうした生活のうちに「徳」があるという。言いかえると、自己保存の欲望を否定せず、理性により吟味し、従うことで、徳のある生き方が可能となると考えるわけだ。

自己保存というと、他人を蹴落として、自分だけが生き残ろうとするような状況が思い浮かぶかもしれない。だが、ここでいう自己保存は〝自己配慮〟を通じた〝他者配慮〟と読み替えるのがいい。というのも、人間が神の属性であるという観点からすれば、自己に対する配慮は、神、すなわち世界全体に対する配慮に結びつくからだ。

徳に従うおのおのの人は自己のために求める善を他の人々のためにも欲するであろう。

——前掲書

理性により欲望のあり方を吟味し、徳のある生活を送ること。それによって私たち

は、自己配慮を行うと同時に、世界全体に対しても配慮することができる──。これがスピノザのエチカ(倫理学)における答えだ。

体系を取り外して読むべし

確かに、神が唯一の原因であり、一切は神の属性であるという世界観は、普遍的な妥当性をもつとはいえない。しかし、だからといってスピノザを捨て去るのは、あまりにもったいない。

スピノザは、ヨーロッパ中を巻き込んだ宗教戦争*の末期、三十年戦争のさなかに生まれた。本書を読むと、スピノザは〝ポスト宗教戦争〟の世代の一人として、伝統的な宗教とは異なるアプローチで普遍的な善の根拠を置かなければならないと深く確信していたことがわかる。こうした問題意識は、デカルトやホッブズといった優れた近代哲学者に共通するものだ。

スピノザの試みそれ自体が成功しているとは言いがたいが、誰もが理性で納得できるように善の根拠を示そうと試みたこと自体、評価に値する。

*宗教戦争
16世紀ヨーロッパにおける宗教改革の後、16世紀中頃から17世紀にかけて、カトリック(旧教)とプロテスタント(新教)の間の対立を契機として行われた一連の戦争。ユグノー戦争(1562～1598年)、三十年戦争(1618～1648年)など。

title:15 モナドロジー

キリスト教に代わる「調和」の原理を追究

ゴットフリート・ヴィルヘルム・ライプニッツ（1646〜1716年）

すべての精神が集まれば、そこにかならず神の国、つまりもっとも完全な君主が統治する、可能なかぎり完全な国家がつくられるという結論がすぐにでる。

――『世界の名著25』収録「モナドロジー」清水富雄、竹田篤司・訳、中央公論社

ライプニッツは、スピノザと並ぶ合理論者だ。哲学だけでなく、数学や自然科学でも大きな功績を残し、政治家としても活躍した。ライプニッツは、スピノザと同様、根本原理を置き、そこから世界のあり方を合理的な推論によって描き出している。

本書でライプニッツが提唱する原理は、モナド（単子）という概念だ。モナドは神によって創造された、宇宙を形づくる最小単位を指す。アトム（原子）との違いは何かというと、アトムが物理的な最小単位であるのに対して、モナドは質的な最小単位を意味するという点にある。あまり違いがハッキリしないかもしれないが、モナドは世界

をつくり上げている根本原理として構想された基本単位である、と捉えておけば十分だ。ライプニッツ以降、モナドという概念を彼以上に展開した哲学者はいないので、深追いしたところであまり実りはない。

ともあれ、本書で注目に値するのは、ライプニッツがモナドという原理を置くことで、カトリックとプロテスタントの対立を調停し、社会に「調和」を取り戻すための方向性を示そうとしたことにある。

宗教戦争を経て、もはや「善」の根拠を、伝統的なキリスト教の世界観から取り出すことはできないという状況において、ライプニッツは社会に「調和」をもたらすべく、思想と実践の両方から取り組んだのだ。

究極単位としての「モナド」

モナドは宇宙の質的な最小単位である。もっともそれは、あくまで純粋な推論によって導かれた仮説にすぎない。アリストテレスが因果の系列をさかのぼって「不動の動者」を見いだしたのと同様に、複合体の分割を続けると、それを複合している〝第一の単位〟が見いだされるはずである。この究極単位を、ライプニッツはモナドと呼ぶのだ。

> これからお話するモナドとは、複合体をつくっている、単一な実体のことである。単一とは、部分がないという意味である。
>
> ――前掲書

複合物はモナドを単位として構成される。では究極単位であるモナドはどのようにして生まれるか。ライプニッツは、モナドは最高のモナドである「神」の「閃光」を受けて生み出されると語る。

モナドの根本原因は神である。これはスピノザよりも宗教色の濃い規定ではあるが、ライプニッツもまた、キリスト教の説く〝物語〟から離れて、世界の体系を構想するのだ。

その軸となる原理には、モナドの他にもう一つある。それは「予定調和」という考え方だ。

予定調和

最初に確認したように、ライプニッツの目的は、世界に調和をもたらす原理を示すことにある。そこで次に考えなければならないのは、世界の最小単位であるモナドが、一体どのようにして他のモナドと調和的な関係を結ぶことができるのかという点だ。

この問いに対して、ライプニッツは予定調和説によって答えようとする。予定調和をシンプルに説明すると、神がモナドを創造した時点で、モナド同士が相互に調和的な関係を結ぶよう、あらかじめ定めておいたとする考えだ。

この予定調和に基づき、ライプニッツは私たちの心と身体の間に予定調和が見いだされるとする。心というモナドと、身体というモナドは、それぞれまったく異なる原理に基づいているが、予定調和のおかげで調和的な対応関係にあるというのだ。

さらに、予定調和は心と身体の間の関係だけに限定されず、世界についても同様に当てはまるとする。すなわちライプニッツは、世界について自然的世界(物理的世界)と倫理的世界という二つの区別を置き、それらの間に予定調和があると考えたのだ。

「精神と神からなる世界は、恩寵による倫理的世界であり、物理的世界との予定調和にある。だからよい行為は必ず報われる。それゆえ人は、ただ自分の義務を果たし『神の摂理』を信じることが大切なのだ。そうすれば、この宇宙の秩序が最善であることがわかるだろう。というのも、神がこの秩序を選んで創造したのは、それが最善であるからにほかならないからだ」

自然的世界と倫理的世界は、予定調和の関係にある。倫理的世界は人間全体にとっての目標となり、それを目がけて行為することが、自然的世界をより善くするための条件である、とライプニッツは論じるのだ。

モナドロジーの動機

スピノザと同様、本書の議論を現代の観点から批判してもさほど生産的ではない。確かに、モナド説は数ある仮説の一つにすぎず、普遍的な妥当性をもつわけではない。だが、「神がモナドを創造したなんてバカバカしい」とどうしても考えずにいられない人は、率直に言って、あまり哲学向きではない。

なぜなら、哲学者の学説を評価する際には、その時代の一般的な世界像を考慮したうえで、その説がどのような関心から導かれ、どのような問題に答えるものだったのかについて着目する必要があるからだ。

では、ライプニッツのモナド説の場合はどう考えればよいか。

三十年戦争によりドイツは荒廃をきわめた。人口の4分の3を失い、農業、商業は壊滅し、社会のモラルは打ち砕かれた。だが、社会を立て直すために伝統的なキリスト教に立ち戻ることはできない。そこでライプニッツは、キリスト教とは異なる根本原理から出発し、世界を合理的に論じることで、宗派間の対立を調停し、社会に調和をもたらそうとしたのだ。

モナド説自体の妥当性はどうであれ、そこに込められている問題意識については評価することができるはずだ。

title:16 人間知性論

確かなのは知覚経験のみ

ジョン・ロック（1632〜1704年）

心は、言ってみれば文字をまったく欠いた白紙で、観念はすこしもないと想定しよう。

――『世界の名著27』収録「人間知性論」大槻春彦・訳、中央公論社

ロックは、近代哲学における認識論の一派、経験論を立ち上げた哲学者だ。ヒュームと並び、経験論を代表する哲学者として知られる。

経験論の基本的な構えは、一切の認識は知覚経験を踏まえて成立するというものだ。合理論では、人間にはあらかじめ理性が備わっており、それを正しく用いれば、世界についての共通了解が成立すると考えられた。これに対して経験論では、一切の認識は知覚経験に基づき構成されると考えられる。言いかえると、知覚経験の届かない根本原理を考えてはならないということでもある。

デカルト、スピノザ、ライプニッツといった合理論では、根本原理から推論を正しく行っていけば世界を正しく認識することができると考えられた。経験論の構えは、これと真っ向から対立するものだ。

さて、本書でロックは、認識の源泉はただ知覚経験にあるとする立場から、人間の知性のあり方を考察し、その限界を明らかにしようとする。

合理論のように検証できない仮説を立てるのではなく、知覚経験から人間の知性が知りえる領域とそうでない領域を区別することによって、知性をよりよく用いることができるはずである、とロックは考えるのだ。

観念は経験によって得られる

ロックの認識論の基本的な構えは、心は経験を踏まえて観念を備えるようになるというものだ。心は「白紙」(タブラ・ラサ)*のようなものであり、初めは真っさらな状態である。観念はその白紙に経験が書き込まれることによって得られる、という。

*タブラ・ラサ
ロックの認識論において使われる用語。生得観念(生まれながらにもっている観念)のない、生まれたての人間の真っ白な心の状態を白紙にたとえた。

心は、言ってみれば文字をまったく欠いた白紙で、観念はすこしもないと想定しよう。どのようにして心は観念を備えるようになるか。人間の忙しく果てしない心想が心にほとんど限りなく多種多様に描いてきたあの膨大な貯えを心はどこから得るか。（中略）私は一語で経験からと答える。

——前掲書

単純観念と複雑観念

観念は経験に基づいて形成されるという前提に基づき、ロックは観念を二つに分類する。一つは単純観念であり、もう一つは複雑観念だ。シンプルにいえば、単純観念は受動的に与えられる観念であり、複雑観念はそれをもとに心が能動的に構成する観念のことだ。

そのうえで、ロックは単純観念を「第一性質」と「第二性質」に分ける。前者は大きさや形など対象そのものに属する性質であり、後者は音や味など対象から受け取られる性質である。

第一性質と第二性質の区別については、感覚の与える個人差という観点から考えるとわかりやすい。大きさや形については、そこから受け取る印象に個人差はない。三角形は誰が見ても三角形であり、円柱は誰が見ても円柱だ。一方、味覚については厳密な共通性は成立しない。お湯の熱さ、カレーの辛さ、コーヒーの苦さなど、受け取る印象には個人差がある。

一方、複雑観念は、単純観念を踏まえてつくられる観念のことを指す。複雑観念には「実体」「様相」「関係」の三種類のものがある。実体とは個々の単純観念からなる全体像であり、様相は実体の性質、そして関係は個々の単純観念の比較からつくられる観念だとされる。

合理論では、それらの観念は、生まれつき心に備わっているとされる。ロックはこれに対し、真っ向から批判する。いかなる観念であろうと、根本的には知覚経験からつくられる。実体といっ

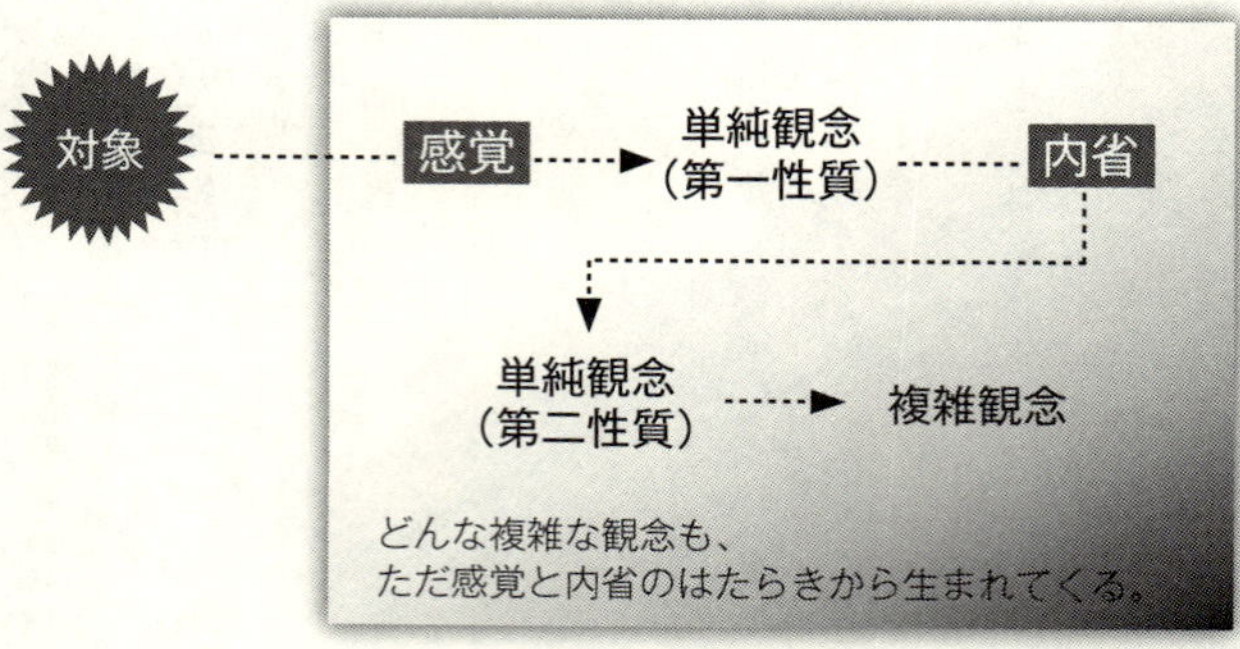

図2　白紙（タブラ・ラサ）概念図

た抽象的観念であっても、そのことは変わらない。心は初め白紙(タブラ・ラサ)であり、生まれつきの原理など存在しない(図2)。きわめて対照的な見方だ。

経験論の意義

合理論と経験論の対立は、どこに世界の普遍認識の可能性を保証する原理を置くことができるかという問題をめぐって現れてきた。だが、そもそもどうしてそれが、近代哲学における根本問題となったのか。そして、一体なぜ、この対立が生まれてきたのだろうか。

私たちは普段、私たちの意識の外側に、世界が客観的に存在していると考えている。だが、よくよく考えてみると、世界が実在するということを証明する根拠はどこにもない。誰も自分の主観から抜け出て、客観それ自体を確かめることはできないからだ。

では、正しい認識というものは成立せず、〝人それぞれ〟の認識しか存在しないのだろうか。キリスト教の世界観に代わる、普遍的な世界認識は成立しえないのだろうか。近代哲学が私たちの認識のあり方に着目した背景には、そうした問題意識がある。

経験論は、この問題について、私たちの認識は知覚経験から成立すると論じることで答えようとした。もちろんその答えは完璧とは言いがたい。論理学や数学など、純粋な推論によって成立する認識もあるからだ。とはいえ、私たちの認識の構造に着目し、そこから認識の成立について考えるというアプローチをとったことは、合理論には見られない発見だったといえる。

私たちは客観それ自体を認識することはできない。だが、知覚経験を内省し、認識の構造をつかむことができれば、それを言葉にして他者と交わすことで、他者の認識構造との共通点を明らかにすることができる。経験論は、哲学にそうした可能性を持ち込んだのだ。

20世紀、ドイツの哲学者フッサールにより創始された現象学は、経験論の考え方を徹底して、主観と客観の関係についての認識問題を根本的に解決した。心がタブラ・ラサであるというロックの洞察には疑わしさが残るが、経験論のアプローチが哲学の新たな地平を開いたことの意義は認めざるをえない。

title: 17 市民政府論

アメリカ独立革命に影響を与えた哲学

ジョン・ロック（1632〜1704年）

法にしたがう能力をもっている生物にとっては、どんな場合にも、法のないところ、自由もまたない。

——『市民政府論』鵜飼信成・訳、岩波書店

ロックの業績は主に二つある。一つは認識論における業績。これについては前節で確認した。もう一つは、政治哲学における業績だ。本節で見ていく『市民政府論』（『統治二論』とも）は近代政治哲学における一つの古典だ。

ロックはホッブズやルソーと同じく、社会契約説によって統治の正当性の原理について論じている。本書における議論がアメリカ独立宣言の思想的根拠としてはたらいたことを踏まえると、ロックの社会契約説が現代社会に大きな影響を与えたことは否定できない。

ただ、ホッブズやルソー、ヘーゲルによる議論と比べて、ロックの政治思想はさほど原理的とは言いがたいところがある。というのも、前の三人が、人間の本質洞察を踏まえて市民社会を構想しているのに対し、ロックはキリスト教の世界観を前提に議論を行っているからだ。これはロックの政治思想のもつ重大な欠点といわなければならない。

人間は自由で平等な存在としてつくられた

社会契約説とひと口に言っても、その中身は論者間で微妙に異なる。だが社会契約説の最も一般的なイメージは、本書における議論によるものだ。自由で平等な人間が、理性に基づいて自発的に契約し、それによって国家を打ち立てた、というものだ。

ホッブズやルソーと同様、ロックもまた、自然状態を規定することから議論を始める。ホッブズは『リヴァイアサン』（119ページ）で、自然状態を「万人の万人に対する闘争」と示していた。各人は「自然」により、平等な能力をもつ者として生み出された。能力の平等は、限られた対象をめぐる相互不信を導き、そこから闘争状態が生じる。これがホッブズ的な自然状態だ。

一方、ロックによる自然状態は、すべての人間が完全に自由で、かつ互いに平等である状態だ。そうした状態は「自然法」によって支えられている。自然法は、万人に対して、「一切は平等かつ独立であるから、何人も他人の生命、健康、自由または財産を傷つけるべきではない」と教えているとする。

では、この自然法の根拠となるのは何か。それは神だ。

ホッブズにも自然法の概念はあった。しかしその内実は別物だ。ホッブズのいう自然法は、「万人の万人に対する闘争」を解決するために、人間の理性が考え出すものだった。これに対してロックの自然法は、神の意志にほかならない。神は人間を、自然法に耳を傾けるべき存在としてつくった。それゆえ万人はこの自然法に従わないといけない、というのだ。ホッブズと対比すると、ロックが自然状態を〝こうあるべき〟という「理想状態」として規定していることは否定できない。キリスト教の教えを踏まえている点で、哲学的にはホッブズから大幅に後退してしまっている。

世界は「神」が与えた共有財産？

ともあれ、万人が自由かつ平等だとすると、問題となるのは各人が有する権利、とりわけ土地や物、お金などについての「所有権」だ。ロックは所有権をどのように規定するのだろうか。

各人は自分の身体についての所有権をもつ。自分の身体で労働し、共有の土地から自分に必要な分だけの作物を手に入れる。つまり、労働を加えることで、天然物は労働した人の所有となる。ロックは、こうして労働が所有権を生み出すと考えた。

この主張は、言われてみれば当たり前のように聞こえる。自分で汗水垂らして稼いだお金は、他の誰のものでもなく、ただ自分のものだ。ある意味では自然な市民感覚である。だが、ロックの議論においては、一つの譲れない前提がある。それは、世界は神が人間全体に与えた共有財産であるというものだ。

——世界はまさに人の子たちに共有として与えられたのである、という前提——

を立てればよい。そうすれば、土地のそれぞれの部分について、それを個人的に使用する明確な権限を人々が労働によって得ることができたことを知るのである。
——前掲書

労働によって生み出されたものに対する権利は、それを生み出した人に属する。この主張自体が、世界は初めに万人の共有として与えられたという、検証の可能性をもたない前提に基づいている。哲学としては不徹底だ。

市民社会の構想

人びとは神によって自然法を守るべき存在としてつくられた。とはいえ、現実には不正を犯す者や、他者の所有を強引に奪うような輩が現れてくる。こうした無法者に対して、一体どのように所有権を維持すればいいのか。

ロックが提唱するのは、市民社会の構想だ。

「各人は、所有を奪われることの不安と危険から逃れるため、相互の同意に基づいて市民社会をつくり、所有権を互いに維持しようとする。だが、同意だけでは所有を維持することはできない。所有の維持には具体的な制度が必要である」

そこでロックは、法律、裁判官、執行権力の三つの制度を提案する。これは国家権力を立法・司法・行政の相互に独立する機関に委ねようとする「三権分立」の原理にほかならない。自然状態では、各人は自由かつ平等であり、法を執行する権利をもつ。だが所有を保障するためには、それらの権利は市民社会に委ねられねばならない。

この点についてロックは、ホッブズの論じるように権利を〝譲渡〟する代わりに、期間を決めて政府に〝信託〟することを提案する。いったん譲渡してしまえば取り返しがつかないが、信託を期間限定とすれば、一定の期間が過ぎれば政府を新たに招集することができるからだ。政府はあくまで所有を維持するために、人びとがつくり出す制度である。ゆえに、政府が当初の目的を達成しなくなれば、また人びとの手でつくりなおすことができる。こうした原理を示したのは、ロックが初めてだ。

物足りないロック

ホッブズとルソーはいずれも、私たち人間がどのような存在なのかについて探求し、それに基づき市民社会の原理を論じるという順序で考察を行っている。二人は、宗教や文化を前提とせず、ただ人間の規定から市民社会の根拠を論じた。だからこそ、現代の私たちにとっても参考となる部分がある。

一方、ロックはキリスト教の世界観に基づき市民社会のあり方について論じている。私たちは神により、自由かつ平等な存在としてつくられ、共有の土地を与えられた。だから所有権は、労働によってその所有を取り出した当人に属する。これはキリスト教が信仰されている共同体以外では、何ら説得力をもたない主張だ。

ロックは前節で見た『人間知性論』（141ページ）で、私たちの認識は知覚経験のみから成立する、という主張を置いていた。これは突き詰めると、神の観念もまた経験から得られるしかないという結論に行き着くはずだが（実際ヒュームはそういう立場に達する）、本書で示されているように、ロックはそのようには考えない。その意味で、ロックの哲学は反形而上学と形而上学が同居するという、なかなか独特なものになっている。

title: 18 人性論

一切の認識は知覚の〝束〟である

デイビッド・ヒューム（1711～1776年）

いかなる原因がわれわれに物体の存在を信じさせるようにするのか、と問うのはかまわないが、しかし、物体があるのかないのか、と問うのは無益なことである。

――『世界の名著27』収録「人性論」土岐邦夫・訳、中央公論社

ヒュームはロックと同じく、経験論を代表する哲学者だ。ヒュームは大学生のときにロックの思想に触れ、大きな影響を受けた。本書でヒュームは、ロックが創始した経験論を、彼以上に徹底させている。

本書を著した当時、ヒュームは無名の青年だった。原稿を書き終えたヒュームは、ロンドンで出版先を探すも、なかなか引き受けてくれるところはなかったらしい。どうにか出版にこぎつけたものの、第一篇と第二篇は黙殺され、これが自分の著作であることを、生涯にわたって否認した（本書にヒュームは著者名を記していなかった）。

本書が黙殺された理由の一つは、本書における議論があまりに徹底しており、当時の常識ではまったく受け付けられるものではなかったからだ。ヒュームは本書で、因果性を否定し、いかなる認識も知覚経験を超えて成立することはないと主張する。根本原理からの推論によって世界は正しく認識できるという合理論の態度を、ヒュームはロック以上に徹底的に批判するのだ。

なぜ私たちは三角形を三角形と認識できるのか？

では、ヒュームが認識をどのようなものとして考えているか見ていこう。

まず、ヒュームは知覚を「印象*」と「観念*」の二種類に分ける。

印象には二種類あって、「感覚」の印象と「反省」の印象とに区分できる。このうち、第一の種類のものは、知られない原因から直接に心に起こる。

——前掲書

---

*印象
「第一印象」という意味で考えると近いかもしれない。原因は特定できないが、対象のほうから〝ふと〟受け取る感じ。

*観念
「印象」をもとにつくり上げられる意味のこと。パッと見たときの第一印象から、それが何であるかの理解が生まれると、印象は「観念」になる。

ヒュームにおいて知覚とは心に現れるもの一般を指す。そのうえで、ありありと与えられる知覚を「印象」、意味や本質として与えられる知覚を「観念」と呼ぶ。印象は観念に先立っており、印象から観念が現れてくる。その際、観念は記憶もしくは想像として現れる。

複雑に見えるかもしれないが、ポイントはシンプルだ。

たとえば目の前に三角形があるとする。これが三角形として認識されるためには、まず、その三角形が見えないといけない。だが、その時点ではまだ印象の段階だ。それが三角形だと判断するためには、これまで見てきた三角形の記憶や、一般的に三角形がどのような形をしているかについての想像を踏まえなければならない。言われてみれば確かにそのとおりだ。

そして、ここで見逃してはならないポイントは、印象は「知られない原因」から起こるということだ。印象の原因は知りえない。要するに、私たち人間は自分の主観の外に出て、印象の原因そのものを直接把握することはできないということだ。

一切の認識は、印象を底板とする知覚経験である。知覚経験の範囲を超えた根本原理なるものは存在しない、あるいは仮に存在するとしても、それを人間が知ることはできない。ヒュームのこうした主張が後世のドイツの哲学者カントに「独断論のまどろみから目覚めさせた」と言わしめたことはよく知られている。

因果関係さえも否定する徹底した認識論

以上の洞察を踏まえて、ヒュームは因果関係もまた一つの観念にすぎないと論じる。この主張はかなり非常識で、もしかすると意味不明かもしれない。というのも普通に考えれば、私たちが知覚していようがいまいが、因果関係は存在するはずだからだ。だがヒュームにとって、因果関係をそのように考えるのは、認識論としては徹底していない。

たとえば、地球上でボールを投げれば、放物線を描いて運動する。普通に考えると、これはボールに重力がかかっているからである。だが、（デカルトの方法的懐疑のように）あえて厳密に考えると、重力が〝真の原因〟であるかどうかは決して知ることができない。私たちは、重力そのものを見ているのではなく、ボールの動きから重力の存在を推論しているにすぎないからだ。

　では、私たちはなぜそこから因果関係を認識してしまうのか。それは私たちが、印象同士の組み合わせを繰り返し知覚しているうちに、心のなかで因果関係をつくり上げる心理的な「習慣」を身につけたからだという。

　ヒュームからすると、因果関係は決して必然的な法則ではない。それは心のうちで習慣的に想定されるようになったものであり、絶対的な正しさをもつわけではない。世界そのものに因果法則があると考えるのは独断的な憶測である。

　この主張は確かに過激ではあるが、徹底的な吟味の態度により支えられたものだ。ヒュームは「絶対に正しい認識は存在しない」とする懐疑論者として見られることがあるが、ただの懐疑論者ではない。そこらへんの中途半端な相対主義と異なり、ヒュームの議論はきわめて真摯なものだ。

独断論に歯止めをかける

一切の認識は印象から出発して形づくられるというヒュームの考えがもつ意義は何

だろうか。それは、ただ知覚のあり方のみに着目することで認識の構造を取り出そうとしたことにある。

外的世界*が本当に存在するかどうかについては、疑いの余地が残りつづける。デカルトが方法的懐疑によって洞察したように、どれだけ極端だとしても、見えている世界が錯覚にすぎない可能性を否定することはできないからだ。

そこで、認識の普遍的な構造を明らかにするにあたっては、外的世界の存在を前提とせず、ただ私たちの知覚のあり方に着目する必要がある。なぜなら、たとえ世界が錯覚にすぎないとしても、それが錯覚にすぎないと考える意識は確かに存在しているからだ。

一切の認識は、印象を底板とする確信である。この洞察に基づき、ヒュームはロックの経験論を徹底し、独断的な性格を帯びる合理論に対して強力な歯止めをかけたのだ。

*外的世界　外的世界が本当に存在しているかどうかは本質的な問題ではない。私たちは自分の意識から抜け出て、世界そのものを直接に知ることはできない。それゆえ原理的には、世界が本当に存在しているかを知ることはできない。だが問題はそのことよりも、この世界において、どのように各人が豊かな生を送るための条件を見いだすことができるかにある。こうした目的にとっては、世界が真に存在しているかどうかは〝問題とならない〟。

title: 19

人間不平等起源論

人間社会に不平等が生じる理由を問う

ジャン＝ジャック・ルソー（1712〜1778年）

この無秩序とこれらの変革のなかからこそ、専制主義が、その醜悪な頭を次第にもたげ、国家のあらゆる部分に善良で健全なものと自分に認められる一切のものを貪りくらい、ついには法律も人民も足下に踏みにじり、国家の廃墟の上に自己を確立するに至るであろう。

——『人間不平等起原論』本田喜代治、平岡昇・訳、岩波書店

ルソーはホッブズ、ヘーゲルと並び、近代哲学の柱の一つである社会哲学を代表する哲学者だ。なかでも主著の『社会契約論』（168ページ）は、近代哲学においてとりわけ重要な位置を占めている。本書は『社会契約論』に先立ち著されたもので、その前段階をなしている。

本書でルソーは、ホッブズと同様、この世界が神によって創造されたとするキリス

ト教の教えを棚上げしたうえで、自然状態を構想し、人間がいまあるように存在しているならば、どのような生活を営むかについての仮説を示している。全体の流れは次のとおりだ。

　自然状態において人間は「憐れみの情*」(憐憫)を備えており、自然状態は平和な状態にある。だが人間は、自分の生存を配慮することで、次第に生活の知恵を身につけ、私有財産をもつようになる。このとき力が権利と同一視され、「強者」と「弱者」の間の不平等が法律によって固定されてしまう——。

　ここで注意しておきたいが、ルソーは本書で、万人が平等だった自然状態が実際に存在し、そこから不平等が生まれてきたと論じているわけではない。そうした観点から読むと、ルソーの洞察を誤解してしまいかねない。

　では、その洞察は何か。一言で言うと、人間社会は対処しないかぎり必然的に不平等を生み出す構造となっており、不平等が拡大するプロセスは、人間社会が最強者(王)を頂点とするピラミッド型の社会に行き着くまで止まろうとしない、というものだ。

*憐れみの情
ルソーが生きたのは、人間は生まれながらに不平等である、ということが自明とされたフランスの絶対王政のころ。そんな時代背景のなか、自然状態では不平等は存在しないとする根拠が、人間にもともと備わっている憐れみの情であった。しかし、この「憐れみ」を一つの根拠としてフランス革命が起き、ロベスピエールの恐怖政治がひかれた経緯を見ると、それが暴力の引き金になるともいえる。そのように批判したのは『革命について』のハンナ・アーレント。

『社会契約論』は、こうした状況を解決し、人間社会を正当なものとして再編するための原理を示すという目的のもとに著された。本書が『社会契約論』の前段階をなしているというのはそのためだ。

自然状態は〝相互配慮状態〟

まずは、ルソーによる自然状態の仮説について確認してみよう。

ルソーは、自然状態において人間の心は平和であり、憐れみの情（憐憫）をもっているため、人びとの間に従属関係は存在せず、闘争状態も存在しない、と論じる。憐れみの情が自然状態を根本的に規定していると考えるのだ。

この点に関して、ルソーはホッブズを批判する。ホッブズは自然状態を「万人の万人に対する闘争」として描いた。だが、自然状態では苦しんでいる他人への憐れみの情が備わっているはずなので、各人は他人を犠牲にしつつ自分のエゴイズムを押しつけることはないだろうとルソーは考えたのだ。

しかし、自然状態は次第に社会的な不平等へと向かっていく。ルソーはそのプロセスを次のように描き出す。順を追って見てみよう。

初め人間は、自己の生存に対する配慮を行う。最初に生まれる感情は自己の生存に対するものだ。次第に人間は自然のもつ力から苦痛を受けるようになる。苦痛を回避するため、生活の知恵を身につける。これにより人間は他の動物に対して優越するようになり、自尊心を手に入れる。

自尊心によって、人間は相互の競争関係に入る。その後、利害関係と競争関係を区別できるようになり、契約がもつ意味を理解する。契約の概念に基づいて、私有財産が導入される。

人間は習俗と性格によって結ばれ、共同体が成立する。共同体内で分業が始まると、それまで保たれていた平等は消滅し、貧困と不平等が現れる。

このとき、強者は弱者との不平等を固定するため、自分たちにとって都合のいい法律を制定する。弱者はより弱く、強者はより強くなる。こうして一握りの強者のために、弱者は貧困に隷属させられてしまうのだ——。

政府と法律は自由を守るために置かれる制度

自然状態は、人間の自己配慮の感情から始まるプロセスによって、強者と弱者の不平等に行き着くとするルソーだが、人間社会が憐れみの情にあふれる自然状態に戻るべきだと言うわけではない。反対にルソーは、人間社会がどのように成立するかという点に着目することで、不平等を解決する原理をつかもうとする。

論述は錯綜していてつかみづらいが、要点は、社会は契約（約束）によって成立する共同体であって、人びとが政府を置き、法律を設定するのは自分たちの自由を守るためであるということだ。

ルソーは次のように論じる。

「各人は約束を守ることに同意し、全体がその約束を保証する。人びとは、同意に実効性を与え、各人の自由を実質的な意味で確保するため、議決を守らせようと強制する公権力を置き、同意に背こうとする動きに対処するだろう。この点からすると、専制権力は、政府本来の目的に反する。不当であり、法律の根拠にも、社会の不平等を解決するための原理にもなりえない」

この洞察は、まさしく『社会契約論』における出発点をなすものだ。

専制君主もまた力で打倒されうる

さて、強者による法律の制定によって導き出された不平等は、専制政治において終極点に行き着く。専制政治では、最強者である専制君主を頂点とするピラミッド型の権力構造がつくり上げられ、人びとの間の不平等が最大化する。それをルソーは、次のような表現で巧みに言い表す。

> ここですべての個人がふたたび平等となる。というのは、今や彼らは無であり、家来はもはや主人の意志のほかなんらの法律ももたず、主人は自分の欲情のほかなんらの規則をもたないので、善の観念や正義の原理がふたたび消滅してしまうからである。
>
> ——前掲書

だが、ルソーは専制君主もまた力によって打倒されうると語る。というのも専制政治は、人びとの初めの同意、すなわち、各人の自由を保障するために政府を設立するという根本的な同意を否定することで成立するからだ。言いかえると、専制政治は本質的に正当な根拠をもたないのだ。

> ただ力だけが彼を支えていたのだから、ただ力だけが彼を倒させる。万事はこのように自然の秩序に従って行なわれる。
> ――前掲書

専制君主は、最強者である間しか支配者ではないし、人びとによって追放されても、新たな強者により打倒されても何ら異議を申し立てる根拠をもたない。こうして一切は力に基づき展開していくのだ。

『社会契約論』の問いへ

本書でルソーは、不平等が社会全体に拡大する過程について、一つの仮説を示している。不平等は、強者による法律により固定され、最終的には専制政治に行き着く。専制政治はただ力によってのみ支えられている。しかし、力は権力の正当性の基礎にはならない。それゆえ専制政治は根本的に不当である。これが本書の結論だ。

こう見てみると、本書は『社会契約論』の問題設定と深く重なり合っていることがわかる。なぜなら『社会契約論』は、人間社会を不当な「パワーゲーム」から、フェアな「ルールゲーム」に再編する原理は何か、という問いに対して答えることを根本の目的としているからだ。

確かに、現代の歴史学の知見を踏まえると、不平等がルソーの論じるように拡大したかどうかについては、かなりの疑わしさが残る。だがここで大事なのは、ルソーがどのような原理に基づいて議論を展開しているかということだ。

ルソーは、恣意《しい》的な前提をできるだけ取り除き、自己の生存に対する配慮が最初の感情であるというスタート地点から議論を行っている。だから私たちは本書から説教臭さではなく、一定の納得感を受け取るのだ。

title:20 社会契約論

近代社会・近代国家の正当性の原理を確立

ジャン＝ジャック・ルソー（1712～1778年）

人間は自由なものとして生まれた、しかもいたるところで鎖につながれている。

——『社会契約論』桑原武夫、前川貞次郎・訳、岩波書店

正義（正しさ）とは何か。この問題はプラトン以来、哲学における重要テーマの一つだ。プラトンは『国家』（51ページ）にて〈善〉のイデアが正義の根拠であると論じ、アウグスティヌスからアクィナスに至る中世スコラ哲学では、キリスト教の神が定める法が正義の源泉であると考えられた。人間は神の定めた秩序を生きるべき存在であり、人間に正しさを判断する能力は存在しない。これがアウグスティヌス以来、ローマ・カトリック教会において正統とされる見方だった。

中世のキリスト教的な伝統は、王権神授説を経て社会契約説に至り、根本的に転換

される。正義の根拠は、キリスト教の神ではなく、ただ人びとの間の合意と約束（契約）にしか存在しないというホッブズの原理を、ルソーは本書でさらに推し進め、近代社会・近代国家の正当性の原理論へと高めあげる。本書は社会契約説の総まとめをなす、きわめて重要な著作だ。

もっとも、重要視される著作であればこそ、さまざまな解釈が行われてきたことも確かだ。フランス革命に影響を与え、人民主権と民主主義を基礎づけたと評価される一方、恐怖政治やファシズムの思想的根拠としてはたらいたと批判されることもある。哲学の歴史を見渡しても、ここまで明確に評価が分かれる著作はめずらしい。

ピストルと義務

前節で確認した『人間不平等起源論』（160ページ）に、人間社会は何らかの方法で対処しないかぎり、最強者を頂点とするピラミッド型になってしまうという根本仮説があった。そこで導かれた結論は、力は権利の正当な根拠にはなりえないということだ。

本書でルソーは、「最強者の権利」という考えを批判することで、その洞察を再度解き明かす。ルソーは、ピストルによる脅迫を例に次のように論じる。

「確かに、ピストルを持っている人間に脅されたときには、自分の財布を差し出さないと殺されてしまうかもしれない。だがこのことは、ピストルを持っている人間には財布を差し出さねばならない正当な義務があることを意味するわけではない」

ピストルで脅され、死にたくないから財布を渡す。これは自然なことだ。しかし、それが正当な義務かというと、決してそうではない。

実力行使は決して権利を生み出さないし、人が従うべき義務をもつのは正当な権力に対してのみである。だからこそ、私たちは、暴力による脅迫は批判されるべきであり、不当に得られた権利は無効であると考えるのだ。

社会契約は自由で平等な社会の原理

では、権利の正当性の根拠はどこにあるのか。ルソーは、社会契約がその根拠だと答える。

ここでルソーは、自然状態のうちで生活できない状況に人類全体が到達してしまったという想定を置く。そのうえで、一体どのような原理に基づけば、各人が互いに自由になるような社会を構想できるのかという問いを立てる。この問いに対する答えとして、ルソーは社会契約を結ぶ必要があると論じるのだ。

社会契約を結ぶことで、私たちはそれぞれの自然的自由を奪い、腕ずくで何かを獲得できる権利を相互に制限する。それと同時に、各人の能力差を認めつつ、市民的自由と所有権を保障する。これが自由と平等を両立させる唯一の原理であると考えたのだ。

一般意志は市民社会の正当性の基準

ルソーは続ける。

「各人は社会契約を結び、自由を相互に承認することで、みずからを『一般意志』*の指導のもとに置き、『共和国』をつくり上げるのだ」

一般意志に基づく「共和国」のみが正当な国家である。ルソーの答えをシンプルに言うとそうなるが、少し解説を加えてみたい。

*一般意志
「みんな」の意志。個的な関心を脇に置いて公共の利益を求める、人民としての意志。

一般意志と区別される概念に、「特殊意志」と「全体意志」の二つがある。特殊意志は、個的な利益を求める個人、あるいは団体の利害関心を指し、全体意志は特殊意志の総和を指す。これは特殊意志が相互に連携したり対立したりするような状況、言いかえると利害関心のせめぎあいとして考えるとわかりやすい。少数者と多数者の利益が〝かちあう〟状況は、全体意志がとりうる一つのあり方だ。

これらに対して、一般意志は、個的な利害関心でもなければ、それらのせめぎあいとして示される全体意志でもない。それは、市民の共通の利益を求める意志のことだ。すなわち、共同体のメンバーが等しく市民的自由を享受できるように目がける一般意志に基づき統治される国家のみが正当であるとルソーは考える。

法治国家のみが正当である

一般意志に基づき統治されている国家は、ただ共和国だけである。こう言われるとおそらく、では立憲君主制国家は不当なのか、共和国であればいつでもつねに正当なのか、と思うかもしれないが、そういうわけではない。

ルソーが考える共和国が満たしていなければならない第一の条件は、一般意志を反映した法に基づき統治されていることだ。つまり、法治国家にほかならない。言いかえると、たとえ見た目上は共和国であろうと、政府が特定の団体の利害関心に基づき統治を行っている場合、その政府は決して正当とはいえないということである。

法治国家における政府は、主権者である市民に代わって統治を行う「公僕」にすぎない。市民に共通の利益を求める一般意志に基づいて統治を行うことが政府のなすべき仕事である。いまでこそ当たり前の考え方だが、ルソー以前、政府と市民の間の関係をこのように論じた哲学者は誰一人としていなかった。

ルソーが恐怖政治やファシズムに思想的根拠を与えたという批判は、ルソーのそうした洞察をまるっきり見逃しているといわなければならない。

市民社会の根本原理を置いたルソー

本書でルソーは、近代社会・近代国家の正当性の原理をどこに置くことができるかという問題に取り組んだ。最後に、その答えのポイントをざっとまとめてみよう。

一般意志に基づき統治される「共和国」が正当な国家のあり方である。だが、共和国の政府は必ずしもつねに一般意志を反映するとはかぎらない。それゆえ市民は、一般意志が統治に反映されているかどうかをきちんとチェックする必要がある。さもなければ人民主権の原理は形骸化してしまい、形だけの民主主義になってしまう。

社会契約、一般意志、法治国家。この三点セットが本書における原理の骨格をなしている。社会契約説を完成し、人民主権の原理を確立しつつ、国家の正当性の根拠を論じた本書は、近代哲学の金字塔と呼ぶべき業績だ。

title:21 純粋理性批判

「色つきメガネ」の認識論

イマヌエル・カント（1724～1804年）

人間の理性は、或る種の認識について特殊の運命を担っている、即ち理性が斥けることもできず、さりとてまた答えることもできないような問題に悩まされるという運命である。

――『純粋理性批判』篠田英雄・訳、岩波書店

近代哲学の認識論は、デカルトにより口火が切られた後、合理論と経験論の対立として展開してきた。合理論は、主観は根本原理からの推論によって客観を捉えられるはずだとする立場であり、経験論は、主観は知覚経験が及ぶかぎりにおいてしか客観を認識できないとする立場だ。

さて、18世紀のドイツに現れた哲学者カントは、合理論と経験論の対立を解決する認識論の立場を打ち立てた。それは先験的観念論[*]だ。

先験的観念論と言われてもおそらくピンとこないだろう。ポイントを一言でまとめ

＊先験的観念論
「そんなのは結局観念論にすぎない」というようにネガティブな意味で言われることもある観念論だが、カントの先験的観念論は、私たちに備わる認識構造に着目して共通了解の可能性を探る試みであり、認識論の歴史では大きな一歩だった。

ると、主観にはあらかじめ認識能力の装置が備わっており、主観はそれを用いて感覚データを加工、構成することで、客観を認識できるとするものだ。イメージとしては、人間はもともと色のついたメガネをかけており、そのメガネを通じて与えられる色や形をもとに対象を認識している、と考えるのが一番近い。

ただ、このメガネ図式が一体どのように合理論と経験論の対立を解決することにつながるのか、あまりハッキリしないかもしれない。カントは本書で、合理論と経験論のいいとこ取りをすることで対立を調停し、より普遍的な認識論の立場を打ち立てようとする。ポイントをまとめると次のとおりだ。

私たちの主観には、生まれつき共通の認識装置が備わっている。その装置は、知覚データを与える能力(感性)、それを用いて概念を組み立てる能力(悟性)、根本原理から推論によって全体像を構想する能力(理性)の三つからなる。

前者二つが担当すべき領域と、三つ目の能力が担当すべき領域をきちんと区別すれば、独断論や懐疑論に陥ることなく、客観についての共通了解を達成することができるはずである。このことを示すために、本書でカントは、私たちの認識構造そのものに着目し、中身を示そうとするのだ。

カントは哲学の歴史のなかでも、五本の指に入る難しさだ。デカルトやルソーは一人でもなんとか読み進めることができるが、カントの場合は、よほどの天才でなければ、まず挫折する。カント以降、哲学は必要以上に難しくなってしまった観があるが、なってしまったことは仕方がない。

ただ、いつでもつねに大事なのは、その哲学者の議論のエッセンスをつかむことだ。言葉の荒波に翻弄されないように、しっかり舵を取って読んでいこう。

感性——色つきメガネ

ではまず、カントがいう「感性」とは何かについて見ていこう。

カントの基本的な構図は、先にあげたメガネ図式に尽きている。つまり色つきメガネが、カントのいう意味での感性である。対象の色や形といったデータを与える認識能力を感性と呼ぶ。

対象はメガネ経由で得られたデータに基づき認識される。言いかえると、感性によって得られないものを認識することはできない、ということでもある。

私たちがかけている色つきメガネは、ちょうどバッテリー内蔵型スマートフォンのように、埋め込み式の能力になっており、外すことはできない。だが、仮にメガネを取り外すことができたとしよう。そのときに見える〝素〟の対象を、カントは「物自体*」と呼ぶ。

物自体は確かに存在している。だが、埋め込み型メガネを装着している人間に見えているのは、色つきメガネ経由で得られたデータからつくり上げた「現象」にすぎない。物自体は「根源的存在者」、すなわち神のように万能な認識装置を備えている存在にしか認識できないとカントは考えるのだ。

*物自体
カントの用語。現象の背後にある「本体」であり、人間の感覚器官を触発して、感覚を生み出す起源であるが、それ自体は知りえない。

悟性――データ統合能力

対象を認識するには、色つきメガネ、すなわち感性だけでは不十分だ。というのも、感性はデータを取得することしかできないからだ。対象を認識するためには、感性の与えるバラバラなデータを一つの像に統合する能力が必要となる。これをカントは「悟性」と呼ぶ。

悟性はデータ統合能力であると同時に、概念的な思考能力でもある。たとえば「AはBである」「AはBでない」「AはBでありうる」というように、対象を一般化し、概念として捉える。悟性は感性が送り込んでくる大量のイメージから、一般的、抽象的な判断を仕上げる認識能力なのだ。

だが、悟性はしばしば、感性によって与えられる知覚データから逸脱し、みずからの論理に従ってはたらいてしまう。すなわち、感性によるデータの裏付けなく一般的な判断を下してしまうのだ。

こうした悟性の〝逸脱〟を、カントは「仮象*」と呼ぶ。

ここで注意しておきたいのは、仮象と見間違いは根本的に異なるということだ。見間違いのほうは、気がつけば直すことができる。しかし仮象のほうは、意志次第でどうにかなるものではない。

では、この仮象は一体どういう場面で問題になるのか。この点を明らかにするには、認識の最高段階として位置づけられる「理性」に着目する必要がある。

*仮象
単なる感覚的現象、主観的な表象のこと。ここでいう仮象は、対象の知覚経験を可能とする認識構造そのものに関わるので、「先験的仮象」とも呼ばれる。

理性——〝完全なもの〟を認識する能力

私たちは普段、「理性」という言葉を、「意識」とほぼ同義で使っている。しかしカントが語る理性は、原理から出発して全体的（完全）なもの、無条件的なものを認識する能力のことを意味している。

たとえば、「宇宙の始まりはあるのか？　その果てはあるのか？」といった、世界の全体像についての問いは、理性から発せられるものだ。

理性が扱う対象を、カントは「理念*」と呼ぶ。理性は、感性や悟性の助けを借りることなく、原理から出発して推論を積み重ねることで、全体的なもの、すなわち理念を把握する。

だが、ここで問題が生じる。主観は悟性の「仮象」に欺かれて、推論により導かれた理念が、あたかも実際に存在するものであるかのように考え、理念を現実世界に当てはめようとしてしまうのだ。

しかし、カントはこれを〝原理的に〟不可能な試みであるとする。言いかえると世

＊理念
経験を超え出た対象。カントは「私」・世界・神の三つの対象を純粋理念と呼び、それらは客観的には実在しないが、理性を実践的（道徳的）に使うための条件としてはたらくと論じる。

界の始まりや終わりがどのようなものであるかについて、私たちは経験的には認識することができないというのだ。一見不可解に思えるかもしれないが、カントはこのことを理性の「アンチノミー」によって論証する。

アンチノミー

アンチノミーは「二律背反」とも訳される。ある命題と、それに反する命題が互角に成立するため、いずれかの命題が真であるとも決定できない状態のことを指す。本書でカントが示しているアンチノミーは次の四つだ。

① 世界の空間的・時間的始まりについて。
② 世界の最小単位について。
③ 自由について。
④ 神について。

ここでは、アンチノミーの特徴がよく現れている①のアンチノミーについて見ていくことにしたい。そこでカントは世界の全体を経験的に認識することの不可能性を論証している。まずは正命題と反命題を確認してみよう。

● 正命題：世界は空間・時間において有限である。
● 反命題：世界は空間・時間において無限である。

世界は有限か、無限か。これが問われている問題だ。

一見、どちらが正しいかを判断するのは難しい。だが、カントによると、それらはともに論理的に成立してしまうのだ。カントはそのことを、理性の推論を〝引きのばす〟ことによって論証する。これは数学で用いられる背理法（帰謬《きびゅう》法）に近い証明の仕方であり、初めのうちは慣れないかもしれない。

では、まず初めに、正命題の論証について見てみよう。カントは次のように論じる。

仮に、世界が時間的な始まりをもたないとしてみよう。そのことは世界の開始点を決定することができず、無限に遡《さかのぼ》れることを意味する。であれば、今この時点に到達するためには、無限に連なる世界の系列が過ぎ去っていなければならない（いまの状態の以前、その以前、そのまた以前……）。だが、無限の系列が過ぎ去ってしまうということは、論理的に言って不可能だ。なぜなら過ぎ去ってしまうことがありうるなら、その系列はそもそも無限とはいえないから。したがって世界には始まりがなければならない。

また、世界のプロセスは完結していなければならない。さもなければ世界を全体的なものとして捉えることができないから。それゆえ世界は限界をもたなければならない。

世界を全体的なものとして把握するためには、世界には始まりと終わりがなければならない。これが正命題の要点だ。では次に、反命題の証明について見てみよう。

仮に世界が時間的な始まりをもつとしてみよう。そうすると、世界が始まる以前には、何も存在していない空虚な状態があったはずだ。だが「無」から世界が生じると考えるのは不合理である。それゆえ世界が時間的な始まりをもつことはありえない。

同様に、世界に限界があるとしてみよう。この場合、世界はその外側の空虚によって限界づけられることになる。だが空虚が何かを限界づけることはありえない。それゆえ世界は限界をもちえない。

正命題では、世界には始まりと終わりがあるとされた。だがこれは疑わしい。なぜなら、始まりの一点を定めた瞬間、無から有が生じたという不合理な考え方をしないかぎり「その始まりの原因は何か？」という問いが出てきてしまうからだ。終わりについても同様だ。終わりの一点を定めた瞬間、「その終わりのあとには何があるのか？」という問いがどうしても現れてきてしまう。それゆえ世界に始まりと終わりは存在しない。これが反命題のポイントだ。

以上、第一アンチノミーについて確認した。正命題と反命題は、ともに等しく成立してしまい、世界は有限か、無限かという問いに対して決定的な答えを与えることはできない。そのことを明らかにしたことに、第一アンチノミーの意義がある。

認識の問題から道徳の問題へ

カントの認識論の基本的な構図は「認識能力埋め込み型」として捉えるとシンプルに理解できる。私たち人間の主観には、感性（色つきメガネ）、悟性（データをまとめる能力）、理性（完全なものを推論する能力）の三点からなる認識装置がはめ込まれており、それを用いて対象を認識している。それらの装置は取り外せないので、「物自体」が何であるかは認識できない。しかし、私たちは同じ認識装置を等しく備えているため、現象の水準においては、共通了解は成立しうる。

だが、全体的なものについての理念を実証しようとすると、アンチノミーが現れてしまい、共通了解は成立しえない。

では、理念は一体何のために存在しているのだろうか。理念に存在意義はないのだろうか。こうした問いに直面したカントは、次のように考え方を転換する。「理性の意義は、世界のあり方を経験的に把握することにはない。理性は、何が道徳的であるかを明らかにし、道徳的に行為するための能力である。理念は理性に、そのための基準を与えるものなのだ」

こうした洞察に基づき、カントは問うべき問題を「世界が何であるか」から、「私たちにとって善とは何か」へと向け替えたのだ。そして、後者の問題についてカントは、次の主著『実践理性批判』（次ページ）で本格的に取り組んでいく。

title:22 実践理性批判

イマヌエル・カント（1724〜1804年）

道徳の根拠を「理性」に置く

道徳的法則がなかったならば、ついに知らず仕舞であったところの自由を、みずからのうちに認識するのである。

——『実践理性批判』波多野精一、宮本和吉、篠田英雄・訳、岩波書店

善とは何か。近代以前、この問題に対する答えは一つしか存在しなかった。神の意志に従い、神がつくった世界の秩序に背くことなく、神の与えしルールに従って生きること。善を知るのは創造主たる神だけであり、人間は神の恩恵によって初めて善が何であるか知ることができる。

こうした中世的な世界観は、近代初頭の宗教戦争を経て、次第に疑われはじめる。スピノザやライプニッツ、ヒュームのように、人間の「自由」に対する感度をもつ哲学者のなかには、宗教や文化とは異なる地点に、善の根拠を探求するような試みが現

れてきた。本節で見ていくカントの道徳論もまた、善についての考え方を一歩推し進めたものだ。

カント以前、善と道徳を明確に区別した哲学者はほとんど見当たらない。よい行為については、プラトンからすでに論じられていた。だが、「あるべき」状態について問う道徳の哲学は、近代に至るまで存在しなかった。なぜなら、近代において初めて、人間は自律的に善を目指すことができるはずだという自由の意識が芽生えたからだ。

人間はもはや神に教えられることなく、自分の理性で何が善であるかを知り、何をなすべきかをつかみ、それに向かって行為することができる。そこに人間の人間たる理由がある。これがカントの道徳論に込められているメッセージだ。

格律と普遍的立法

それでは、カントの道徳論について確認していこう。

まずカントは、道徳は客観的な法則として表現されなければならないとする。道徳は誰にとっても、いつでも当てはまる規範でなければならないからだ。

ここでカントは、私たちの行為を導く主観的な法則を「格律《かくりつ》*」と呼ぶ。格律とは、自分にとっての幸福を目的とする自己ルールのことであり、「私はこれをしよう」と意志を規定する原則のことだ。

格律は主観的な快不快、欲求によって規定されている。その中身は人に応じて異なってくるため、格律を行為の客観的な法則と見なすことはできない。

では、道徳の根拠はどこに置くことができるだろうか。それは「定言命法*」だ。

> 君の意志の格律が、いつでも同時に普遍的立法*の原理として妥当するように行為せよ。
>
> ——前掲書

定言命法と対比されるものに、仮言命法がある。仮言命法とは「○○が欲しいなら△△しろ！」という条件付きの命法であり、格律によって規定されている。欲求の対象は人それぞれなので、仮言命法の中身も人それぞれで異なってくる。

これに対し定言命法は、「(いいからとにかく) △△しろ！」と無条件的に命じるも

*格律
個々人の生き方のポリシーと考えればいい。ある人は金銭的に困窮している人にお金を援助することはやむをえないことだと考え、ある人はそれが決して相手のためになる行為とは思わない。そうした各々の主観による格律（ポリシー）は、私たちが何をなすべきかについての普遍的な法則、ルールとはいえないとカントは考える。

*定言命法
無条件的な命法（命令形）。仮言命法に対比される。仮言命法が「○○が欲しいなら△△し

のだ。「定言」という言葉は聞き慣れないが、断言命法とする訳もあり、こちらのほうがわかりやすいかもしれない。

自己ルールがつねに道徳法則を与えるものであるよう、たえず吟味しつつ行為せよ。このように無条件に命令する定言命法が、唯一、道徳法則の名に値する、とカントは考えるのだ。

道徳法則は基準を示す

ただ、おそらく次のように思う人もいるはずだ。果たして命令を道徳の原理と呼んでいいのだろうか。もし道徳法則が普遍的であるなら、これを命令形にする必要はないのではないだろうか、と。

この問いについては、人間は多かれ少なかれ、「傾向性*」により規定されている存在だということを考慮に入れる必要がある。

カントの考えでは、私たち一人ひとりの行為のルール（格律）は、基本的に傾向性のもとにある。疲れたら寝る、お腹が空いたからご飯を食べるというように、何か自分

ろ」という形をとるのに対して、定言命法は純粋に「△△しろ」という形をとる。カントはこれのみが道徳の原理になると考えた。

＊普遍的立法
格律のように主観によって定められるルールではなく、誰にでも共通して当てはまる普遍性をもつ、無条件に従うべき道徳法則の原理。宗教や文化ではなく、人間の理性から発せられるのが最大のポイント。

＊傾向性
基本的には「欲求」と同一のものと考えれば

にとっての幸福を目がけているのが格律の特徴だ。

格律はあくまで自分にとっての幸福を目指すものであり、万人にとって正しいわけではない。格律は個人の行為のルールにすぎず、行為の一般的なルールとは言いがたい。それゆえ格律を道徳の基準とすることはできない。

ここで大事なのは、人間は傾向性を完全に克服することはできないということだ。自然に欲求を克服しているのは、神のような最高存在だけである。人間は欲求を完全に克服することはできない。だからこそ道徳法則は命令形として与えられるほかない。そういう順序でカントは考えるのだ。

『純粋理性批判』（175ページ）でカントは次のように言っている。「なされること」は「なすべきこと」から判断されねばならず、「なすべきこと」を実際に「なされること」から規定するのは愚かである、と。

自分の行為の法則が普遍的立法にかなっているかどうかをとことん吟味し、それを自分に課して行為する「義務」を示す基準として、道徳法則は意味をもつ。そのようにカントは考えるのだ。

よい。「欲求」との違いは、自然と相手のためを思ってふるまってしまう衝動も含まれている点にある。苦しそうな人を見たら手をさしのべたくなる気持ちは、傾向性の一例だ。

たとえば、電車で席に座っているときに、目の前にお年寄りがやってきたとしよう。ここでそのお年寄りに席を「どうぞ」と譲れば、それは一般的に道徳的な行為と見なされる。

ただ、その際、「このお年寄り、立っていて辛そうだな……譲ってあげようかな」と思っていたとすれば、カント的な立場からすると全然道徳的ではない。そこには「譲ってあげたい」という傾向性が働いているからだ。

カントは、他人に何かをして自分が幸せになろうとすることも、結局は欲求に流されているにすぎず、道徳的とはいえないと考えるのだ。

自分で自分に課すから意味がある

ここで一つ重要なポイントがある。それは、仮言命法が傾向性に支えられているのに対して、定言命法はただ意識が自分自身に与える（課す）ものであるということだ。

理性が自律的に課す道徳法則に従い、義務として行為することだけが道徳的である。他の誰からも命令されず、ただ自分の意志によって道徳法則に従うこと。カントはここに道徳の根本条件があると考えたのだ。

カントは、習俗や文化の既存のルールや慣習に従っている行為を道徳的とは考えない。慣習はローカル・ルールであり、その共同体でしか通じない基準である。ある社会では道徳的とされていることも、他の社会では不道徳とされる。たとえば、日本では子どもの頭をなでることは親愛の情を示すことになるが、タイでは子どもの頭には精霊が宿るとして頭を触ることがタブーとされている。他にも、日本ではよくても外国ではダメ、という道徳習慣を数え上げたらキリがないだろう。そうした基準を道徳法則と呼ぶことはできない。カントが定言命法を唯一の道徳法則と考えた背景だ。

人間の理性への信頼に基づく道徳論

理性で考えれば何が道徳的であるか理解することができるという考えは、それ自体は必ずしも正しいとはいえない。人間の理性は全能ではないので、ある選択が道徳的かどうかについては、事後的な解釈に任せることしかできないからだ。ヘーゲルは『精神現象学』でこの洞察を徹底し、倫理の条件を、他者関係のなかにおける了解の構造として規定した。

だが、そのことはカントの道徳論から意義を失わせるものではない。初めに見たように、カントは、何が善であり、何が道徳的であるかについて、人間は自らの理性によって把握することができるという考えを明確に打ち出した初めての哲学者だ。善の認識は神の恩寵で可能になるとする中世スコラ哲学の洞察は、スピノザ、ライプニッツの合理論を経て、カントによって決定的に転換されたのだ。

行為の善悪を判断する道徳法則は、共同体のルールでも宗教の教えでもない。人間の理性がみずからに与える定言命法である。このように、道徳法則の普遍性を各人の認識構造の共通性に基礎づけることで、道徳を人間の側に引き寄せた点にカントの功績がある。

title:23 道徳および立法の諸原理序説

ジェレミー・ベンサム（1748～1832年）

功利主義の原理を確立

功利性の原理に適合している行為については、それはしなければならない行為である、または少なくとも、してはならない行為ではないと、いつでも言うことができる。

――『世界の名著38』収録「道徳および立法の諸原理序説」山下重一・訳、中央公論社

カントの道徳論がドイツで展開されている間、イギリスでは功利*主義哲学が次第に論じられるようになってきた。本書の著者ベンサムは功利主義を代表する哲学者だ。

功利主義と聞くと、次のように思う人がいるかもしれない。功利主義は、自分の幸せを得るためであれば他者を犠牲にしてもよいとする考え方であり、政府は多数者の幸福を促進するためであれば社会的弱者を切り捨ててもよいとする考え方だ、と。

だが、本書を読むと、そうしたイメージが誤解であることはすぐにわかる。

＊功利　幸福のこと。ベンサムとミルにおいては、快楽と同一視される。

本書でベンサムは、他者に「好意」を与える人間像を示し、それに基づき、正当な統治の形を構想している。いかに各人の対立を乗り越え、社会全体の幸福を向上させることができるか。その際、どのような原理に基づいて考えなければならないか。こうした問題に対して、ベンサムは功利主義の立場から答えようとする。

功利性の原理

初めにベンサムは、人間の行為が本質的に快苦によって規定されているという根本洞察に基づき、「功利性の原理」を規定する。

功利性の原理とは、ある行為を正当と見なすことができるのは、その行為が利益関係者全体の幸福を促進する場合だけであるとする考えのことだ。ベンサムは、行為が正しいとか悪いとかといった概念は、功利性の原理に基づいて初めて意味をもつと考えるのだ。

ここで行為といっても、個人的なものにかぎらない。政府による政策も含まれる。つまり、政策の正しさの基準は、利益関係者である国民の幸福を促進するかどうかにあるというのだ。

ベンサムは、快楽と苦痛を強度や持続性といった基準により計算することで、各人において幸福の程度を計測することができるとする。そして、これを踏まえて、各人の幸福の総計が最大となる「最大多数の最大幸福*」を実現するように方向づけられた政策のみが正当であると論じるのだ。

「好意」による行為が、功利性の原理に最もよく一致する

次にベンサムは、政府は「最大多数の最大幸福」の観点から何を行わなければならないかについて論じる。この問いに対するベンサムの答えは、政府の仕事は刑罰と報奨を通じて、社会の幸福を〝消極的に〟促進することであるというものだ。

政府は刑法を運用することで総苦痛の量を減らし、報奨を与えることで総快楽の量を増やす。犯罪が起こらないように警備を行い、社会の安全性を高めることで、間接的に国民の幸福を向上させることに努める。政府は「最大多数の最大幸福」を支えるインフラ整備に注力すればいい。それ以上の積極的な幸福の追求については各人が行

*最大多数の最大幸福　最大多数の個人の幸福を可能にする統治のみが正当だとする原理。快苦の計算は一つの理念であり、厳密な計算は不可能だが、統治の正当性を判断するための基準になるとベンサムは考えた。

えばいいし、その動機ももっている。

では、その動機とは何か。それは他者への「好意」*だ。

ベンサムは、好意が功利性の原理に最もよく一致する動機であると考える。というのも、好意は誰の幸福も犠牲にすることなく、幸福の総量を増やそうとする自発的な意志であるからだ。たとえばプレゼントを渡すとき、相手に喜んでもらうことで自分も気持ちよさを感じることがあるはずだ。

好意を交わし合うことで互いに気持ちよさを感じられるような社会こそ、ベンサムが功利主義の観点から構想した社会のあり方だ。

統治の実質的な基準を提案

もちろん、私たちが必ずしも他者に対して好意を抱くとはかぎらない。好意を抱くかどうかは条件次第だからだ。だが、こんな単純なことにベンサムが気づかなかったというのも少し考えにくい。

ベンサムが好意を功利性の原理に最もかなう動機とした背景には、カントが語った

＊好意
辞書的にいえば「相手を好ましく思う気持ち、力になりたいと応援する気持ち」か。ベンサムが語る「好意」もそこからさほど外れていない。相手に尽くしたいという思いが満たされれば、当然、自分も相手も幸福になる。相思相愛の恋愛にたとえるとより実感できるだろう。自発的な慈善の感情が功利主義を支える原理であるとベンサムは考えたのだ。

ように、何が幸福であるかは各人の間で異なってくるという事情がある。

もし何が幸福であるかについて初めから明らかなら、各人の好意に任せるまでもなく、政府が「最大多数の最大幸福」を実現すべく尽力すれば十分だっただろう。しかしそれは、いったん人びとの自由が自覚され、自分で幸福を追求できるという観念が生まれてしまった以上、原理的に不可能である。何が幸福であるかは、最終的には自分自身で了解するほかない。これが近代社会の基本理念なのだ。

では市民社会において、一体どのような条件が「最大多数の最大幸福」にとって必要なのか。各人の自由を侵害することなく、幸福の総量を増やすための条件は何か。この問いに答えるにあたって、ベンサムは最小限の役割を果たすべき政府と、各人の自発的な好意に期待を託したのだ。

ベンサムは「最大多数の最大幸福」の名のもとでエゴイズムを肯定したのでも、マイノリティを抑圧することを正当化したのでもない。そうではなく、各人が幸福を享受できる条件は何かという問いに対して、一つの実質的な基準を示そうとしたのだ。

title: 24 法の哲学

人間的自由の原理論

ゲオルク・ヴィルヘルム・フリードリヒ・ヘーゲル(1770〜1831年)

権利ないし法の命令はこうである——一個の人格であれ、そして他のひとびとをもろもろの人格として尊敬せよ。

——『法の哲学』藤野渉、赤沢正敏・訳、中央公論新社

近代的な自由の意識の芽生えとともに、カントは「かくあるべき」について問う道徳論という分野を切り拓いた。私たちは自分の理性で、何が「あるべき」状態であるかを知り、それを基準として自己ルールを自律的に調整することができる。こうしたカントの考えは、「よい」ことについての考え方を、習俗や宗教が善を規定していた近代以前から大きく推し進めた。

さて、カントの次にこの問題に取り組んだのが、ドイツ観念論の完成者として知られるヘーゲルだ。

ヘーゲルは難しい。読むのが難しい哲学者をあげろと言われれば、間違いなくトップ3に入ってくる。ヘーゲルは独自の概念を山ほどつくり出し、それを用いて哲学を一つの巨大な体系にまとめ上げた。それゆえヘーゲルについては、〝ヘーゲル語〟に慣れないと、ほとんど読み解くことができないのだ。

もっとも、読みにくいだけなら軽く眺めてうっちゃればいいのだが、ヘーゲルの場合はそうはいかない。というのも、ヘーゲルには検証できない形而上学がある一方、自由と正しさに関する近代社会の本質論もあるからだ。それが本節で見ていく『法の哲学』だ。

「法の哲学」といわれると、法律についての哲学が思い浮かぶかもしれない。だが、ここでいう法とは、「正しさ」（ドイツ語ではRecht、英語ではright）を指す。つまり、「法の哲学」とは「正しさの哲学」のことだ。

本書でヘーゲルが展開している近代社会の原理論は、ルソーの『社会契約論』（168ページ）と並び、近代哲学における一つの頂点をなしている、きわめて重要な著作だ。

法の原理は「自由」である

本書にかぎらず、ヘーゲルは、哲学の出発点をどこに置かねばならないかを強く問題とする。ヘーゲルは、本書の緒論で原理についての考察を行い、それに基づいて次第に具体的な考察を進めていく。それゆえ本書は、最初が一番読みづらく、後になるほど読みやすくなっている。

では、ヘーゲルの原理は何か。それは「自由」だ。

ヘーゲルは「自由」が、初めは意志の内側で現れ、それが次第に他者との関係性のうちで〝実質化〟していくと考える。初めは頭の中だけの自由が、次第に社会制度という具体的な形として現れてくるというのだ。

ただ、これだけだとカントと何が違うのかあまりハッキリしないかもしれない。カントもまた、道徳を支える条件として、自由をあげていたからだ。

カントのいう自由は、欲求に影響されず自律的に判断するというニュアンスが強い。これに対してヘーゲルのいう自由は、どのような欲望が自分にとって「よい」ものであるかを判断し、それをつかみとるところに現れてくるものだ。

例をあげてみよう。たとえば仕事が面倒くさく、職場に行きたくないとする。家でゴロゴロしていたい、旅行に行きたい、遊びたい。これに対して、カントなら次のように言うだろう。

「怠けることが誰にとっても『よい』と言えるのか。それは自分の欲求にすぎない。人間であるからには、そうした欲求に打ち克《か》ち、道徳的に生きることができるはずだ」

この考え方は、青年の克己心に近い。

一方、ヘーゲル的な自由は、もっと大人の考え方だ。

「欲求を抑えることが自由の条件ではない。大事なのは、どの欲求が本当に『よい』ものなのか吟味し、理解したうえで、自分にとっての『よさ』を他者と分かち合うことにある。各人が社会のうちで、それぞれの『よさ』を享受しつつ、それを他者と相互了解できるような状態が自由という理念の本質だ」

怠け心を抑えたところで、自由を実感することはできない。なぜなら自由は、自分の欲求を吟味して、それを他者から承認されるような形に仕上げた際に感じられるからだ。

いまの仕事が嫌なら、転職すればよい。そのうえで、仕事の人間関係とは別に、相互に認めあい、フェアに批評しあうことができる趣味の人間関係をもつこと。そうした関係性において、私たちは自由を実感することができる。ヘーゲルの自由論を応用すると、そのように考えることができるのだ。

自由を単に欲求から解放された状態として捉えると、すぐさま「なにもやることがない」という暇と退屈の問題が現れてきてしまう。

これに対してヘーゲル的な自由は、さまざまにわきあがる欲求のうちで最も「よい」欲求を選び取り、それを実現して、他者からの承認を得るときに感じられるものなのだ。欲求からの解放が自由なのではない。自由は欲求の実現と、その承認を受けることで感じられる感情なのだ。

「教養」と「人格の相互承認」が自由の根拠

では、私たちは一体どのように「よい」欲求を選ぶことができるのだろうか。その条件は何だろうか。

ヘーゲルによると、私たちの欲求はさしあたり、衝動としてわきあがってくる「恣意」にすぎない。恣意は主観的であり、まだ客観的なものではない。しかし私たちの意志は、恣意を反省的に捉え、普遍的な観点から吟味することで、その恣意を客観的なものへと高めることができる。そうした普遍的な観点を与えてくれる条件をヘーゲルは「教養」と呼ぶ。

私たちは「あの人は教養がある」というように、教養と知識をほとんど同一視している。しかしヘーゲル的な「教養」には、自分にとっての「よい」が普遍的に「よい」ものかどうかを判断するための能力という意味がある。

教養は、共同体における「よさ」が多様なものであることを教える。各人がさまざまな「よさ」を求め、それを実質化していくところに自由の条件がある。教養がもたらすこうした知恵は、各人に、他者が自分と同じく「よさ」を求める存在であるということを相互に承認することを求める。こうしたことを、ヘーゲルは「人格の相互承認*」という概念によって表現する。

＊人格の相互承認　人種や国籍、文化の違いにかかわらず、各人が等しく一個の人格であることを互いに承認すること。ここに自由の〝実質化〟の基礎があるとヘーゲルは考えた。

人格性は総じて権利能力をふくむ。そして人格性は、抽象的な、それゆえに形式的な権利ないし法の、概念およびそれみずから抽象的な基礎をなしている。それゆえ権利ないし法の命令はこうである――一個の人格であれ、そして他のひとびとをもろもろの人格として尊敬せよ。　――前掲書

人格の相互承認は、「教養」と並び、自由の基本原理である。これが本書におけるヘーゲルの主張であり、本書で展開される体系を支える根本にあるものだ。

社会制度によって「自由」が実現される

ヘーゲル的な教養は、私たちに「よさ」の多様性を教え、各人がそれぞれの「よさ」を追求するためには、人格の相互承認が必要であることを教える。

だが、現実世界に目を向けると、そうした理念が実際には実現されていないことに気づく。理念レベルの正しさはわかった。しかし現実はそこからあまりに離れている。

そうした了解に達して「普遍的な正しさ」を自覚的に求めるようになった意志のあり方を、ヘーゲルは「道徳」と呼ぶ。

道徳とは、「不平等をなくさなければならない！」とか、「世界から戦争をなくさなければならない！」と燃え上がり、「善」を実現すべき目標へと高める心のあり方を指している。

誰からも指図されることなく、自由に目指すべき目標を置くという点では、道徳も一つの自由の現れである。しかし道徳の最大の弱点は、目標を実現するための原理をもたず、「こうあるべきだ」という理想を思い描けばそれで十分であると考えている点にある。

各人が自分にとっての「よさ」をつかみとり、それを他者と分かち合うことで自由を実感するためには、単に理想の状態を思い描いているだけでは足りない。

では何が必要なのか。

それは現実的条件、すなわち社会制度である。

「自由」の原理論

ヘーゲルは本書の後半の「倫理」の章で、自由の社会制度について詳しく論じているが、議論が細かいため、ここでは触れない。しかし考え方の原理については、以上で見てきたところと同じだ。

社会制度は、各人にとっての「よさ」を実現する実質的な条件でなければならない。確かにそこでは「万人にとっての幸福」という考え方は成立しない。十分に幸福な人もいれば、必ずしもそうでない人もいる。市民社会においては経済的な格差は避けられない。

しかし、だからといって市民社会を否定するのは本末転倒だ。市民社会は人間的欲望を根拠として成立するので、それが現れてくることに正当な理由があるからだ。経済格差を生み出すからといって、市場経済のシステムを否定し、市民社会を否定するのは不合理なのだ。

では、一体どうすればいいか。ヘーゲルの原理に従えば、格差が人格の相互承認の原理に照らして不当なものとならないようチェックし、富の再分配や公教育などを通じて、市民間の格差を是正する制度を置くことだ。こうしたはたらきかけを行わなければ、格差は拡大しつづけ、人格の相互承認という近代社会の基本である根本理念は空疎なものとなってしまう。

ヘーゲルはかなりの勉強家だ。哲学だけでなく、経済学や政治学、歴史学についても相当の知識をもっている。だがヘーゲルは、その知識をひけらかすことなく、真摯に、私たちの生にとって「自由」がもつ意味と価値について考え、各人が「よく」生きられるための条件を探求した。

それに対する解として、人格の相互承認は、ルソーの一般意志と並び、近代哲学が到達した決定的な原理だ。

title: 25

死に至る病

セーレン・キルケゴール（1813〜1855年）

実存の哲学を創始

絶望しかけている人があったら、可能性をもってこい、可能性をもってこい、可能性のみが唯一の救いだ、と叫ぶことが必要なのだ。

——『死にいたる病』桝田啓三郎・訳、筑摩書房

近代哲学がその成立の当初から取り組んでいた主要の問題は、認識と社会の問題である。デカルトからカントに至る認識論では、主観は客観を正しく認識することができるかが問われ、ホッブズからヘーゲルに至る社会論では、どのような社会が正当といえるのかが問われていた。

本節で見ていくキルケゴールは、この2つとは異なる新たな問題を提示した。それは実存*の問題だ。

実存といわれてもピンとこないかもしれないが、哲学では、他の誰とも取り替えが

＊実存
現実に存在すること。キルケゴール以降の実存哲学ではとくに人間が存在する独自のあり方を指していう。

きかない「私」、一回かぎりのこの生を生きている「私」の存在を、実存というキーワードで呼んでいる。そもそも「私」とは何なのか。実存哲学はこの問題について考える哲学の一つの流れだ。

本書でキルケゴールは、絶対的な理想を前に決断したり逃避したりする具体的な「私」のあり方を描き出している。「私」を理想と現実をめぐる一つのドラマとして描き出したのは、哲学の歴史上キルケゴールが初めてだ。

人間は自分自身に関わっていくような関係である

人間の存在は他の存在とは大きく異なっている。ではどう異なっているのか。これについてキルケゴールは、本書の冒頭で次のように語っている。

> 人間は精神である。しかし、精神とは何であるか？　精神とは自己である。しかし、自己とは何であるか？　自己とは、ひとつの関係、その関係それ自身に関係する関係である。あるいは、その関係において、その関係

がそれ自身に関係するということ、そのことである。自己とは関係そのものではなくして、関係がそれ自身に関係するということなのである。

——前掲書

目まいがしそうな文章だ。いきなりこう言われても、まるでわけがわからないのではないだろうか。しかし、ポイント自体はそこまで複雑ではない。少しかみ砕いてみよう。

キルケゴールによれば、自己とは関係である。ただ、ここでいう関係は、自分自身に関係する「ということ」だ。これはつまり「私」という存在は、決して物体のようにただ〝ある〟のではなく、自分自身をつねに問題とするはたらきとして、つねに自分自身に関わりつつ存在している、ということだ。人間はモノと異なり、自分の存在を配慮し、問題としながら存在している。人間の実存はそうした独自の性質をもっていると考えるのだ。

絶望とは何か?

本書のテーマは「絶望とは何か」というものだ。「死に至る病」というタイトルは、要は「絶望」のことである。

私たちはどのようなときに絶望を感じるだろうか。もはや希望が感じられないとき。何の可能性も見えないとき。与えられた状況を変えるすべが何もないとき。「夢も希望もない」という表現には、そうした絶望感が色濃く表れている。

では、キルケゴールは絶望をどのようなものとして捉えているのか。

キルケゴールは絶望には二つの方向性があると語る。一方は、現実から目をそむけて理想を追い求めることであり、もう一方は、理想を忘れ現実にどっぷりつかることである。イメージとしていえば、前者は現実世界で努力せず単に夢想すること、後者は理想をあざ笑い世間的な成功にしか関心をもたないことだ。

この観点のもと、キルケゴールは、無限性と有限性、可能性と必然性という二つの軸を置き、両方から絶望について論じている。先に示しておくと、無限性と可能性が理想ばかり追い求める絶望であり、有限性と必然性が理想をあざ笑う絶望である。この対比を念頭に置くと、以下の議論はさほど戸惑うことなく読み進めることができるはずだ。

無限性の絶望――「想像的なもの」

キルケゴールは無限性の絶望を「想像的なもの」として規定する。これは日常的な言葉で使う「夢想」あるいは「空想」をイメージするといい。

> 無限になったつもりでいる人間の生き方、あるいはただ無限でのみあろうと欲する人間の生き方はすべて、いや、人間の生き方が無限になったつもりでいるかあるいはただ無限でのみあろうと欲する瞬間瞬間が、絶望なのである。
>
> ――前掲書

私たちはしばしば、別の自分を空想して、自分に与えられた状況から逃避することがある。もし億万長者だったら、もしハンサム、美人だったら……というように。

確かに、想像には私たちに生の可能性を示してくれるという意味がある。もし、私たちが何も想像することができなければ、いま、ここを単に生きることしかできない。それはきわめて貧しい生だろう。

だが問題は、想像が現実から離れて〝空想化〟することだ。そのとき空想は私たちが本当になすべき事柄、あるいは直面すべき状況から、私たちを引きはがしてしまう。空想は一見希望のように見えるが、その内実は現実における可能性をもたないという意味で、一種の絶望にほかならないのだ。

有限性の絶望――「騙り取り」

次に有限性の絶望について見ていこう。これは「騙《かた》り取り」*というキーワードで規定される。

「騙り取り」とは、現実世界、世間の基準のほうから自分の存在を規定することだ。あるべき状態を求めると疲れてしまう。自分自身の固有のあり方を目指すのではな

*騙り取り
いい学校を出て、いい会社に入り、いい家庭をもつことが人生の理想である……なんて考えている人は、たいてい世間に騙り取られてしまっているものだ。

く、他の人びとと同じにしているほうが気楽で安全だ。そのように考え、世間の基準に即して器用に立ち振る舞うことに、絶望があると考えるのだ。

可能性の絶望——「いまある自己」を欠く

可能性の絶望は「いまある自己」を欠くことだ。なぜ「いまある自己」が必然性なのかというと、私たちは一回かぎりの生を生きているので、「いまある自己」から抜け出て、他人になることはできないからだ。

キルケゴールは言う。

「自己は、いまある自己においてのみ、自己自身に〝なる〟ことができる。いまある自己を引き受けないかぎり、自己はいつまでも空想の世界をさまよいつづけるのだ」

理想の自己になるには、「いまある自己」を変えるしかない。どれだけ強く「こうありたい」と願っても、それがいまある自己にはたらきかけなければ、理想の自己になることはできない。「こうあればよかったのに」とただ考えていても、そこに希望はない。

必然性の絶望——「あるべき自己」を見失っている

最後に、「必然性の絶望」について見ていこう。これは「あるべき自己」を見失っている状態のことだ。シンプルに言うと、「なるようにしかならない」とか「どうでもいい」とあきらめてしまう絶望のことだ。

> 気絶した人があると、水だ、オードコロンだ、ホフマン滴剤だ、と叫ばれる。しかし、絶望しかけている人があったら、可能性をもってこい、可能性をもってこい、可能性のみが唯一の救いだ、と叫ぶことが必要なのだ。
>
> ——前掲書

絶望にうちひしがれている人にとって必要なのは、何よりも可能性だ。可能性とは私たちを生かす希望である。そうしたキルケゴールの深い洞察が伝わる言葉だ。

理想と現実をめぐる自己の物語

私たちは、事物と異なり、つねに自分自身に対して向かい合いながら存在している。自己がそのようなものだという点に、キルケゴールの語る絶望の根拠がある。絶望も希望も、世界の側から生じるのではなく、ただ自分自身に対する関係から生じてくるというのだ。

確かに私たちは、理想と現実をつねに選択しながら生きているというわけではない。だが、そうした選択が人生の節目を形づくり、生の深い実感をもたらしているといえないだろうか。

title:26 功利主義論

ジョン・スチュアート・ミル（1806〜1873年）

道徳の根拠に「幸福」を置く

満足した豚であるより、不満足な人間であるほうがよく、満足した馬鹿であるより不満足なソクラテスであるほうがよい。

——『世界の名著38』収録「功利主義論」伊原吉之助・訳、中央公論社

ベンサムにより創始された功利主義哲学は、カントの道徳論に対して、道徳の実質的な基準を置くことを目的とする。

カントは道徳の基準を、法則のもつ「形式」に置かなければならないと考えた。なぜなら、「よい」とされることの中身は〝人それぞれ〟で異なってくるので、誰にとっても当てはまる客観性をもたないからだ。こうした分析を踏まえて、カントは定言命法だけが道徳の基準であると考えたのだ。

一方、功利主義は、カントを批判して、何が道徳の基準であるかについては、ある

行為がどれだけの「幸福」を生み出すかという観点から判定しなければならないと主張する。

本書でミルは、功利性の原理に基づき、ベンサムの立場を深めることで道徳と正義の原理を置き直そうとする。強調するポイントに多少の違いはあるものの、ミルとベンサムの方向性は基本的に共通している。

行為の正しさは「幸福」を生み出すことにある

ミルは行為の正しさを判定する基準を、その行為が幸福、つまり快楽を生み出すかどうかに置く。功利主義の観点では、幸福を生み出すほどその行為は正しく、不幸、すなわち不快を生み出すほど誤っている。

「幸福が快楽と等しい」と言われると、違和感を覚える人もいるだろう。快楽と同一視できない幸福があるのではないか。快楽を追い求めることと、幸福を追い求めることとは異なるのではないだろうか。だがミルは、そうした違和感は私たち人間にとっての快楽の本質を捉え損なっているために生じるものにすぎないと語る。

満足した豚であるより、不満足な人間であるほうがよく、満足した馬鹿であるより不満足なソクラテスであるほうがよい。そして、もしその馬鹿なり豚なりがこれとちがった意見をもっているとしても、それは彼らがこの問題について自分たちの側しか知らないからにすぎない。　──前掲書

私たち人間にとって、快楽は身体的なものである以上に、楽しさ、うれしさ、喜ばしさといった精神的なものである。精神的（質的）な快楽を追求できることを知ったとき、私たちは身体的な快楽に飽き足らなくなり、より「人間的」な快楽である精神的な快楽を求めるだろう。

この点を踏まえて、ミルは、道徳の基準はそれが豊かな生を促進するかどうかに置く必要があるとする。

ミルにとって道徳の本質は、豊かな生を誰もが享受できるよう守られるべき一般ルールという点にある。カントが言うように純粋に形式的な法則であることは、道徳

の本質とは言いがたいと考えるのだ。

正義は一般的功利

こうした議論を踏まえて、ミルは「正義」の本質について功利主義的に論じる。私たちはしばしば、正義を功利や実用性と対照的なものとして捉えてしまう。実利や快楽、幸福から離れて、断固たる決意で社会の悪を裁く真理の法廷……。正義という概念には、そうしたイメージが絶えずつきまとっている。

だが、ミルはそうした規定に同意しない。正義は実利を離れた基準ではない。それは万人にとっての実利であり、その意味で一般的功利である。もし正義が功利から離れているとしたら、正義は文字どおり「役立たず」である。役に立たないものを正義と呼ぶことはできない。そのようにミルは考えるのだ。言われてみれば、なるほど確かに、と思えないだろうか。

道徳と正義の根拠を人間関係のうちに置く

本書でミルは、カントのように道徳と幸福を対置させることなく、功利を道徳の根拠に置くことで、道徳の原理を一歩推し進めたといえる。

確かに、私たちの理性は自律的に「かくあるべき」を目指すことができるというカントの考察は哲学の長い歴史のなかでは大きな一歩である。だが、カントの道徳論にはいまだ神の観念が生きており、それが肝心なところで足を引っ張っている。

本書における議論のなかで、とくに正義についての規定は、私たちを納得させる力がある。自然や神、あるいは伝統や習俗といった、人間の関係性の外側に正義のありかを求めようとする試みは、哲学的にはどれも後退である。

正義の根拠は、ただ人間の関係性のうちに置かなければならない。ホッブズに始まる近代の政治哲学は、ルソー、ヘーゲル、ミルの三人を経て、そうした結論にたどり着いたのだ。

title:27

自由論

「幸福」の条件としての自由を説く

ジョン・スチュアート・ミル（1806～1873年）

自由の名に値する唯一の自由は、われわれが他人の幸福を奪い取ろうとせず、また幸福を得ようとする他人の努力を阻害しようとしないかぎり、われわれは自分自身の幸福を自分自身の方法において追求する自由である。

――『自由論』塩尻公明、木村健康・訳、岩波書店

自由とは何か。ミルは功利主義の原理に基づき、個人の市民社会における市民的自由について論じることで、この問いに答えようとする。

ミルは自由を擁護する。だがそれは、ミルが単に「自由であればあるほどいい」と考えているからではない。ミルは本書で個人的な価値観を示しているわけではなく、自由が擁護されねばならない原理について論じているのだ。

では、ミルは自由の原理をどこに置くのか。それは功利（幸福）だ。

功利主義の原理からすると、自由とは「何をしてもいい」ということではない。各人は、自分固有の幸福を、他人が幸福を追求することを妨げないかぎりで追求できる。ミルの考える自由とは、基本的にはこうしたものである。それゆえ、考えなければならないのは、その際、どのような条件が必要になるか、ということである。

危害原理

ミルはまず、ベンサムと同じく功利主義の観点から、あるべき統治の形態について論じる。万人が自由に自分固有の幸福を追求し、かつ享受している状態をミルは「最大幸福状態」と呼ぶ。そのうえで、一切の統治は最大幸福状態を実現するための基礎条件を整備するものでなければならず、それゆえ統治は必然的に自由主義体制とならざるをえないとする。

だが、ミルからすると、統治の形態が自由主義的であることは、一つの条件にすぎない。なぜなら問題は、国民と政府の間だけでなく、国民内部における多数者と少数者の間にも存在するからだ。

市民的な自由にとっては、政治体制が自由主義的であれば十分だというわけではない。多数者による少数者への不当な抑圧についても、何らかの対策を行わなければならないのだ。そのための原理として、ミルは「危害原理」を置く。

> その原理とは、人類がその成員のいずれか一人の行動の自由に、個人的にせよ集団的にせよ、干渉することが、むしろ正当な根拠をもつとされる唯一の目的は、自己防衛(self-protection)であるということにある。また、文明社会のどの成員に対してにせよ、彼の意志に反して権力を行使しても正当とされるための唯一の目的は、他の成員に及ぶ害の防止にあるということにある。
>
> ――前掲書

他者の自由に干渉することは、その他者が最大幸福状態の理念に反するような行為を行おうとしているときにだけ正当である。

たとえば、人を傷つけるといっても、それが相手に害を与えることを目的としているときは(たとえば殺人)、その自由は認められないが、それが相手の幸福を目的とするときは(たとえば手術)、その自由は干渉されてはならない。

危害原理とは、行為の自由が最大幸福状態の原理にかなっているかどうかに照らして判断することを求める原理である。危害原理に基づき、多数者による少数者への不当な抑圧が生じないようにチェックし、各人が自分固有の幸福を自由に追求できる社会を整えることが、功利主義の原理から導かれる方向性だ。

ミルはここで、その原理を実質化するには、「個性」の十全な開花が必要だという。自由に個性を発揮し、多様なライフスタイルを実現することを通じて、私たちは相互に触発しあい、他人に対して有益で価値ある人間となる。言いかえると、個性を相互に表現し、批評しあうことを通じて、最大幸福状態へと向かうことができるというのだ。

自分にとっての「幸福」を規定する能力を

私たちは普段、自分が自由な社会に住んでいると当たり前に思っている。確かに日本は民主主義国家であり、基本的人権が保障されている。だが権利としての自由が、必ずしも実感としての自由には結びつくわけではない。

ミルは本書で次のように論じていた。

「自由は絶対的な価値ではない。それはあくまで、功利性の原理において判断されるものである。自由とは功利性の原理に基づき、各人が自分の幸福を追求し、それによって社会全体の幸福を向上させるための条件にほかならない」

ここで考えなければならない問題は、私たち一人ひとりはどのように自分にとっての幸福を規定することができるかということだ。単に「個性が大事だ」と主張するだけでは何の意味もない。ミルは決してそんな単純に論じたわけではないが、自分にとっての幸福が何であるかを理解できなければ、市民社会において生活していても、私たちは自由を実感することはできないのだ。

本書の議論は、いかに私たちは自分の幸福を規定することができるかについての原理論とセットにすれば、より深く生かすことができる。たとえば『法の哲学』(200ページ)におけるヘーゲルの自由論は、この場合とくに有効にはたらくだろう。その意味でも、ミルの功利主義哲学は近代哲学の社会論における一つの到達点といえる。

第四部

現　代〈I〉

● ニーチェ〜ハイデガー

title: 28 悲劇の誕生

〝生の肯定〟を説くニーチェのデビュー作

フリードリヒ・ニーチェ（1844～1900年）

私が当時言わねばならなかったことを、詩人として言う勇気を持たなかったとは、なんとも残念なことだ。

――『悲劇の誕生』秋山英夫・訳、岩波書店

近代が成熟してきた19世紀後半、哲学では近代から現代への移行が起こりはじめる。現代の哲学は、近代以上にさまざまなテーマを論じており、一言でまとめることはできないが、近代哲学と同様、認識の問題と社会の問題が大きな柱をなしている。これに加えて、言語の問題が新たに現れてくるが、それについては後の節で確認しよう。

さて、本節で見ていく『悲劇の誕生』は、ニーチェの実質的なデビュー作だ。

当時、ニーチェは古典文献学を専攻しており、24歳の若さで教授に抜擢されるほどの評価を受けていた。だが本書の発表により、ニーチェの評価は暴落。本書は学問的

裏付けを欠いた個人的意見にすぎず、学術的な価値をもたないと一蹴され、アカデミズムではキワモノのレッテルを貼られてしまう。以後、ニーチェが哲学の表舞台に立つことはなかった。

確かに、本書におけるニーチェの主張は、学術的であるとは言いがたい。だが本書には、ニーチェの哲学に一貫するテーマである〝生の肯定〟が力強く現れている。後年ニーチェは、本書を「高慢で熱狂的」であると評しているが、確かに本書からはニーチェのほとばしる情熱を感じることができる。

悲劇の誕生とは?

本書でニーチェは、まず、ギリシア悲劇がどのように誕生し、それがどのような意味をもつのかについて確認することから始める。だがそれは本書の一面にすぎない。

ニーチェはギリシア悲劇のモチーフを〝生の肯定〟として取り出し、これに基づき近代文化一般を批判する。批判はとくに科学に対して向けられる。ここでニーチェがいう科学とは、具体的には自然科学に代表される実証科学のことを指している。

データは正しく客観を反映しているはずである。ニーチェにとって、こうした実証科学の構えは、近代以来、哲学が問題としてきた「主客一致」の可能性を、いわば脳天気に前提としていると思えたのだ。

科学は認識の限界や制約を自覚することなく、楽天的に自分が客観的であると主張している。これは古代ギリシアにおける悲劇の精神から大きく離反してしまっている、とニーチェは批判するのだ。というのも、ニーチェにとって悲劇とは、現実の苦しさや耐えがたさを甘んじて受け入れようとする態度にほかならないからだ。

ともあれ、まずはギリシア悲劇がどのように誕生したのかについて、ニーチェの説を確認しよう。

冒頭、ニーチェは、芸術は「アポロ的なもの」と「ディオニュソス的なもの」の対立を軸として発展してきたという説を示す。アポロ（アポロン）とディオニュソスは、ともにギリシア神話に出てくる神だ。ここでいう「アポロ的なもの」とは造形芸術のこと、「ディオニュソス的なもの」とは音楽のことを指している。

ニーチェは古代ギリシアにおいて、初めアポロ的なものと、ディオニュソス的なものが並行して展開していたと語る。だが後に、ギリシア的「意志」のはたらきによって、アポロ的であると同時にディオニュソス的な芸術、すなわちギリシア悲劇が誕生するに至った。端的に言うと、これが「悲劇の誕生」だ。

もっとも、これはニーチェの一つの解釈にすぎず、発表当時から今日に至るまで、学問的には何ら支持されていない。

本書が総スカンを食らった理由は、ニーチェがアカデミズムの伝統にのっとらず、個人的な見解をどうだといわんばかりにぶちあげた点にある。確かに、自分たちの研究が完全無視されたあげく、こつこつと資料研究を積み上げていく学問のスタイルまで批判されたら、どんな学者だっていい気分はしないだろう。

ギリシア悲劇は生と世界を肯定する

そもそも、ギリシア悲劇はギリシア人にとって、一体どのような価値をもっていたのだろう。

ニーチェはこれに対して、ギリシア悲劇は苦悩をも含む生と世界全体を肯定する価値をもっていた、と答える。

ニーチェはアイスキュロス＊の悲劇「縛られたプロメテウス」について、向上しようと努力しつづける人類は、神々から下される苦悩を受け取らなければならないという主張が含まれているとしている。

「縛られたプロメテウス」は、次のようなストーリーだ。

世界の支配権をにぎったゼウスが人間を滅ぼそうとしたところ、巨人神プロメテウスが天上の火を人間たちに与え、彼らを滅亡から救った。そのためゼウスの怒りを買い、ゼウスはプロメテウスを岩山に縛りつけた。プロメテウスは最後までゼウスへの抵抗を止めず、ついには谷底へと突き落とされた――。

ニーチェはこの悲劇を高く評価する。アイスキュロスはプロメテウスが能動的に行った罪に尊厳を与えて、罪そのものを肯定しているだけでなく、それによって引き

＊アイスキュロス（前525～前456年）ペルシア戦争の際、マラトンの戦い（前490年）に参加。90以上の作品中、「縛られたプロメテウス」「ペルシア人」、三部作「オレステイア」など7編が現存。

＊ソフォクレス（前497～前406年）アテナイの全盛期に活躍。29歳で悲劇競演に初出場して優勝して以来、生涯に24回の優勝を数えたといわれる。123編の作品があったと伝えられる。「オイディプス王」「アンティゴネ」「エレクトラ」な

起こされた苦悩もまた肯定していると考えるのだ。

ギリシア悲劇は「美的ソクラテス主義」のせいで滅びた

古代ギリシアの三大悲劇詩人に、ソフォクレス、アイスキュロス、エウリピデス*の三人がいる。ニーチェの評価によると、前者二人においてギリシア悲劇は頂点に達した。だが、ニーチェはエウリピデスの登場により、ギリシア悲劇は滅びてしまったと語る。一体なぜか。それはエウリピデスが「美的ソクラテス主義」を導入したためだ。美的ソクラテス主義とはニーチェの造語で、「美的であるためには理知的でなければならない」とする見方のことだ。

エウリピデスの劇においては、突如として現れた不条理が主人公を苦悩させることはない。劇の序詞（プロローグ）では、信頼できる人物または神が、劇の経過をあらかじめ観衆に伝え、結末部では「機械仕掛けの神*」が登場して、主人公たちがどのような未来に向かうかを保証する。一切はソクラテスの弁証法のように、人間の意志や苦悩する心とは無関係に、つつがなく展開していくというのだ。

ど7編と断片が現存。

＊エウリピデス（前485頃～前406年）神話・伝説に人間的な写実性を取り入れた。92編の作品があったと伝えられる。「メデイア」「ヒッポリュトス」「タウリケのイピゲネイア」など19編が現存。

＊機械仕掛けの神　演出技法の一つ。ギリシア悲劇の終幕にて、上方からクレーンのような仕掛けで舞台に現われ、行き詰まった状況を解決する役割。

わかりやすい例を出すと、「まんが日本昔ばなし」のエンディングによくある「こうしておじいさんとおばあさんはいつまでも幸せに暮らしましたとさ」という声が、ここでいう「機械仕掛けの神」にあたる。

美的ソクラテス主義は、ディオニュソス的な知恵、芸術を攻撃し、人を矛盾に直面させるのではなく、解決できる問題へと連れ込む。ニーチェは、近代社会それ自体がこうしたソクラテス的文化のうちに落ち込んでしまっているというのだ。確かにわれわれがよく観るテレビドラマでもハッピーエンドが定型で、未来に不安を残すようなエンディングはほとんど見られない。このような牧歌的な文化状況を、ニーチェは「オペラ文化」と呼んで批判するのだ。

しかしニーチェは、ソクラテス的なオペラ文化とはまったく異なるところから、ディオニュソス的精神が目覚めてきたと論じる。それはドイツ音楽の一連の系譜、とりわけワーグナー*の楽曲からだ。ニーチェは言い放つ。

「ワーグナーによって、ドイツ精神は『下司な』ローマ的文化など異国的な要素を切り捨て、自己自身に立ち戻ることができるはずである」

*リヒャルト・ワーグナー（1813～1883年）ドイツの作曲家。従来のオペラに対し、音楽・詩歌・演劇などの総合芸術を目指した楽劇を創始。バイロイト祝祭劇場を設計。

理想に燃えるニーチェ

本書は、いわばニーチェの青年期の理想で塗り固められた著作だ。前半はギリシア悲劇の分析に抑えているものの、エウリピデス批判からたたみかけるように独自の見解を示し、最後はほとんど情熱だけで突っ走っている。

だがここでは、ニーチェの説が正しいか正しくないかは、さほど重要ではない。重要なのは、それが後のニーチェの思想の展開に与えた影響のほうだ。

ニーチェは本書の後に書かれた『人間的、あまりに人間的』*で、一切の既成の理想に対して懐疑を投げかけている。だがそれは、ニーチェ思想の全体の観点からすれば、本当の「よい」とは何かをつかみ取るための前作業として行われたものだ。

もしこうした吟味がなければ、『ツァラトゥストラはこう語った』*や『道徳の系譜』（次ページ）といった優れた著作が現れてくることはなかったかもしれない。なぜなら、青年期の理想は、その一切を徹底的な懐疑に付すことによって鍛えあげられ、普遍性に達する可能性を手にするからだ。

*『人間的、あまりに人間的』
ニーチェ中期の箴言集（アフォリズム）。形而上学、宗教、芸術などの既成の諸価値に対し徹底的な批判を試みる。

*『ツァラトゥストラはこう語った』
ニーチェの後期思想を代表する作品。「永遠回帰」や「超人」の思想を説く。全4部。ツァラトゥストラとは、ゾロアスター教の開祖ザラスシュトラのドイツ語読み。

title: 29 道徳の系譜

道徳の〝価値〟を問う

フリードリヒ・ニーチェ（1844～1900年）

われわれは道徳的諸価値の批判を必要とする、これら諸価値の価値そのものがまずもって問われねばならぬ。

――『ニーチェ全集11』収録「道徳の系譜」信太正三・訳、筑摩書房

「あの人は道徳的だ」と聞かされたとき、私たちはどのような印象を受け取るだろうか。困った人に手を差し伸べたり、思いやりある行為をしたりすることなど、人としてなすべきことを行う人をイメージするはずだ。

だが、もし道徳が「こんな世の中あってはならない」という恨みの感情に支えられているとしたらどうだろうか。果たしてその道徳は、本当に「よい」ものであると言えるだろうか。そもそも、一体なぜ、私たちは道徳を必要としてきたのか。ニーチェは本書でこうした問題に取り組むことで、道徳の価値とその条件について考察する。

本書は三つの論文からなる。第三論文はキリスト教批判が主であり、第一論文と第二論文ほど重要ではない。それゆえここでは、第三論文についての解説は割愛したい。

第一論文　自己肯定の道徳、ルサンチマンの道徳

この論文のポイントは、自然な「よい」と「悪い」の価値判断が「ルサンチマン*」によってゆがめられ、逆転してしまったという主張にある。

ルサンチマンには、一般に「怨恨《えんこん》」という訳語が当てられているが、その内実は〝ねたみ〟であると捉えておくといい。「アイツばかりモテやがって……」とか、「アイツばかり昇進しやがって……」といった、ふとわき上がってくるムカッとした感じ、面白くなさ。こうした感情をニーチェはルサンチマンと呼んでいる。

では、ルサンチマンはどのように自然な価値判断を逆転させたのだろうか。この点について確認する前に、まずは自然な価値判断がどのように生まれてきたかについて確認しておこう。

ニーチェは「よい」という判断の起源は、「よい人」たちが、自分自身の行為を「よ

*ルサンチマン
嫉妬心、恨み。「デキる奴」に対する気にくわなさ。

い」と評価したことにあるとしている。つまり「よい」という判断は、自己肯定の表現として現れたというのだ。自己肯定から現れた道徳を、ニーチェは「貴族道徳*」と呼び、ルサンチマンに基づき現れてくる道徳を「奴隷道徳*」と呼ぶ。

一切の貴族道徳は肯定から生まれてくる、これに対して、奴隷道徳は否定から生まれてくる。というのも、ルサンチマンにとっては、否定それ自体が価値を生む行為だからだ。肯定ではなく否定、これが奴隷道徳の本質的な条件である。

まず、ルサンチマンが奴隷道徳を生み出す過程は次のようなものだ。

ルサンチマンに冒された人間は、強者を「悪人」として思い描く。そして、この「悪人」に対比して、弱い自分を反動的に「善人」と見なす。「強い」は悪い、「弱い」はよい、われわれは「弱い」、ゆえにわれわれは「よい」。こうしたねじ曲がった推論が奴隷道徳を生み出すのだ。

*貴族道徳
「よい」ことを「よい」と判断することから生まれる道徳。卓越性。

*奴隷道徳
劣っていることを「よい」ことであるとすることから生まれる道徳。ルサンチマンを動力源とする。

ルサンチマンの人間は、自分固有の価値基準をもっていない

貴族道徳とか奴隷道徳といわれると、何だかアヤシく聞こえるかもしれない。だがニーチェはここで、強者をヨイショして弱者をけなしているわけではない。世間的には「強者」とされる人でも、実はとんでもない「弱者」であることもある。なぜなら、ここで問われているのは内面の価値基準であるからだ。

貴族的人間とルサンチマンの人間の決定的な違いは、貴族的人間は、何がよく、何が悪いかについての価値基準を自分のうちからつくり出すのに対して、ルサンチマンの人間はそれを自分の外側に求めるという点にある。

つまり貴族的人間は、自分の内面に価値基準を備えているため、他者からの評価にビクつくことがない。一方、ルサンチマンの人間は、何がよく何が悪いかを判断するために、まず自分の外側へと向かっていく。自分で良し悪しを判断する代わりに、既成の価値基準を頼りにする。そして、「強者」の「よい」に合わせられないことに対する反動から、価値基準をねじ曲げてしまうのだ。

第二論文 約束のできる人間に「良心」は宿る

第二論文のテーマは「良心」だ。

良心とは、善悪についての了解のことだ。法律には反していなくても、よくないことをすると、罪悪感を覚えたりする。ここでニーチェが問うのは、どのような良心がよい良心であり、どのような良心がゆがんだ良心であるかということだ。

ニーチェは、良心を約束する能力と規定する。責任の自覚のもと、約束をきちんと守り、約束した相手を裏切らないこと、これが良心を発揮するということにほかならない。シンプルかつ深い考え方だ。

あなたが友達と翌日の朝10時に待ち合わせの約束をしたとしよう。当日の朝に雨が降っていたりすると面倒だな……と思うこともあるはずだ。しかし、「本当にそれでいいのか？」と心のなかで問いかけ、「やっぱり大切な友人だし、遅れずに行こう」と思い直すことがあるだろう。

約束をきちんと引き受けようとする意志、これがニーチェのいう良心だ。

やましい良心

一方、約束を受け止めようとする意志ではなく、負い目、うしろめたさから生じる良心もある。これが「やましい良心」であり、ニーチェの考えるゆがんだ良心だ。

ニーチェは、やましい良心の根本には「祖先」に対する負い目があると語る。「いま自分が生きていられているのは祖先のおかげである。祖先がみずからを犠牲に命を繋いでくれたのだから、期待に背かずよく生きなければならない……」

こうした後ろめたさや罪悪感を端緒とした、屈折した義務感情による良心を、やましい良心と呼ぶのだ。

もっとも、祖先といってもこれはわが国を打ち立てし英雄たちというよりも、もっと身近な祖先、たとえば両親のことをイメージするといい。先ほどと同じ例を使うと、「面倒だな……」となったとき、やましい良心は「ここで行かないと、育ててくれた両親の期待に背く人間になってしまう」というように、罪悪感や申し訳なさから生まれてくる。奴隷道徳の場合と同じく、自分の外の価値基準をもとにしているのだ。

正義を〝鍛え上げる〟

近代の自由の意識は、「かくあるべき」状態を描き、それに従って生きるということを可能にした。その点で、道徳は大きな一歩だった。しかし道徳は、必ずしも私たちの生を豊かにするとはかぎらない。

私たちは、自分の生が思うようにいかないとき、生と世界をつい否定的に解釈してしまうことがある。

「人生、こんなはずじゃなかった」

「なぜ、自分はこんなに苦しい状況に置かれるのか……」

するとそこから、反動的に、正しいのは苦しんでいる自分であり、間違っているのは社会の側だと解釈してしまうことはないだろうか。

「豪華な生活は誤っている」

「モノをもたない清貧の生活こそが正しい」

「楽しく充実した生は、道徳に反する」

「苦しい生こそが真理である……」

本書を読むと、こうした「道徳」が、ルサンチマンを動力源とする屈折した正義であることをズバリ指摘されたような感じを受ける。第三論文における次のニーチェの表現は、そうしたルサンチマンの心理を見事に言い表している。

おお、どんなにか彼らは心底から罰を蒙らせようと狙っていることか、どんなにか彼らは刑吏たろうと渇望していることか。彼らのうちには裁判官に変装した復讐鬼がうようよいて、たえず〈正義〉という言葉を毒のある唾液のように口に含み、いつも口先をとがらせながら、満足そうな面持ちで上機嫌に街をゆくすべての人に唾を吐きかけようと狙っている。

——前掲書

その正義はルサンチマンから発していないか。もしくは良心のやましさに支えられていないか。こうした吟味によって徹底的に試し抜いてこそ、私たちは正義をより深く、より「よく」生かすことができるのだ。

「弱者こそ正しい」と主張するような正義は、あまりに素朴であり、十分に鍛え上げられていない。ニーチェの議論はそのことを私たちに教えてくれる。

title:30

権力への意志

フリードリヒ・ニーチェ（1844～1900年）

認識原理の根本転換——主客一致から「力」の相関性へ

現象に立ちどまって「あるのはただ事実のみ」と主張する実証主義に反対して、私は言うであろう、否、まさしく事実なるものはなく、あるのはただ解釈のみと。
——『ニーチェ全集13』収録「権力への意志 下」原佑・訳、筑摩書房

道徳とはルサンチマンに相関した価値解釈であるというのが、『道徳の系譜』（238ページ）におけるニーチェの根本的な指摘である。本書『権力への意志』では、そうした洞察を根本で支える認識原理を置くとともに、『悲劇の誕生』（230ページ）ですでに示されていた「生の肯定」の可能性という問題についても取り組んでいる。

本書は、もとは未完の断片群だ。ニーチェの死後、反ユダヤ主義者のベルンハルト・フェルスター*と結婚していた妹エリーザベト・ニーチェ*が遺稿を編纂、刊行したのだが、この妹がとんでもない人間で、信奉するナチスに取り入ってもらえるよう、兄フ

*ベルンハルト・フェルスター（1843～1889年）ドイツの反ユダヤ主義者。ユダヤ人を「ドイツ国体に巣くう寄生虫」と呼んだ。フリードリヒの妹エリーザベトと結婚。フリードリヒはフェルスターの反ユダヤ主義のために、妹の

リードリヒの遺稿を恣意的に編集し、それをニーチェの思想と偽って世に広めたのだ。このことは史料の実証研究を通じてほぼ定説とされている。

さて、本書のモチーフは既存の価値体系の徹底的な吟味と、その吟味に基づいて、新しい価値の原理、それも私たちの生をより「よい」ものへと向かわせてくれるような価値の原理を打ち立てることにある。とくに本書の後半（第三書、第四書）にまとめられた断片において、ニーチェは認識論的、価値論的に見て、きわめて革新的で深い原理を提示している。

これは自信をもって断言できるが、本書を踏まえずして、もはや善悪や美醜といった価値について原理的に論じることは不可能である。意味や価値について根本から論じようとするなら、本書の議論はまず押さえておかなければならない。本書はそれほどの力をもった著作であると言っても決して言いすぎではない。

認識とは欲求に相関した価値解釈

ニーチェの認識論の基本の構えは、認識とは決して主観が客観を写し取るようなも

結婚式に出席するのを断ったと言われている。純粋アーリア人の社会を建設しようとパラグアイに入植するも、失敗。1889年に服毒自殺した。

＊エリーザベト・ニーチェ（1846～1935年）
フリードリヒの妹。ドイツ民族主義者、反ユダヤ主義者。かつては兄フリードリヒと仲が良かったが、フェルスターとの結婚により疎遠に。1894年にニーチェ文庫を設立。1930年、ナチスの支援者になる。

のではなく、欲求に相関した価値解釈であるというものだ。

「私たちが意識するものは、有用性の基準に従ってあらかじめ調整された結果でしかない。なので、認識構造についての認識それ自体もまた一つの結果でしかない」

ここでニーチェが念頭に置いているのは、カントの認識論だ。

カントは『純粋理性批判』（175ページ）で、人間には生まれつき共通の認識構造が備わっており、それが認識の客観性を保証していると主張していた。だが、ニーチェに言わせれば、主観が客観に向き合っているという構図自体が成立しない。その代わりに、私たちは自分の欲求に相関した「遠近法*」によって世界を解釈しているのだ、という考え方を置く。

たとえば空腹のとき、大盛りご飯はおいしそうに見えるが、満腹のときはむしろ嫌悪感を覚える。もし私たちの認識が「事実」を正しく写し取るのであれば、そうしたことは起こらなかったはずだ。おいしそうなご飯はいつでもおいしそうに、まずそうなご飯はいつでもまずそうに見える、となっていたはずだ。

主観はいかにして客観を正しく認識できるかと問う「主客一致」の構図は初めから

*遠近法
一定の観点から見た対象の配置を表現する手法。転じて、一切の認識対象は、個々の「力」（欲求）の観点に対して立ち現れ、解釈された価値であるとするニーチェの認識原理。フーコーやドゥルーズといったポストモダン思想で、「同一性」の哲学を相対化するという観点から受容されてしまったが、ニーチェは相対主義者ではない。

成立しない。なぜなら認識とは、欲求に相関した価値評価としての解釈だからだ。これがニーチェの認識論の基本原理だ。

「真理」の源泉は、生に対するルサンチマン

ニーチェは「真理」もまた欲求に相関して解釈される現象であるとする。

これは初めは理解しづらいかもしれないが、要は、真理がどこかに客観的に存在していると考えるのではなく、私たちの欲求に応じて真理が立ち現れてくると考えるのだ。では、その条件は何か。それは現世に対するルサンチマンである。

真理と聞くと、人生の究極の意味、最終的な答え、世界の本当のあり方、絶対的な理想、といったポジティブな印象を受けるかもしれない。だが、ニーチェにしてみれば、真理とは望ましい価値や世界をみずからつくり出そうとする代わりに、捏造《ねつぞう》して崇め奉る態度の表れにすぎない。

「現実の世界は苦しい」→「だが、これを変えることはできない」→「真の世界があればいいのに……」。

こうした順序で真理なるものが編み出されるというのだ。

生そのものが権力への意志

では、ニーチェにとって生の本質とは何だったのだろうか？　答えは「より力強く」を求める力である。

「より力強く」と言われると、筋力とか政治権力など、相手を打ち負かす腕力という意味での力を思い浮かべるかもしれない。しかしここでは、「できる！」を求めて成長しようとする力のことだ。人間を含む一切の生き物にはこうした力が備わっており、それに応じて世界を〝解釈〟しているというのだ。

したがって、ものの「価値」自体もこの観点から規定されなければならなくなる。価値そのものは、客観それ自体と同じく存在しない。そうではなく、価値は可能性の領域を拡大するか否かという観点において立ち現れてくるものである、とニーチェは考えるのだ。

「価値」という観点は、生成過程のうちであらわれる比較的に生命の持続している複雑な形成物に関する保存・上昇の条件についての観点である。

——前掲書

難しく感じるかもしれないが、次のように考えるといい。

たとえば、お金が価値をもつのは、それが生の可能性を広げてくれるからだ。それを使って何かを買うことができなければ、お金は何の価値ももたない。無人島で1億円もっていても意味がない。生の可能性を維持し、可能性の領域を押し広げてくれるからこそ、お金は私たちにとって価値をもつ。

生を肯定するための原理

客観それ自体、真理それ自体は存在しない。あるのはただ欲求に相関した解釈だけである。それゆえ問題は、どうすれば生をダメにしてしまうような解釈を、生をよりよいものへと高めあげるような解釈に置き換えることができるかということにある。

客観とか真理とか道徳といった既成の諸価値に向けられたニーチェの批判は、すべてそのためのお膳立てにすぎない。

では、果たしてニーチェは、この問題に対してどのように答えているのか。これについては、残念ながら体系的な答えを与えているわけではない。

だが、私たちは残された断片のうちから、その全体像をうかがうことができる。ここで重要なのは次の二つである。一つは「芸術」であり、もう一つは「永遠回帰」の世界観だ。

芸術で生を肯定する

まずは、芸術について見ていこう。

ニーチェは、私たちは芸術によってニヒリズム*やデカダンス*を乗り越え、生を肯定することができると語る。なぜ芸術で生を肯定できるかというと、それが美の陶酔をもたらし、生に完全性と充実をもたらすからだ。

*ニヒリズム
真理や道徳的価値が客観的に存在する根拠を認めない立場。ニヒリズムの「ニヒル」は、ラテン語で「虚無」「空」を意味する。虚無主義ともいう。

*デカダンス
虚無的、退廃的な生活態度のこと。そうした態度をとる人が「デカダン」と呼ばれる。

芸術、しかも芸術以外の何ものでもない！　芸術は、生を可能ならしめる偉大な形成者であり、生への偉大な誘惑者であり、生の偉大な刺戟剤である。

——前掲書

ニーチェはこうも言っている。「善と美は一つである」と主張する者は哲学者にふさわしくない。そのうえもし「真理もそうである」と言ったならば、その哲学者を殴りとばすべきである。私たちが芸術をもっているのは、真理で台無しにならないためだ、と。ニーチェらしい、痛快な表現だ。

永遠回帰の世界観で生を肯定する

次に「永遠回帰」について確認していこう。

永遠回帰と聞くと、何だかアヤシイ感じがするかもしれない。だがこれは、ニーチェの思想を理解するには、ぜひとも押さえておかなければならない概念だ。というのも、ニーチェは永遠回帰という考え方によって、それまでの価値体系を支えてきたキリスト教的世界観に代わる世界観、この生をよりよく肯定するための世界観を打ち出そうと試みているからだ。

キリスト教的な世界観では、真の生は「最後の審判」*において裁きを受け、永遠の祝福を受けることから始まる。現世はそれまでの〝仮の生〟にすぎず、否定され、耐え抜かれるべき生にすぎない。

これに対して、永遠回帰の世界観においては、世界は無限に反復される円環運動だ。そこにはゴールもなければ「救い」もない。

永遠回帰する世界では、苦悩は一度経験されるだけでなく、無限に反復される。だが、無限に反復されるのは苦悩だけではない。もし一生のうち、一度でも快や美、幸福を感じたことがあれば、それもまた無限に反復される。したがって、苦悩も快楽も、最終的にはともに等しく経験されることになる。このことに、生を肯定するきっかけがあるとニーチェは考えるのだ。

永遠回帰の世界観は、「聖なる物語」である。真の世界という概念を禁じ手にしている以上、永遠回帰もまた一つの解釈にすぎない。

*最後の審判
世界の終末時、千年王国に人類が神によって裁かれること。キリストが再臨して死者も生者も裁かれ、善人は天国に、悪人は地獄に分けられる。

だが、ここで重要なのは、ニーチェにとってそれは、この生を深く肯定する一縷の可能性として与えられたということだ。

ニーチェは高らかに宣言する。

「この生が苦悩や矛盾で満ちあふれているとしても、これを是認すること。一瞬の幸福を糧に、あるがままの生を『然り』と肯定すること。この『ディオニュソス的肯定』こそ、私の哲学の目がけるところにほかならない」

生を深く肯定するための原理論

もちろん私たちは、本書に示されているニーチェの思想をそのまま受け入れる必要はないし、成立の経緯からいっても、決してそうするべきではない。だが、私たちは確かに、本書から生に対する力強い考え方を受け取ることができる。

私たちは、ともすれば容易に「この世界は矛盾に満ちている！」とか、「こんな人生望んでいなかった！」と言ってしまいそうになる。だがそこで〝真の世界〟を空想しても、私たちの生の可能性が広がることはない。キルケゴールが深く洞察したように、結局のところ、私たちは自分の生きている生以外の生へと出て行くことはできないからだ。

それゆえ問題は、いま生きている〝この生〟をどう受け入れるかにある。自分の人生に唾を吐いて一生を過ごすか、それとも理想と折り合いをつけつつ〝よい生〟をつむぎながら生きていくか、そこに大きな違いがある。そのことにニーチェは気づかせてくれるのだ。

title:31 空想より科学へ

マルクス主義の全体像

フリードリヒ・エンゲルス（1820〜1895年）

人間が動かす社会的諸原因が、主として、またますます多く、人間の希望するような結果をもたらすようになる。それは必然の王国から自由の王国への人類の飛躍である。

――『空想より科学へ』大内兵衛・訳、岩波書店

近代社会の基本的な理念は、各人が等しく自由を享受し、それぞれの「よさ」を追求するという点にある。ヘーゲルは『法の哲学』（200ページ）にて「人格の相互承認」を原理とし、市場経済システムによる分業体制を通じて、各人が自由に自分の欲望を満たせるような社会制度を構想していた。

では、近代化が進むにつれ、果たして近代社会はこの理念を実現するように進んだだろうか。答えはノーだ。貧富の差は止めどなく拡大し、持てる者が持たざる者から搾取する構造は揺るがしがたいものになった。

近代社会は、その構造として社会的な矛盾を生み出す制度である。マルクス主義はこのことをイメージによらず、概念的に明らかにした初めての思想だ。

マルクス主義を創始したカール・マルクス*には、盟友のフリードリヒ・エンゲルスがいる。マルクスの思想を実現しようとする熱意のもと、社会主義体制の枠組みづくりを指導しただけでなく、批判に対しても積極的に応答した。真面目で正義感にあふれた人物だといっていい。

本書は1880年、エンゲルスがマルクス主義の入門書として、みずからの著作『反デューリング論』*から抜粋してつくったパンフレットだ。マルクス主義に詳しくない一般の人びと（労働者）に向けて、前提知識がなくてもわかるよう丁寧に書かれている。マルクス主義の世界観を知るだけなら、この一冊を読んでおけば十分だ。

弁証法的唯物論

いまでこそ社会主義はマルクス主義の専売特許の感があるが、マルクス主義以前からすでに社会主義の考え方はあった。代表的な思想家としては、オーウェン*、サン＝

＊カール・マルクス（1818～1883年）
ドイツの経済学者・哲学者・革命指導家。エンゲルスとともにドイツ観念論、古典経済学を批判し、科学的社会主義の立場を創始。終生革命家として国際的社会主義運動に尽くした。主著『資本論』。

＊『反デューリング論』
ベルリン大学の私講師であった哲学者、経済学者のオイゲン・デューリングに対する批判の書。デューリングは、資本家と労働者の利害は自由競争を通じて調停されるという立場を

シモン、*フーリエ*の三人がいる。

この三人の思想とマルクス主義の根本的な違いは、前者が現実的な基礎をもたず〝空想的〟であるのに対し、後者は〝科学的〟であるという点にある。ただここでいう〝科学的〟とは一体何を意味しているのだろうか。それは、マルクス主義が本質的に「弁証法的唯物論*」であるということだ。

いきなり弁証法的唯物論といわれても意味がわからないかもしれないが、そのポイントは、物質的、経済的な生活様式が私たちの意識を根本的に規定している、ということにある。

つまり、意識が経済体制の発展を規定するのではなく、逆に経済体制が意識を規定しているというのだ。

世界は物質を根本原理とし、それ固有の法則に従って発展する。歴史もまた同様である。エンゲルスは、そのプロセスを〝正しく〟説明できるマルクス主義だけが、唯一科学的な〝真の〟世界観であると言うのだ。


取り、マルクスに反対した。

*ロバート・オーウェン（1771〜1858年）
イギリスの社会運動家・社会思想家。産業革命時代に活躍。労働運動、協同組合運動を指導。『新社会論』で「性格形成原理」を提示し、児童教育、労働者教育などを主張。幼稚園の祖としても有名。

*アンリ・ド・サン＝シモン（1760〜1825年）
フランスの社会思想家。特権階級を排して、産業家が指導する社会を

マルクス主義の歴史観

歴史は弁証法的唯物論の法則に従って展開する。それによると、階級の成立も、階級間の闘争も必然的だ。歴史は資本家階級*（ブルジョワ階級）と労働者階級の間における階級闘争*の歴史として進んでいく。これがマルクス主義の基本の歴史観だ。

では、エンゲルスはその内実をどのように描き出しているのか。以下、順を追って見ていくことにしよう。

(一)生産手段の「社会化」

エンゲルスによると、政治や法律、哲学や宗教などを含む一切の社会制度は、経済的な構造に基づいて成立する。こうした考えをマルクス主義では、「上部‐下部構造」という。経済の発展に応じて、社会制度のあり方が規定される。つまり、生産のあり方が変われば、革命が成就されると考えるのだ。

だが、経済発展はスムーズに進むわけではない。それは矛盾にぶつかる。マルクス

理想とした。

＊シャルル・フーリエ（1772～1837年）
フランスの社会思想家。主著『四運動の理論』で、自由な勤労者からなるファランジュという理想社会を描いた。

＊弁証法的唯物論
世界の根本原理は観念ではなく物質であるという唯物論の立場をもとに、自然は法則に従って「運動」するという弁証法の立場を取り入れた世界観。私たちの認識は、物質の展開プロセスを写したものであるという考えを説い

主義では、矛盾を乗り越えることが革命にとっての必要条件と考えるのだ。

では、その矛盾とは何だろうか。それは生産手段と生産力の「衝突」だ。

資本主義以前、中世においては、労働者が自分の生産手段を所有していた。土地や農具など、生産手段は自分の家にあった。そこでは、生産物は生産者その人に属する。ちょうどロックが『市民政府論』（147ページ）で論じていたように、自分の労働で手に入ったものは、ほかならぬ自分のものだった。

近代に入ると、そうした貧弱な生産手段が、資本家階級によって集約され、巨大な生産力へと変えられた。それをエンゲルスは、生産手段の「社会化」と呼ぶ。

近代に至って、資本家階級が資本主義的な生産手段を導入することにより、労働手段が一気に集積された。個人の仕事場の代わりに、数百人が共同作業を行う工場が現れ、計画的な分業が行われるようになったのだ。

(二)資本主義の矛盾

生産手段と生産体制は社会化された。だが問題は次の点にある。つまり、生産物は

＊資本家階級
生産手段を所有し、労働者を雇って事業を行い、利益を得る階級。

＊階級闘争
政治権力をめぐって支配階級と被支配階級の間で行われる闘争のこと。マルクス主義では、階級闘争を原動力として、生産手段を所有する資本家が支配する資本主義社会が、労働者階級が支配する社会主義社会を経て、階級対立の存在しない共産主義社会に行き着くとされる。

生産手段の所有者である資本家によって取得（搾取）されてしまうのだ。エンゲルスはこれを資本主義の本質的な「矛盾」であり、労働者階級と資本家階級の衝突の根本原因であると考えた。

では、こうした矛盾はなぜ生じるのだろうか。その背景にあるのが「生産の無政府性」だ。

中世においては、自分がどれだけ生産するかは、生産物をどれだけ必要とするかによって決まっていた。労働と生産物は直接にリンクしており、搾取は存在しなかった。これに対し資本主義においては、商品の生産は、それをどれだけ必要とするかではなく、商品そのものの法則によって行われる。商品は生産者から独立し、商品の法則が生産者を支配する。

つまり、こういうことだ。資本主義では、商品をどれだけ生産すればいいか、それがどれだけ売れるかについては、自分で決めることも、あらかじめそれを知ることもできない。ただ、市場の需要と供給の関係によって定まってくる。

市場の法則が、生産手段を所有する資本家に対し、生産手段（機械）をさらに改良するよう促す。なぜなら資本家同士にも競争があるからだ。エンゲルスは、資本主義の世界は優れた生産手段をもつ資本家しか生き残れない弱肉強食のシビアな世界であると考えるのだ。

機械の改良は、労働の過剰な供給をもたらす。それゆえ失業が生じ、労働者は貧困へと投げ込まれる。だがその一方、資本家には富が集中する。こうして資本の論理のもとでは必然的に貧富の格差が拡大するのだ。

(三)「不況」から「恐慌」、独占とその崩壊へ

こうして、生産力の拡大と、市場における需要の拡大は、次第に矛盾するようになる。エンゲルスは、「不況」とはこの矛盾が表面化した現象にほかならないと考える。不況の存在は、資本家階級が生産力を完全に管理することができないことを示している。そこで生産者(労働者)たちは、生産を統制すべく、資本を独占して「トラスト*」をつくり上げる。彼らは生産をコントロールし、価格を市場に押しつける。だが、トラストも不況から逃れることはできないので、最終的には、一つの大企業が国内産

*トラスト
企業合同。市場における利益を独占するため、企業が結合することをいう。

業を独占するに至る。

トラストの段階では、社会主義的な計画生産が優位に立つが、大企業独占の段階に移ると、強烈な搾取が現れ、独占体制は崩壊するとエンゲルスは語る。労働者が露骨な搾取を許しておくはずがないからだ。

とはいえ、この点について、エンゲルスは何か根拠を出しているわけではない。搾取がどれだけ明瞭であろうと、独占体制が崩れるとはかぎらない。実際、ここでエンゲルスが描いているようなプロセスで、独占体制が崩れたためしはない。このあたりの洞察は、原理的というよりもむしろ、希望的観測という意味合いが強い。

(四)国家は〝死滅〟し、「自由の王国」が現れる

恐慌を解決するために産業を国有化しても、生産手段と生産力の間に調和をもたらすことはできない。なぜなら、近代国家は資本主義の基本的な条件を維持し、資本家階級の利益を守るためにつくり出される制度にすぎないからだ。エンゲルスは、国家は資本家階級の出先機関であるというのだ。

では、どうすれば資本家階級による搾取をなくすことができるのかというと、資本家階級の代わりに労働者階級が生産方法を所有すればいい。労働者が生産力を直接コントロールできるようになれば、当然搾取はなくなる。その結果、国家は存在する意義をもたなくなり、「死滅」する。

> 国家は「廃止」("abschaffen")されるのではない、死滅する(absterben)のである。
>
> ——前掲書

社会が生産手段をコントロールするため、「生産の無政府性」に代わり、計画生産が行われる。もはや私たちは、資本の論理に翻弄されることはない。社会主義の展開によって、生存競争が消え、行為はいつでも望ましい結果を生み出すようになる。

エンゲルスによると、労働者階級が生産手段を所有するようになることで、資本の論理によって支配されている「必然の王国」から「自由の王国」*への決定的な変化が起こるのだ。

*「自由の王国」はヘーゲルの『法の哲学』にある言葉。エンゲルスは生産手段を労働者階級が手に入れることで、生産活動に計画性を与え、経済競争と不当な搾取をなくし、各人が真に自由に平等になると考えたのだ。

人間自身の社会的結合は、これまでは自然と歴史とによる強制として人間に対立してきたが、今や人間の自由行為となる。
——前掲書

マルクス主義の世界観がよくわかる

以上、マルクス主義の基本的な歴史観の全体像について確認した。ここでまず押さえておくべきポイントは、経済的な格差は資本主義の必然的な帰結であるということだ。

資本主義はなぜ経済的な格差を生み出すのか。それは資本家階級により「搾取」が行われるからである。エンゲルスは搾取を生み出す構造が、矛盾の根本的な理由であると考えたのだ。

こうした矛盾は資本主義に固有のものである。それゆえ、資本主義の枠内であれこれ対処しても、抜本的な解決を行うことはできない。そのためには、資本主義そのものを乗り越える必要があるのだ。こうしたビジョンが当時の人びとを強烈に惹きつけ、社会変革へと駆り立てたのだ。

とはいえ、マルクス主義の世界観が絶対的な〝真理〟であると考えることはできない。マルクス主義は、矛盾をもたらす資本主義の構造をヘーゲルよりもはるかに説得力のある方法で描き出したが、資本主義は人間的欲望が必然的に生み出すものだとするヘーゲルの議論もまた、私たちを深く納得させる。

エンゲルスはヘーゲルを〝転倒〟した観念論者と批判するが、両者を対立的に捉えるのではなく、むしろ相互に補い合うと考えれば、彼らの議論をともに、より深く生かすことができるはずだ。

title: 32

時間と自由

意識は〝質〟である

アンリ・ベルクソン（1859～1941年）

自由に行動するということは、自己を取り戻すことであり、純粋持続のなかに身を置き直すことなのである。

――『時間と自由』中村文郎・訳、岩波書店

私たちは「1秒、2秒、3秒……」と時間を数えることができる。だが、時間を正確に数えることは難しい。目の前に置かれた10冊の本は、誰が数えても同じ数になる。だが、頭のなかで数える10秒は人によってバラバラだ。ストップウォッチのようにジャスト10秒をはかることはできない。なぜなら、時間とは私たちの意識のうちで形づくられる質であるからだ。

時間とは時間意識である。本書におけるベルクソンの主張も、本質的にはこれと同じものだ。ベルクソンは、意識はものと同じように分割されうるか、という問いから

この問題に迫っていく。

ベルクソンは、19世紀中頃に生まれた哲学の潮流の一つである「生の哲学」を代表する哲学者だ。生の哲学といっても、これは人生哲学ではない。生のあり方は、概念や論理といった形式によっては捉えられず、〝生の深み〟に即してしか理解することができないとする立場から、合理主義や唯物論を批判して、意識や生の根源的な姿を捉えようとする立場のことをいう。

本書でベルクソンは、私たちの意識のあり方を、「持続」というキーワードで呼ぶ。意識は多様で、つねに変化する〝流れ〟であるという主張が、近代社会が生み出す閉塞感に応えるような思想としてはたらいたのだ。

感情は分割できない

ベルクソンは、合理論のように根本原理から推論によって世界の全体像を描こうとする考え方に反対する。意識がどのようなものであるかは、ただ具体的な意識のあり方を見ることによってしか把握できない。そうした立場から、ベルクソンは私たちがもつさまざまな種類の感覚を取り上げ、分析していく。

洞察のポイントは、感覚は純粋な「質」であり、決して計測可能な「量」に落とし込むことはできないというものだ。

感覚は一般にイメージされるように、刺激が原因としてはたらき、反応が結果として起こるというプロセスによって生じるものではない。ベルクソンは、刺激と感覚に因果関係があるとするフェヒナー*の精神物理学*を、次のように批判する。

「フェヒナーは刺激の最小単位を規定し、その積み重ねによって感覚が生じるとする。だが、そもそも刺激の最小単位は実在しない。精神物理学は、感覚が最小単位の結合によって成立しており、感覚においても物理的な因果関係と同じような因果関係が成立していると考えるが、それは誤解である」

この点について、ベルクソンはうまくポイントを言い当てている。私たちの感覚が刺激の積み重ねから成立しているわけではないことは、普段の経験を内省すればすぐに理解することができる。お湯の温度で考えると、39度まで冷たく、40度になった瞬間に熱くなるというわけではない。だんだん熱くなってくる、というように質の強度

*グスタフ・フェヒナー（1801～1887年）
ドイツの心理学者・物理学者・哲学者。哲学者としては汎神論・汎心論的立場を取った。

*精神物理学
実験や測定によって身体と精神の依存関係を導き出そうとする心理学の一分野。物理的な刺激と感覚の関係性を物理学的に明らかにすることをねらいとした。実験心理学の基礎となる。

の変化として感じているはずだ。

意識は「純粋持続」である

純粋持続とは、多様な質からなる意識の状態のことを指すベルクソンの用語だ。そして、意識は、純粋持続としては「区別のない継起《けいき》」であり、諸要素の「相互浸透」であると語る。

相互浸透といわれてもよくわからないかもしれないが、スライムのようなジェル状のかたまり同士がくっついていて、境目がなくなる感じをイメージすればわかりやすいかもしれない。意識は相互浸透し、多様に変化する〝流れ〟なのだ。

ここで、少し唐突に思えるかもしれないが、ベルクソンは、時間は純粋持続であると語る。言いかえると、意識の多様な〝流れ〟が時間そのものであると考えるのだ。

これは次のように考えると、いくらか分かりやすくなる。

時間は、1時間、1分、1秒、0.1秒…というように、無限に刻んでいくことができる。これはつまり、時間には一定の幅があるということを意味する。もし幅がなければば、分割することはできない。言いかえると、どんな短い時間についても、そこにはすでに多様な「質」が含まれている。そうした「質」が相互浸透して、時間をつくっているというのだ。

だが、ベルクソンは、私たちの意識が純粋持続であることはほとんどないと語る。なぜなら、私たちは無意識のうちに、そうした「質」から目をそむけ、単位化された時間を真の時間であると考えてしまうからだ。

もっとも、そのことには理由がある。時間を単位化すれば、時間を共有でき、社会生活が便利になるからだ。しかしそれと引き替えに、真の意識のあり方、すなわち純粋持続が見失われてしまう……。

しかし、ベルクソンによれば、私たちの心の奥底では、純粋持続を構成する作業が続けられている。そのことは「自己自身に立ち返って精神集中」し、深い自我に入り込んでいけば見ることができるに違いない、という。

自由について

次にベルクソンは、純粋持続の観点から「自由」について論じる。

持続と自由に何の関係があるのか、と思うかもしれないが、たとえば、窓ガラスについた水滴の流れをイメージするとわかりやすい。

結露したガラスをイメージしよう。水滴に指で触れると、その水滴は、わずかに進路を変えながら、大きくなったり小さくなったりして落ちていく。そのプロセスは、決して法則化することができない。

これと同様に、純粋持続もまた、法則化できない〝ゆらぎ〟の中で、たえずあり方を変えていく。そうした〝ゆらぎ〟のことを、ベルクソンはここで「自由」と呼んでいるのだ。

このことを踏まえて、ベルクソンは、純粋持続では、各人はそもそも自由であると語る。持続を空間的な広がりとして捉えることを止め、相互に浸透しあう意識状態に一体となれば、私たちはおのずから自由となる。このことをベルクソンは、芸術家が作品のイメージを作品のうちに十全に表現することになぞらえている。

つまり、芸術家が作品を創造するように、私たちの意識も、生き生きとした持続意識を創造しているというのだ。そうした一瞬一瞬に、自由がある。

だが、私たちがそうした意味での自由な行為を行うことはほとんど不可能であるとベルクソンは語る。なぜなら私たちの日常の行為は、たえず生成しつつある持続意識によって生み出されるのではなく、既存のイメージによって導かれているからだ。

悟りの哲学

本書におけるベルクソンの議論は、ある意味で「悟りの哲学」と考えると理解しやすい。

社会生活を好む自我は、意識の本当のあり方を見ていない。そこに立ち返るためには、心の内奥を直視して、純粋持続を見る必要がある。そうすれば、真の自由まではあと一歩、純粋持続のありのままを行為によって表現すればよい。議論のおおまかな流れとしては、大体そのようなものだった。

では、ベルクソンの主張は果たして原理的と言えるだろうか。

確かに、感覚は刺激の単位から結合して成立するものではない、と指摘した点に関しては評価することができる。感覚は質的な強度であって、量の積み重ねによって成立するものではない。これは私たち自身の経験に照らしても確かだといえる。感覚の質の側面に対して自覚的に着目したのは、哲学の歴史上、ベルクソンが初めてだと言っていい。

だが、ベルクソンの純粋持続の概念は、一見それらしく見えるが、やはり一つの表象（イメージ）にすぎない。意識が質であるという洞察は鋭かったが、ベルクソンは意識についての原理を推し進めるところまでは至らなかった。

title: 33

プラグマティズム

ウィリアム・ジェイムズ（1842～1910年）

真理は〝はたらく〟ものである

もろもろの学説なるものは、そこにわれわれが安息することのできる謎の解答なのではなくて、謎を解くための道具であるということになる。

——『プラグマティズム』桝田啓三郎・訳、岩波書店

主観は客観を正しく認識できるかと問う近代哲学の構図は、まずニーチェによって大きく転換された。一切の認識は「力」（欲望）に基づく価値である。これがニーチェの打ち出した認識原理である。

19世紀のアメリカ合衆国においても、近代哲学の「主客一致」の構図を転換しようと試みる哲学が現れてきた。それはプラグマティズムだ。

プラグマティズムとは、19世紀末のアメリカで、パース*によって創始された後、ジェイムズを経て、デューイ*に引き継がれた思想だ。現代のアメリカ哲学にも影響を与え

*チャールズ・サンダース・パース（1839～1914年）アメリカの哲学者、論理学者。プラグマティズムの創始者。記号論、記号論理学にも業績を残した。

*ジョン・デューイ（1859～1952

つづけている。本書は、アメリカ出身のプラグマティスト、ジェイムズによる講義をまとめた著作だ。

プラグマティズムと聞くと、「中身の薄いアメリカ的実用主義の現れである」と思う人がいるかもしれない。だが、それは誤解だ。というのも、プラグマティズムが現れてきた根本の動機は、哲学上の対立、ひいては社会における対立を調停することにあるからだ。

メナンド*の『メタフィジカル・クラブ』によると、プラグマティズムの背景には南北戦争がある。南北戦争は一般に、奴隷制をめぐる南北の利害対立の衝突と見なされるが、メナンドは、それはむしろイデオロギー対立の帰結であり、ジェイムズはプラグマティズムによって、イデオロギー対立そのものを解決しようとしたとしている。

道具的真理観　真理は〝はたらく〟もの

プラグマティズムの意義を一言でまとめると、「真理」という観念を大きく転換したことだ。

年）アメリカの哲学者・教育学者。プラグマティズムを大成。経験の連続性と相互作用の原理を提出。子供の生活経験を重視する進歩主義教育理論を打ち立てた。著書に『学校と社会』『民主主義と教育』など。

＊ルイ・メナンド（1952年〜）アメリカ・ニューヨーク生まれ。アメリカ研究者。現ハーヴァード大学教授。

繰り返しになるが、近代哲学の認識論では、主観が客観を正しく捉えることができれば、その知識は真である、とされた。

プラグマティズムは、こうした真理の考え方を次のように転換する。真理とは、主観と客観の一致関係にあるのではない。客観が何であるかを知ることが私たちにとって意味をもつとき、言いかえると、客観についての知識が私たちの生を「よく」導くとき、その知識は真〝となる〟。私たちの生を改善する知識であれば、それは真であり、改善しない知識であれば真ではない。

こうした考え方を、プラグマティズムでは「道具的真理観」と呼ぶ。

例を出そう。分厚いスマートフォンの説明書をイメージしてほしい。そこに書いてあることが真であると言えるためには、どのような条件が必要だろうか。最も重要な条件は、スマートフォンの使い方がわかることだ。読む以前は気づかなかった機能に気づいたり、忘れていた機能の使い方がわかったりしたとき、その知識は私たちにとって真である。

だが、スマートフォンの製作工程が書かれていたらどうだろう。確かに記述自体は誤っていないかもしれないが、それを知ったところで何かメリットがあるわけではない。そのとき、その知識は真ではない。

乱暴に言ってしまうと、プラグマティズムにとっての真理の基準は、その知識が役立つかどうかにある。役立てば真であり、役立たなければ真ではないというのだ。

これは、次のことも意味する。すなわち、プラグマティズムの観点からすれば、真理は決して一つの固定したものではなく、そのつどの関心や目的に応じて決まってくるものなのだ。

仮にどこかの物好きなユーザーが好奇心を満たしたり、話の小ネタにしたりできるなら、スマートフォンの製造工程についての知識は真だといえる。

真理は一つではない。また、主観と客観の一致のうちにもない。真理は、私たちの目的や関心にとってどのように〝はたらく〟かに応じて、多様な形をとりうる。観念は出来事によって真理になる。プラグマティズムは、こうした見方によって、近代哲学の認識論における構図そのものを転換し、真理の基準を置き直そうとしたのだ。

真理は間主観的に成立する

とはいえ、私たち一人ひとりにとっては、何が真であるか確認できる事柄はきわめてかぎられている。

たとえば、「月が存在する」と言われても、本当に月に行ったことがある人はかぎられている。ということは、月が存在するという知識は、実際に月に降り立った一部の人びとにとってだけ真であり、その他の人びとにとっては偽ではないのか。その場合、月についての認識は、〝人それぞれ〟ということになるのではないだろうか。

ジェイムズは、何が真理と見なされるかは、その観念が誰かによってすでに具体的に検証されていることが条件であると論じる。ジェイムズの言葉を借りれば、真理は「信用組織によって生きている」。言いかえると、相互に確かめ合う営みの中で真理が生成してくると考えるのだ。

その場合、最大の条件は、誰でもその知識が真であることを確かめる可能性が保たれていなければならない、ということだ。

権威のある人がどれだけ「月は存在しない」と言っても、望遠鏡などによって月の存在を確かめることができれば、権威の有無にかかわらず、月の存在は真である。ジェイムズは、私たちが主張を相互に確かめ合う可能性が保証されていることに、真理の条件があると考えるのだ。

プラグマティズムの動機

メナンドの説に従えば、プラグマティズムが生まれてきた動機はきわめて切実なものだ。ときにプラグマティズムは、利益至上主義のアメリカ的価値観の背景にあるとされることがあるが、これは一面的なものだ。

認識論の文脈から評価しても、真理は「道具」であるとする観点は、当時の哲学において先進的な直観だった。真理は主観と客観の一致にあるとする構図は、プラグマティズムを含む19世紀後半から20世紀前半の哲学によって、決定的に時代遅れとされたのだ。

title: 34

現象学の理念

エトムント・フッサール（1859～1938年）

認識問題を解明する原理を示す

現象学はいろいろな可能性を、認識の可能性や価値づけの可能性を解明するための、しかもそれらの本質基礎から解明するための、学問であり方法であろうとするのである。

——『現象学の理念』立松弘孝・訳、みすず書房

近代哲学における「主客一致」の構図は、ニーチェ以降、大きな展開を見せる。「絶対に正しい認識は存在しない」と相対主義的な態度をとった哲学者もいれば、ニーチェのように「力」(欲望)を原理とする認識論によってこれを根本的に編み変えた哲学者もいる。ドイツの哲学者フッサールは、ニーチェとはまったく異なるアプローチではあるが、ニーチェと同様、まったく新しい原理を打ち出した哲学者の一人だ。

フッサールは現象学の創始者として知られている。だが、そもそも現象学とは何だろうか。

フッサールは現象学を、諸学問の基礎づけの学として構想した。自然科学に代表される実証科学だけでなく、善や美といった価値について論じる学問についても、その普遍的な根拠を明らかにしようとしたのだ。

本書はそのタイトルどおり、現象学の理念（アイデア）を論じる著作だ。講義原稿をもとにしてはいるが、何がフッサールにとっての問題だったのか、彼の基本的なモチーフは何なのか、何を私たちは現象学から受け取ることができるのか、ということを確認するのに最適な著作の一つだ。

哲学書を読んでいると、時おり超難解な著作に出会うことがある。フッサールの難しさは哲学の歴史上随一だ。文章を追っていけばモチーフを受け取ることができる著作であればいいのだが、フッサールの場合は、何が問題とされているかわからなければ、どれだけ読んでもわからない。しかし、ただ単に難しいだけでなく、優れた原理を置いているので、流すことはできない。

そういうわけなので、まずはフッサールが問題とした主客一致の構図について確認することから入ることにしよう。

主観と客観が一致すると判定できる根拠はあるか

おさらいすると、主客一致の構図は次のようなものだ。

主観が客観を正しく認識することができれば、主観のもつ認識は真である。目の前にペンがある。このペンを正しく見ることができれば、ペンについての認識は真である。同様に、目の前に世界がある。その世界を正しく見ることができれば、世界についての認識は真である。これが基本の構図だ。

近代哲学が認識論において主客一致の可能性を根本問題として取り上げた背景には、もはやキリスト教的な世界像が真理であるとは言えなくなったという歴史的な経緯がある。つまり、神が絶対的に正しい世界像を保証していると考えることはできないという前提のもと、近代哲学は人間の認識構造それ自体に着目し、その仕組みを明らかにしようと試みた。なぜなら、認識構造がどのようなものであるかを理解できれば、客観的な認識の根拠も明らかにすることができると考えたからだ。認識の原理を明らかにして、共通了解の可能性を基礎づけること。これが近代哲学における認識論の目的だった。フッサールのモチーフは、基本的にこれを受け継いでいる。

フッサールはまず、次のような問いから始める。

「私たちが何かを認識するとき、それはただ意識のうちで生じている主観的なものでしかない。なぜなら私たちは、自分の意識から抜け出て、その『何か』を直接に確かめることはできないからだ。にもかかわらず、私たちはその『何か』が存在していることを知っている。一体どのような構造でそうなっているのか」

この点を明らかにする方法はあるのだろうか。ある、とフッサールは答える。では、それはどのような方法なのか。フッサールはその方法を、「判断停止*」（エポケー）と「還元*」（現象学的還元）という概念によって描き出す。

世界像を「括弧入れ」して、意識に「還元」する

「判断停止」とは、世界がそれ自体として客観的に存在しているという前提を、いったん中止することをいう。

私たちは普段、世界が存在していることを疑っていない。この世界はきちんと存在

*判断停止（エポケー）
「世界が存在しているので、その世界が見える」とする普段の考え方を〝一時停止〟すること。

*還元
世界が目の前に存在しているという素朴な信念を判断停止し、そうした世界観を、「私にそのように見えるので、私は世界が存在しているという確信をもつ」とする見方へと方法的に転換することをいう。認識の「謎」を解き、懐疑論を根本的に克服したうえで、意味や価値の本質論を打ち立てるために必要な〝態度変更〟だとされる。

しており、世界のうちにはさまざまな事物、人間、価値などが存在していると思っている。明日起きても世界はあるし、自分が死んでも世界は回りつづける。フッサールは判断中止によって、そうした確信を一時的にストップしてみようというのだ。

こう言われても、何が何だかわからないかもしれない。何をバカなことを、と思うかもしれない。だが、そう決めつけるのは、判断中止の目的を聞くまで少し待ってほしい。

判断中止の目的は、誰もが合理的に考えるかぎり受け入れざるをえないような認識論のスタート地点を置くことにある。

デカルトの『方法序説』（１０４ページ）に「方法的懐疑」という考え方があったことを覚えているだろうか。一切を疑っても、その疑っている自分が存在していることは絶対に疑えない。方法的懐疑で示される「われ思う、ゆえにわれあり」に基づいて、哲学を再スタートしなければならない。これが方法的懐疑の根本的なモチーフだった。

フッサールの判断中止は、デカルトの方法的懐疑を参考にして編み出された。「私が対象をどのように認識していようとも、またその対象が実際に存在していようとしていまいと、私にはそう見えていること自体は、絶対に疑うことができない」

確かに、私の意識の外側に出て、その対象それ自体をつかむことはできない。だが、その対象が見えてしまっているということ、知覚や判断が私の意識に生じてしまっているということは、決して疑うことはできない。

たとえば、私たちは、幽霊が存在するとかしないとか語ることがある。だが、私たちは自分の主観の外に出ることはできない。だから幽霊の(非)存在証明は、そもそも成立しない。そこで現象学的には次のように考える。

「幽霊の気配を感じたので、私は幽霊がいるという『確信』をもつ」

幽霊がいるので、幽霊が見える。あるいは、幽霊はいないので、幽霊は見えない。フッサール的に考えると、こうした考え方は哲学的には徹底していない。そこで現象学的に考えると次のようになる。

まずは、幽霊がいるとかいないとかという前提をいったんストップする。そして、私たちの意識のうちで、どのように幽霊についての確信が「構成」されるのかについて考え、その構造と条件を取り出す。

このように、判断停止を踏まえて、ただ自分の意識に与えられている知覚経験を反省することで、対象についての確信が構成されてくる条件を見る〝態度変更〟をフッサールは「還元」と呼ぶ。

ここでのポイントは、こうした認識原理は事物についてだけではなく、意味の認識についても当てはまるということだ。フッサールはそのことを「赤色」の例で説明している。

たとえば、赤い絵の具や赤鉛筆、赤信号の色について、いずれも濃淡や色合いなどが微妙に異なってくるが、私たちはそれぞれの知覚から〝赤さ〟一般を見て取ることができる。確かに、赤色を見ながら「本当は青色を見ているのではないか」と疑うことはできる。だが、その「本当は」という疑いに先立って、ある何らかの「感じ」を受け取ってしまっていることは疑えない。この「感じ」を与えられるままに受け取ることがフッサールの現象学の基本の構えなのだ。

普遍的な認識論に基づき、意味や価値について問う

私たちは普段、主観と客観があらかじめ存在しており、世界がそのものとして存在していると考えている。注意しておきたいのは、フッサールはそれが間違っていると言っているわけではないということだ。判断停止はあくまで一時的なものにすぎない。世界が存在しないと考えるわけではないのだ。

ではなぜ、フッサールは判断中止や還元によって、意識の内側で認識の構造を見ることの必要性を論じたのだろうか。それは、より普遍的な認識論を確立することを通じて、意味や価値の本質について、強く、深く論じるためだ。

事物についての認識においては、現象学的な態度をとる必要はほとんどない。よほどの状況でなければ、目の前のペンやコップの存在が疑わしくなることはないからだ。だが、これが善や正義についての認識になるとどうだろう。この神なき時代、「これが正義だ」と正面切って断言できる人は、ほとんどいないはずだ。では、果たして正義は存在しないのだろうか。そして、正義は存在しなくていいのだろうか。

現象学の考え方は、こうした場面で効いてくる。

現象学的にはこう考える。まずは、正義そのものが存在しているという前提をいったんストップする。そのうえで、「どのような条件が、正義という概念を成り立たせているのか」とみずからの意識経験に問い、それに対する自分なりの答えを他者へ示し、ともに吟味検討して磨き上げていく。こうした意味で、現象学は意味や価値に関する学問の基本方法なのだ。

> 現象学はいろいろな可能性を、認識の可能性や価値づけの可能性を解明するための、しかもそれらの本質基礎から解明するための、学問であり方法であろうとするのである。
> ——前掲書

フッサールにとって、現象学とは単に、私たちの認識の構造を明らかにすることだけを目的としているのではない。意味や価値について、より深く、より普遍的に論じるための土台をつくること。判断停止と還元は、こうしたモチーフのもとで編み出された方法なのだ。

title:35 イデーン

エトムント・フッサール（1859〜1938年）

認識本質論としての現象学を確立

筆者は今老境にいたって、少なくとも自分自身としては、完全に、次のように確信するにいたっている。すなわち、自分こそは一人の本当の初心者・端緒原理を掴んでそこから始める人間であると、こう自ら名乗り出てもよいであろう、と。

——『イデーンⅠ-Ⅰ』渡邊二郎・訳、みすず書房

現象学は、近代哲学における主客一致の構図を再検討し、対象についての認識を意識の内側で構成される「確信」として論じる、認識の本質論として現れてきた。『現象学の理念』（282ページ）は、現象学のそうしたモチーフを伝える著作だ。

本書におけるフッサールの態度は、基本的には『現象学の理念』と同じだ。意味や価値についての普遍的な本質論を行うためには、客観世界が存在しているという自然な考えをいったんストップし、ただ意識に与えられている経験だけを内省し

て、どのように対象についての「確信」が構成されているか見る必要がある。「判断停止」（エポケー）と「還元」は、そのための方法として考え出されたものだ。

本書でフッサールは、それらを使う目的については、ほとんど触れていない。むしろ本書は、フッサールによる現象学的な洞察の原理的デモンストレーションという意味合いのほうが強い。

フッサールは本書を通じて、彼が普段どのように世界を認識しており、どのようにその認識が成立しているのかについて、じっくり描き出している。私たちもまた、フッサールにならい、自分の世界像がどのように成立しているか、またどこに共通の構造があるのか確かめながら、議論を確認していくことにしよう。

日常の世界像　自然的態度の一般定立

普段、私たちはどのように世界を経験しているのだろうか。これに関するフッサールの洞察を要約すると、少し長いが次のようになる。

私は一つの世界を意識する。そこでは事物が「私にとって、端的に現にそこに存在」している。私は、いま知覚しているものの周囲に客観が存在することを知っており、それらへと注意を向け替えることができる。また、はっきりと現れている知覚の領域のまわりには、それを取り巻いている背景があり、その背景もまた、ぼんやりとしか意識されていない地平によって取り囲まれている。

これと同様に、世界は過去と未来という無限の時間の「地平」をもっている。地平は、「いま」を起点としており、生き生きとした地平とそうでない地平、すなわち、直前直後と、曖昧に意識された未来、過去をもっている。このように、私はそこから時空間の地平が広がる起点につねに存在している。その世界は、私にとってつねに同一であり、私はそれにつねに関わりつつ生きている。

私は、これらすべてのことが、他人にとっても等しく当てはまることを知っている。他人も自分自身の世界をもっており、その世界と私の世界が同一であると確信している。

以上のフッサールの洞察が妥当かどうか、実際に確かめてみよう。

たとえば、目の前にあるパソコンに向かっている意識を、私は机に向け替えることができる。パソコンに意識が向かっている間、机は私の意識の注意を引かず、ただ意識の背景に留まっている。だが、机に意識を向け替えると、今度はパソコンが背景となる。そして、パソコンと机は、曖昧に意識された地平、たとえば部屋や建物、街、地方公共団体、国……といった無限に広がる地平によって取り囲まれているという確信をもつ。

時間も同様だ。私たちは「いま」の感覚だけではなく、はっきりした直前直後と、曖昧な未来、過去の地平をもっている。時間意識には、そうした〝幅〟がある。

また、世界には、自分だけでなく他人も存在する。家族、恋人、お隣さん、学校や職場の知人、見知らぬ人がおり、その人もまた自分が経験しているような方法で世界を経験している、という確信を自然に抱いている――。

私たちは確かに、フッサールが論じたような構造からなる世界像をもっており、それを揺るがしがたい「現実」として受け取っている。その「現実」において、私たちは何かを見誤ることもあるが、その場合でもなお、この「現実」が存在するという確信まで失われることはない。そうした現実感、自然に成立している世界確信を、フッサールは「自然的態度の一般定立」という用語で呼ぶ。

エポケーと現象学的還元

ここでフッサールは、なかば唐突にこの自然的態度を根本的に変更してみよう、と提案する。この態度変更については、基本的には、前節の『現象学の理念』で確認したのと同じ方法で行われる。

さてこの自然的態度のうちにとどまる代わりに、われわれはこの自然的態度を徹底的に変更してみよう。こうした変更が原理的に可能であることを確めることが、今や肝要なのである。

――前掲書

本書においても、デカルトの「方法的懐疑」を参考に、素朴な世界確信を「括弧入れ」(判断停止)して、一切の認識を意識に「還元」する。その目的は、暗黙のうちに成立している「世界の一般定立」を確かめなおすことで、世界の存在についての確信を支えている条件と、その構造をつかむことにある。

世界は確信として像を結ぶ

以上を踏まえて、フッサールは自分の意識を内省し、そこから意識経験の構造について再度論じていく。しかしその内容については繰り返しになるので、ここでは触れない。なぜ繰り返しになるかというと、フッサールが行っているのは、あくまで一つの〝態度変更〟にすぎないからだ。

世界がこのように存在しているので、私に世界がそう見える――これが自然的態度の一般定立。日常的な世界像だ。

これを意識に還元すると次のようになる。私にとって世界がこのように見えるので、世界はそのように存在しているという確信をもつ。

要するに還元は、考え方のスイッチを変えることだ。原理がわかればシンプルだが、わからなければいつまでもわからない。

「『世界はそもそも客観的に存在するものだ』という考え方を止める。しかしだからといって、世界は客観的に存在していないと考える必要はない。むしろ次のように考える。いま見えているのは、この私の世界でしかないが、私は世界が客観的に存在しているという確信をもっている。その確信を支えている条件は何か、考えてみよう……」

そういう順序で考え直すことが還元のもつ意味だ。

生のリアリティの根拠

こうした態度変更は、私たちを次のような疑問に直面させるかもしれない——私がいままさに生きているこの世界、そして客観世界は、実はただの幻想にすぎないのではないだろうか。そして、もしこの世界が幻想にすぎなければ、生に意味などないのではないだろうか。

原理的に考えると、確かに、この世界が実は幻想でしかない可能性は、いつまでも残りつづける。映画『マトリックス』のように、この世界は巧妙につくられた仮想空間かもしれないのだ。

私たちが普段、現実と夢を混同することがないのは、その区別が揺るがしがたい根拠によって支えられている間だけだ。言いかえると、現実感を支えている条件が失われれば、この世界が現実であるか夢であるか判断することはできなくなる。いきなり自分の体が宙に浮き、空を飛べるようになったら、「これは夢ではないだろうか？」と思うはずだ。

だが、世界が幻想かもしれないということと、この生に意味がないということは、まったく別の問題だ。なぜなら、私たちの生の現実感を支えているのは、さまざまな知覚や情動のもつ揺るがしがたさにほかならないからだ。

「この世界は幻想かもしれない」と論理的に疑うことはできる。だが私たちは、夢と現実を確かに区別しながら生きている。むしろ、私たちにとっての問題は、その現実において、いかに豊かで満足できる生を送ることができるかということにある。

この点からすると、世界が幻想かもしれないという懐疑は、ほとんど意味をもたないのだ。

思考の「自律」

フッサールは、どの著書においても、哲学者の学説をつぎはぎして自分の理論を組み立てるようなことは決して行っていない。つねに初めの一歩から、とことん自分の意識を内省して、認識の構造を論じている。

それはフッサールが、哲学の最終的な根拠は、思考の「自律」にあると深く確信していたからだ。還元とは、その自律を哲学的な方法へと昇華させたものにほかならない。

確かにフッサールの論じ方は、あまりにくどい。他の哲学者が千里の道を飛行機で移動するなか、トンカチで石橋を叩いて渡るかのように徒歩移動している姿が思い浮かぶ。超人的に愚直なのだ。

とはいえ、もちろん私たちは、フッサールの洞察をそのまま受け入れる必要はない。

自分の意識を内省して、フッサールの洞察が適切かどうかを確かめなおし、受け入れられるところは受け入れ、そうでないところは、より適切な言葉で置き換えていくことができる。それが哲学という営みのあり方だ。

私たちは哲学書を読むとき、しばしばそこに究極の答えを見つけようとしてしまう。長い年月受け継がれてきた教典として、それを絶対視してしまいがちだ。だが、そうした受け取り方は、哲学の〝魂〟を抹殺することに等しい。思考の自律を手放すやいなや、哲学は、自身の魂を失ってしまう。

フッサールのこの洞察は、哲学に対して私たちがとるべき態度の一つの模範を示している。

title:36 一般言語学講義

近代言語学を創始した著作

フェルディナン・ド・ソシュール（1857〜1913年）

言語には差異しかない。

──『一般言語学講義』小林英夫・訳、岩波書店

本節で見ていくソシュールは、言語の問題に取り組んだ言語学者だ。

言語の問題は、基本的に認識の問題から派生したものと考えるといい。言語（主観）は客観を正しく表現することができるか。これが問題の基本形だ。

この問題については、ちょうど近代哲学における合理論と経験論の対立と同じ形の対立がある。つまり、言語を正しく用いれば客観世界を正しく言い表せるという立場と、言語は使い方で意味が決まるので、客観世界を写し取ることはできないという立場の二つだ。この対立については、次の二節にかけて確認するヴィトゲンシュタイン

が代表している。

ソシュールは近代言語学の祖といわれる。ソシュールの言語学はレヴィ＝ストロースらによる構造主義*の基礎になるなど、現代の哲学に大きな影響を与えた。

ただし、本書はソシュールの手になる著作ではない。そのうえ、ソシュールの思想を忠実に表現しているわけではないという問題がある。本書の編者らはそもそも講義に出席していなかったうえ、彼らによるとソシュールは講義が終わるや否や、草稿を破り捨てていたらしい。本書はわずかに残された草稿と聴講生のノートをもとに再構成されたものだ。

それでもなお、本書にまとめられたソシュールの議論には画期的な洞察がいくつもある。ソシュールは本書で、世界のあり方と言語が対応しているという考え方を批判し、言語は私たちの欲望や関心に応じて〝切り出される〟記号の体系だという考えを打ち出した。それでは以下、私たちがどのように言語を使っているかということに思いをはせながら、議論のポイントを確認していこう。

*構造主義
社会・文化の現象を成立させている「構造」を研究しようとする立場。レヴィ＝ストロースは数学や言語の構造を人類学に取り入れ、親族・神話の構造分析を行い、人文・社会科学に大きな影響を与えた。

ランガージュ、ラング、パロール

私たちはしばしば、言語を生理的なシステムとして考えてしまう。手足を動かすように発声器官を動かし、言葉を話すことができる。話された言葉は耳によって聞き取られ、その意味が解釈される、というふうに。

だが、ソシュールはそうした生理的、物理的観点から言語を論じることはしない。というのも、ソシュールからすると言語の本質は音ではないからだ。言語は音でありながら、観念でもある。また、個人によって話されるものでありながら、社会的な制度でもある。言語にはそうした独自の性質があるのだ。

この点を踏まえて、ソシュールは言語を三つの概念によって論じていく。その三つとは、「ランガージュ*」、「ラング*」、そして「パロール」だ。まとめると次のようになる。

- ランガージュ：人間の言語能力。
- ラング：日本語やフランス語といった言語体。

*ランガージュ
ソシュールの用語。「言語活動」と訳される。言語の体系である「ラング」と、ラングの実践である「パロール」からなる。

*ラング
言葉の規則の体系。日本語や英語だけでなく、プログラミングに使われる言語などもここに入る。

● パロール：ラングの実践。

構図だけ先に示すと、ランガージュ（言語能力）を用い、社会制度としてのラング（言語体）を介することで、私たちはパロール（発話）を行っている、とソシュールは考える（図3）。

ここで着目したいのは、ラングとパロールの関係だ。

ソシュールは次のように言う。

「ラングは同一社会に属する話し手がもつ蓄えだ。ラングは社会的な制度だが、どこかに実在するわけではない。実際に現れるのは、ただパロールだけだ。ラングは潜在的な構造であり、パロールはラングを具体化したものだ」

ラングとパロールは相互依存の関係にある。ラングは固定した制度ではない。ラングはパロールによって変化し、パロールはラングの変化を受けて変化する……というのだが、こう言われてもよく理解できないかもしれない。

わかりやすく言いかえてみよう。

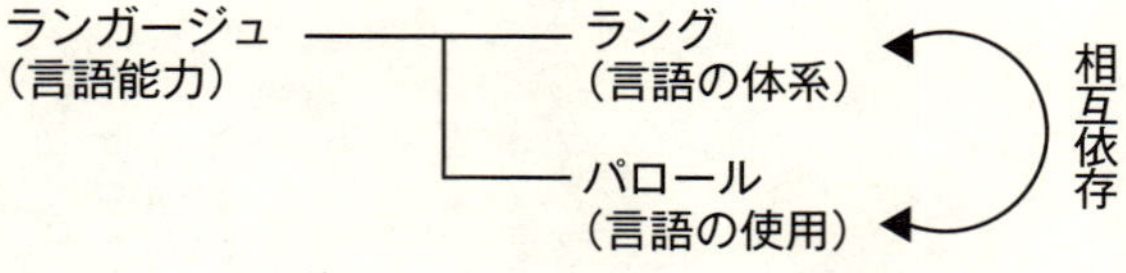

図3　ソシュールの言語の三つの概念

言葉の体系は無数の日常的な実践によって変化していく。そして、体系の変化を受けて、日常的な実践もまた変わっていく。ラングとパロールの相互依存関係とは、言葉の体系とその実践は、流動的な関係にあるという考え方だ。

これは国語辞典の改訂を考えるとイメージしやすいだろう。辞典は定期的に改訂作業が行われる。ほとんど使われなくなった語は収載されなくなる一方で、多く使われるようになり、一般性をもつようになった語は新たに収載される。言語の体系は決して固定的なものではないのだ。

こうした言語観の対極に、言葉の「乱れ」という考え方がある。ら抜き言葉、敬語の誤用など、現実の日本語が本来あるべき〝規範〟としての日本語から外れて使われていると考えられるとき、「日本語の乱れ」が指摘される。権威ぶるオジサンやオバサンが「最近の若者の言葉は乱れている」とエラそうに発言している姿は、メディアでもお馴染みだ（ここまで露骨なシーンはなかなかお目にかかれないかもしれないが）。

言葉は固定した秩序ではない。〝生き物〟のように、日々の実践のうちで、少しずつ、しかし確実に変化している。ラングとパロールの相互依存関係とは、そうした言葉のダイナミズムを示す考え方なのだ。

なかには、「では、ラングとパロールのどちらが先なのか？」というふうにツッコみたくなる向きもあるかもしれない。これは「ニワトリと卵のどちらが先か？」という問題と本質的には同じだが、実はそれは見かけ上の問題にすぎない。なぜならここで重要なのは、関係の「構造」を見ることだからだ。

この観点からすると、言葉の運動のダイナミズムを指摘したソシュールの洞察は、私たちを深く納得させるものだと言っていいはずだ。

共時態と通時態

ラングとパロールの区別は、言語学における第一の分岐点だ。ソシュールは次に、第二の分岐点として、「共時態」と「通時態」という区別を置く。

「共時」は同一の時点の言語の状態に着目する視線であり、「通時」は時間の流れに沿って言語を論じる視線のことだ。

ソシュールの例にならってみよう。まずは植物の茎をイメージしてほしい。チューリップでもタンポポでもいい。その植物の茎の仕組みを調べようとする場合には、大きくいって二つのアプローチがある。一つは、茎に対して垂直に切り、茎の断面に着目すること。そしてもう一つは、茎に対して平行に切れ目を入れ、ちょうど「さけるチーズ」のように、茎を二つに引きちぎることである。「共時」は前者にあたり、「通時」は後者にあたる。

この意味で、共時態とは、ある一時点における言語の秩序のあり方を指し、通時態とは、言語の秩序が時間的・歴史的に変化する構造のあり方をいう。ソシュールは、言語の構造について考える際には、この二つの視点を区別しなければならないとする。だが、ソシュールは、まずは共時態に着目する必要があるという。それはなぜだろうか。

根本的な理由は、研究者は私たちの言語活動を任意にストップさせることができないという点にある。人間社会が存在するかぎり、パロールは行われ、ラングは変化する。ゆえに言語を考察する際には、任意の時点、地点を選択して、そこに着目するしかないのだ。

初めに断面を捉えてその構造を記述し、次にその構造の変化を見る。言語学はこの二段構えで行われなければならないと考えるのだ。

差異の体系としてのラング

そこでソシュールは、まず共時的な観点からラングについて論じていく。

ソシュールによれば、ラングは自立した一個の「体系」である。ただし、体系といっても、あらかじめ個々の要素が単位として存在しており、その要素を集めることで規定できるようなものではない。なぜなら「言語（ラング）には差異しかない」からだ。要するに、ラングを構成する要素である語の「価値（体系における位置づけ）」は、他の語との関係においてのみ規定されるのだ。

たとえば、「美しい」という語がもつ価値は、その語だけでは決まらない。「美しい」は「可愛い」や「綺麗」「醜い」といった語との対立のなかで定まってくる。辞書で「美しい」という語の定義を調べると必ず他の語によって説明されているはずだ。「美しい」とは「美しい」である、では説明になっていない。

語の意味は、他の語との関係において初めて規定される。ラングが差異の体系であるとはそういうことだ。

シニフィアンとシニフィエ

ラングの体系に着目した後で、ソシュールは次に、その体系の要素である言語記号(シーニュ)に着目する(図4)。

ソシュールによれば、シーニュには二つの側面がある。一つは「シニフィアン」であり、もう一つは「シニフィエ」だ。シニフィアンはフランス語の現在分詞であり「意味するもの」を、シニフィエは過去分詞であり「意味されるもの」を指す。

再度「美しい」という語で説明すれば、「ウツクシイ」という音がシニフィアンであり、その音に対応する意味がシニフィエだ。もっとも、ここで音といっても、実際の音声であるわけではない。実際に発声することなく、私たちは頭のなかで「ウツクシイ」と言うこ

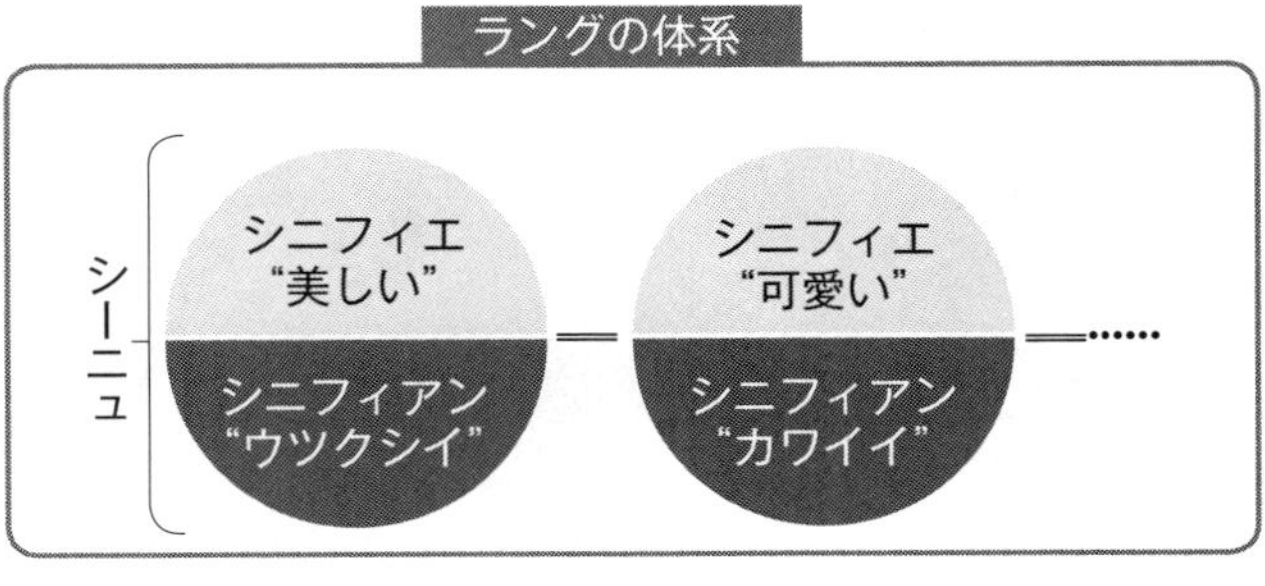

図4　ラングはシーニュからなる差異の体系

とができる。シニフィアンはそうした音のイメージなのだ。

ここで注意しておきたいが、「美しい」というシニフィエがあらかじめ客観的に存在しており、それを表現するのが「ウツクシイ」というシニフィアンである、というわけではない。

記号は純粋な価値であり「心的なもの」である。記号は客観を写し取るものではなく、「言わんとすること」を示す表現だというのだ。

記号の恣意性

さて、そのシーニュだが、「恣意性*」という特徴に注目したい。ソシュールはこれが記号の「第一原理」であるとする。

恣意性の意味は、特定のシニフィアンと特定のシニフィエに内的な関係は存在しないということ、わかりやすく言うと自然世界の因果関係は存在しないということだ。

たとえば、「美しい」というシニフィエは「ウツクシイ」というシニフィアンによってしか表せないわけではない。「beautiful」(英語)というシニフィアンと結びついても、

＊恣意性
「何でも好き勝手に決められる」という意味での恣意ではない。シニフィアンとシニフィエは、自然に定められた関係にあるわけではない。言いかえると、字形や音の印象が、意味を生み出しているわけではないということだ。

「schön」(ドイツ語)というシニフィアンと結びついてもよい。シニフィアンとシニフィエは自然物理的に結合しているのではないからだ。

では、なぜシーニュは恣意的なのだろうか。どのような原理がそこで働いているのだろうか。ソシュールは次のように考える。

「思考は初め混沌(カオス)であり、秩序をもたない。私たちはそうしたカオスに区切り目を入れて、カオスを分節化し、シニフィアンとシニフィエの結合を生み出している」

シニフィエとシニフィアンの結合が恣意的である本質的な理由はここにある。記号は世界の鏡ではない。記号化されるべき客観があらかじめ存在しているわけではなく、記号は私たちの側からなされる分節化により、欲望、関心に応じて〝切り出される〟ものであるとソシュールは考えるのだ。

言語論の認識論的転回

本書におけるソシュールの業績は、認識論におけるニーチェのそれに比するものがある（ソシュールとニーチェはほぼ同一の世代に属する）。ニーチェは『権力への意志』（246ページ）で、世界は力（欲望）によって価値解釈されるのであって、あらかじめ客観が存在しているとする見方は成立しない、と論じていた。

この論は、必ずしも妥当とはいえないところがあるが、言語の秩序については確かにと思えるところがある。なぜならソシュールの言うように、まさしく言語は、私たち人間の関心や欲望を根拠とする、価値の秩序にほかならないからだ。

ソシュールとニーチェの間に何らかの交流があったわけではないが、ソシュールはニーチェと同様、主観の欲望や関心に意味の生成の根拠を置くことで、それまでの言語論を認識論的に推し進めたのだ。

title:37 論理哲学論考

私たちは何を語りうるか？

ルートヴィヒ・ヴィトゲンシュタイン（1889〜1951年）

語りえぬものについては、沈黙せねばならない。
――『論理哲学論考』野矢茂樹・訳、岩波書店

言葉が私の世界である、という言い方がある。人間の世界は概念の世界なので、経験を積み重ねて概念が変われば、世界の見え方が変わってくるというものだ。たとえば、青年にとって「嘘」という言葉は、避けるべき悪を意味する。だが、成長し、大人になると、相手に対する配慮という意味を帯びてくるようになる。言葉の秩序と世界の秩序が問われるようになった実存的な動機には、嘘をつく自由の自覚があるのかもしれない。

その観点からすれば、本書は言語から嘘を徹底的に排除する試みだということがで

きる。

本書におけるヴィトゲンシュタインの基本的な洞察は、言語と世界は厳密に対応しているということだ。それまで哲学は、魂や神といった、ありもしない事柄について〝おしゃべり〟を行ってきたが、それらはすべて哲学から取り去らなければならない。語りえないものについては、沈黙しなければならない……。こうした主張のうちに、読み手は「よく」生きんとするヴィトゲンシュタインの意志を感じ取る。言語を誠実に使用することが、世界に対する誠実な態度であると考えていたように思えてくるのだ。

さて、批評は終わりにして、哲学へと戻ろう。

オーストリア出身の哲学者ヴィトゲンシュタインは、分析哲学*(言語哲学)の第一人者だ。分析哲学の中心テーマは、言語と世界はどのような関係にあるか、という点にある。分析哲学の初期では、言語を正しく(論理的に)用いれば、世界は正しく記述できるという考え方が優勢だった。しかし次第に、そもそも言語は世界を写し取るようなものではなく、使い方で意味を変えるものだという考え方が現れてきた。

本節と次節で扱うヴィトゲンシュタインは、実は、その両方の考え方を一人で示し

*分析哲学
現象学やポストモダン思想に並ぶ、20世紀における哲学の大潮流の一つ。認識や社会ではなく、言語に着目するのが特徴。フレーゲ、ラッセルにより創始。プラグマティズムと並び、英米圏における哲学の主流となっている。

た哲学者だ。イメージとしては、カントとニーチェの業績を一人で成し遂げた、と考えるとわかりやすい。

ヴィトゲンシュタインの思想は、大きく前期と後期に分けられる。本書は前期の代表作であり、後期の代表作は『哲学探究』(325ページ)だ。

言語と世界の対応関係

本書におけるヴィトゲンシュタインの基本の構えは、言語と世界は対応関係にあるはずだ、というものだ。言語は基本要素の「命題*」にまで分解でき、それと同様に世界もまた〝部品〟に分解できる。そのうえで、部品を正しく組み立てていけば、世界のモデルをつくることができる、と考えるのだ。

まず、ヴィトゲンシュタインによると、世界は「事実」の総体であり、事実はいくつかの「事態」からなる。事態がどのように成立するかに応じて、事実が定まり、世界が定まる。

ここでのポイントは、事態は相互に独立しているということ、また事態は「対象」

*命題
判断を言葉で表現したもの。論理学では真偽が判定できるものをいう。重要な課題という意味で「至上命題」などと言われることがあるが、派生的な用法。

が結びついて成立するということだ。対象とは、たとえば「机」「パソコン」のことだが、ここには事物だけでなく、「白い」「冷たい」といった性質も含まれるという見方もある。性質が対象であるというのは初めはしっくり来ないかもしれないが、確かにそう考えるのが整合的ではある。

「論理形式」と「像」

ともあれ、世界が正しく記述できるためには一体どんな条件が必要だろうか。一つは、世界の単位が確定できること。世界の基本パーツが何であるか確定できなければ、それを写し取ることはできないからだ。そしてもう一つは、世界の単位と言語の単位が同型であること。そうした同型性を、ヴィトゲンシュタインは「論理形式」と呼ぶ。

論理形式は、世界において対象同士が結びつく〝幅〟によって規定されている。たとえば「花」は「美しい」とは結びつくことができるが、「円周率」と結びつくことはできない。対象にはそれ固有の形式があり、形式を共有するかぎりで、対象同士は結びつくことができる。この結びつきを言語によって写し取ったものを、ヴィトゲンシュタインは「像」と呼ぶ。像は命題からなる。命題は「事態」を写し取るものであるかぎり、真偽の判定ができる。真であると判定された命題は「意義」をもつという。

これは次のように考えてみるといい。たとえば「花は美しい」という命題は、花が美しいという事態が成立しているとき、意義をもつ。しかし「花は円周率だ」という命題は、花と円周率という対象が結びつかず、事態として成立しないので意義をもたない。

ここで言語と世界の対応関係をまとめておくと、次のようになる。

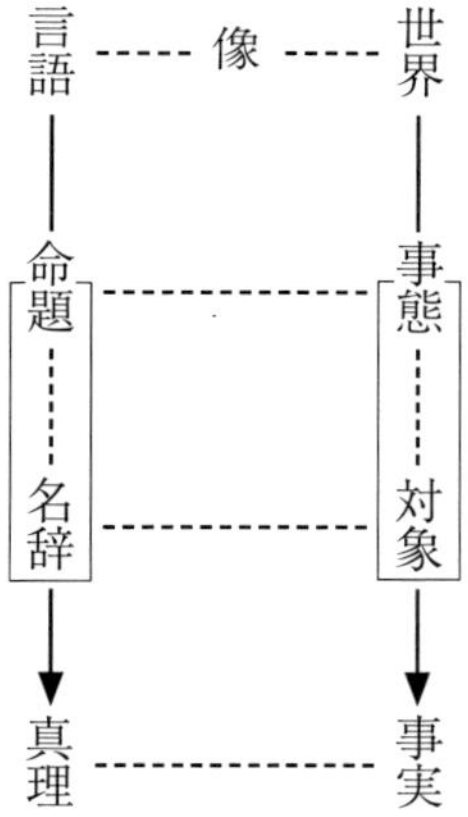

最初にヴィトゲンシュタインは、世界を単位にまで分解する。世界は事実からなる。事実は事態の集まりであり、事態は対象の集まりである。事態と対象は世界の単位である。次に、世界を写し取るための言語のあり方に着目する。対象と論理形式を共有する「名辞」と要素命題が言語の基本単位である。この要素命題を組み合わせることで、複合命題が成立する。このようにして言語は世界のモデルになると考えるのだ。

論理操作によって「語りうる」すべての命題を構成できる

では、要素命題から複合命題はどのようにしてつくられるのかというと、それは論理操作によって行われる。

論理操作とは、「否定」や「かつ」、「ならば」によって、要素命題同士を結びつけることだ。たとえば、「花は美しい」という要素命題と「リンゴは赤い」という要素命題は、「かつ」で結びつけることができる。「花は美しい、かつ、リンゴは赤い」というように。

こうして、要素命題が成立しているかどうかを一個ずつチェックし、要素命題同士を結びつける操作を続ければ、世界を正しく記述することができると考えるのだ。

論理学の命題はつねに「真」

ヴィトゲンシュタインは、命題同士を結びつける論理操作には、論理学の命題が用いられると語る。というのも、論理学の命題は、経験にかかわらずつねに真であるような命題、すなわちトートロジーであるからだ。

――論理学の命題はトートロジーである。　　　　――前掲書――

トートロジーとは、たとえば「夜霧は夜の霧である」というものだ。経験的な真偽について語っておらず、ただ論理の必然性だけを示す命題、これがトートロジーだ。論理学の命題はトートロジーであり、経験に基づいて真偽が確かめられる命題とは区別しなければならない。

それはなぜか。これは次のように考えるとわかりやすい。

世界を正しく記述するためには、世界を事態に分解し、それに対応する要素命題を定める必要がある。そのうえで論理操作をガチャガチャと繰り返し、要素命題同士を結びつけていくことができれば、「語りうるもの」をすべて語りつくすことが可能となる。

言語と世界を正しく対応させるためには、要素命題が事態を正しく写し取るだけでなく、命題同士を正しく結びつける必要がある。そのためには、論理学の命題が操作の反復によって変化せず、いつでもつねに同義（トートロジー）でなければならない。そのことが言語と世界の正確な対応を「保証」していると考えるのだ。*

*私たちは世界の全体を〝知りつくす〟ことはできない。しかし論理学の命題がつねに真であるならば、一個一個の命題の検証が、世界の全体像を描く作業の一部をなすといえる。

独我論的世界

命題同士を結びつける論理操作は無限に可能である。

しかし、ヴィトゲンシュタインは、経験の主体である「私」は、自分の経験の範囲内においてしか、対象を取り出し、名辞を組み合わせ、要素命題をつくりあげることができないという。経験していないものは世界の「対象」とならず、それゆえ名辞へ落とし込むことはできないからだ。

確かに、名辞の組み合わせがとりうるパターンは決まっている。先に見たように、「花」は「白い」とは結びつくが、「円周率」とは結びつかない。だが、そもそも「花」が何であるのか知らなければ、これが何と結びつきうるのかまるで見当がつかないだろう。

したがって「私」の生の内実は、対象とその配置の仕方によって定まってくる。それゆえ、私と異なる経験をもつ他者は、私の世界には存在しない。「私」は自分だけの世界を生きており、そこに他者は存在しない。

ヴィトゲンシュタインのいう世界は、他者の存在しない、ただ私だけが生きている独我論的な世界なのだ。

倫理は言葉にできない

最後に、ヴィトゲンシュタインは「倫理」について論じる。

世界は事実から構成されている。事実は成立している事態からなり、事態は要素命題によって言い表される。

要素命題は名辞からなり、名辞は対象に対応している。対象は「私」によって経験されるのでなければならない。それゆえ、対象の経験が私の世界を限界づけているのだ。では、倫理は言語においてどのように位置づければよいのだろうか。倫理は「このようにある」ではなく「このようにあるべき」という法則に基づくので、検証することはできず、語ることはできない。したがって「生の問題」については、何も答えることができない。

一　語りえぬものについては、沈黙せねばならない。　——前掲書　一

言語は世界を写すモデルである。モデルは事実に基づいてつくられなければならならず、「こうあったらいいな」とか「こうあるべき」に基づいてつくると、世界と厳密に対応しない、ゆがんだモデルになってしまう。正確なモデルをつくろうとするなら「こうあるべき」を混ぜこむことは慎まなければならない。それがこの文の意味だ。

ただ、ヴィトゲンシュタインは、この結論によって、何を言おうとしているのか。それは、これまでの哲学に対する批判だ。

ヴィトゲンシュタインは、世界と言語が一対一で対応していると主張している。先に図示したように、言語は命題へと分解でき、世界は事実へと分解できる。そのうえで、命題の正しさを検証して、命題同士を結びつけていけば、世界は記述できる。これを逆にいうと、検証できない事柄については、言語から取り除かなければならないことになる。

だが、それまで哲学は、直接検証できない形而上学的な事柄について〝おしゃべり〟を続けてきた。世界の根本原理は何か、真理は何か、というように。ヴィトゲンシュタインは、そうした〝おしゃべり〟は止めよ、と説くことで、哲学それ自体に終止符を打とうとしたのだ。

本当に言語と世界は対応している？

ヴィトゲンシュタインは本書によって、自分が哲学の諸問題を解決したと本気で信じ、哲学から離れて、小中学校の先生や庭師、建築家として活動していた。

しかし、本書を著してから約10年後、ヴィトゲンシュタインは哲学活動を再開する。それはヴィトゲンシュタインが、言語と世界の対応関係という考えに対し、疑問を抱くようになったからだ。

原理的にいうと、言語が世界を写し取るという構図は成立しない。なぜなら世界は多義的に解釈されるからだ。たとえば、「この花は白い」は「この花は青くない」を含むし、「机の上に本がある」は「本の下に机がある」を含む。言語と世界が一対一で対応しているとは言えないのだ。

後年、ヴィトゲンシュタインはそうした洞察に至り、本書の議論を根本的に吟味しなおして、言語について改めて考えていく。それが次節で読む『哲学探究』だ。

title:38 哲学探究

ルートヴィヒ・ヴィトゲンシュタイン（1889〜1951年）

言葉の意味は「用法」である

「言語ゲーム」ということばは、ここでは、言語を話すということが、一つの活動ないし生活様式の一部であることをはっきりさせるのでなくてはならない。

——『ヴィトゲンシュタイン全集 8』藤本隆志・訳、大修館書店

言語と世界は論理を介して対応している——。本書でヴィトゲンシュタインは、そうした『論理哲学論考』（以下『論考』）における言語観を根本的に検討しなおし、語の意味は「言語ゲーム」における「用法」であると論じる。

ゲームと言われてもしっくりこないかもしれないが、そのポイントは、言語はルールに基づいて行われる営みだという点にある。言語は世界を正しく写し取るものではなく、言語ゲーム内のプレイヤー間で交わされる営みである。これが本書の基本的なスタンスだ。

言葉には誤解がつきものだ。どれだけ言葉を重ねても、伝わらないとき、あるいは、伝わっているかどうかわからないときもある。一体なぜだろうか。それは、言葉が伝わるということは、了解が成立するにほかならないからだ。

私たちはしばしば、言葉を情報伝達の媒体（メディア）と考えてしまう。データ通信のように、言いたいことを言葉にのせて、表現によって相手に伝える、というふうに。本書でヴィトゲンシュタインが示す言語ゲームの概念は、そうした言語観に対し、大きな転換をせまるものだ。

「ダイイシ！」の一言で理解する

最も単純な言語ゲームとして、ヴィトゲンシュタインは次のような例を示す。

Aは石材によって建築を行う。石材には台石、柱石、石版、梁石がある。BはAに石材を渡さねばならないが、その順番はAがそれらを必要とする順番である。この目的のために、二人は「台石」「柱石」「石版」「梁石」

という語からなる一つの言語を使用する。

Aはこれらの語を叫ぶ。Bは、それらの叫びに応じて、もっていくよう教えられたとおりの石材を、もっていく。これを完全に原初的な言語と考えよ。

家を組み立てている大工のやりとりを考える。親方が「ダイイシ！」と叫ぶと、助手が台石を持っていく。親方は別に、「助手よ、私に台石を持ってきてくれ」と言っているわけではない。にもかかわらず助手は、親方の言葉を理解し、それに応じて台石を持っていく。親方の「ダイイシ！」に対して、「はい、これは台石です」と応答したところで、その語を理解したことにはならない。

ヴィトゲンシュタインは、語は、その使い方を理解したときに初めて理解したといえる、と考えるのだ。

私たちは、台石を指さして、「これが台石である」と言うとき、それが台石であることを理解する。そのように対象を直接に示して定義することを、ヴィトゲンシュタインは「直示的定義」と呼ぶ。

一見、直示的定義には何の不思議もないように見える。だが、よく考えてみると実はそう単純ではない。直示的定義は前提がなければ成立しない。* なぜなら直示的定義は、さまざまに解釈されうるからだ。「ものの名を問うことができるためには、ひとはすでに何かを知っている（あるいは、することができる）のでなくてはならない」とヴィトゲンシュタインは言う。

では、その前提とは何か。直示的定義は、状況や関係性に応じた解釈を必然的にともなう。したがって、アプリオリに（経験に先立って）行うことはできない。言いかえると、経験の構造に共通性があれば、そのかぎりにおいて直示的定義は成り立つのだ。

> 言語において人間は一致するのだ。それは意見の一致ではなく、生活様式の一致なのである。　　――前掲書

生活様式を共有しているかぎりにおいて、言語ゲームのうちで直示的定義は可能と

＊「これはペンです」と言われても、そもそもペンが何であるかを知らなければ、その意味を理解することはできない。では一体、どこからそれがペンであることを知ったのか。言語ゲームの営みからである、とヴィトゲンシュタインは考えるのだ。

なる。経験の類似性が言語ゲームにおける一致の根拠であると考えるのだ。

「範型」は言語ゲームの道具

対象は経験に先立ち、単純なものとしてあらかじめ存在している。これが『論考』の前提だった。これに対し、本書でヴィトゲンシュタインは、世界に根本要素は存在せず、それに対応する言語の根本単位もまた存在しないという立場から、言語の要素は観点に相関した「範型*」（パラダイム）であり、叙述のためにつくり出され、用いられる道具であると考える。

> まさにこのことは、第四八節の言語ゲームにおける一要素について、われわれがそれを名指しながら「R」という語を発音する場合に、あてはまる。われわれは、そうすることによって、このものに自分たちの言語ゲームの中で一つの役割を与えたのである。それは、いまや、叙述の手段なのである。
>
> ――前掲書

＊範型
辞書的には「実例」や「模範」のこと。言葉はあらかじめ決まった意味をもっているのではなく、経験の共通部分を切り出してつくられる「道具」だということ。

命名することは、対象を記述することではない。それは記述のための手段、〝道具〟をつくり出すことにほかならないということだ。

言語ゲームの類似性

範型は言語ゲームの道具であり、言語ゲームは生活様式の一部である。生活様式は厳密な一致がありえず、ただ類似性をもつだけであり、それゆえ言語ゲームもまた類似性をもつだけである。もし対象を世界の絶対的な単位として規定することができれば、どこまでが「語りうるもの」であり、どこからが語りえないものであるかを、厳密に規定することができる(『論考』の目的は、まさしくこの点にあった)。だが、範型は状況と経験のうちで規定されるので、厳密な同一性は成立しない。それゆえ緩やかにしか、言語ゲームの境界は定めることができない。

ヴィトゲンシュタインは、「われわれが境界を知らないのは、境界線など引かれていないからだ」と言う。つまり、境界線は経験に先立ってあらかじめ引かれているわけではなく、言語ゲームの状況とその目的に相関する形でしか引くことができないということだ。ヴィトゲンシュタインによると、「正確である」ということも、この文脈において意味をもつ。何が言語において正確であるかどうかは、それ自体では定まっていない。それは範型を設定する目的、言語ゲームにおける関心に応じて規定されてくるのだ。

「不正確」ということは、もともと非難さるべきこと、「正確」ということは称讃さるべきことである。そして、このことは、不正確なものはもっと正確なものほど完全にその目的を達成しない、ということである。だから、そこではわれわれが何を「目的」と呼ぶかが問題になる。わたくしが太陽までの距離を一メートルまで正確に述べなかったり、家具師に机の幅を○・○○一ミリまで正確に言ってやらなかったりすると、不正確ということになるのか。

――前掲書

たとえば学校の授業という言語ゲームにおいては、太陽までの距離が一メートル合っていなかったところで、大した問題とはならないだろう。だが宇宙船の打ち上げミッションという言語ゲームにおいては、致命的な問題になるはずだ。

言語ゲームは生活様式の一つであり、その境界線は、生活のなかでの経験と目的に相関する形で初めて引くことができる。この観点から見ると、言語ゲームの規則もまた、あらかじめ規定されているわけではなく、ただ経験に応じて定まるだけということになる。ヴィトゲンシュタインはこのことを「慣習*」という概念で表現する。

> ある規則に従い、ある報告をなし、ある命令を与え、チェスを一勝負するのは、慣習(慣用、制度)なのである。
>
> ――前掲書

慣習といっても、これは「しょせん一切は慣習にすぎない」ということではない。ここで言われているのは、言語ゲームのあり方は私たちの生活のあり方に依拠しており、規則もまた同様であるということだ。生活形式の共通性が、言語ゲームの規則の根拠であると考えるのだ。

＊慣習
相対主義の立場に立つポストモダン思想は、ヴィトゲンシュタインの言語ゲーム論を、意味は言語ゲームで「たまたま」成立している慣習にすぎないとする考え方として受け取った。意味＝真理の絶対的な根拠は存在しないとする相対主義にとって、言語ゲームはきわめて手頃な考え方なのだ。

他人の「痛み」

『論考』の構図で考えると、他人の感覚、たとえば痛みを理解することはできない。なぜなら、他人の痛みを、「私」が直接経験することはできないからだ。

『論考』では、世界と言語は一対一で対応するとされていた。言語の基本単位である「要素命題」をつくる「名辞」は、世界の基本単位である「事態」をつくる「対象」と対応する。ただ、ヴィトゲンシュタインは、その「対象」を「私」が直接に経験できるものに限定していた。

たとえば、「このパソコンは黒い」という要素命題には、「パソコン」「黒い」という名辞が含まれている。しかし〝パソコン〟や〝黒い〟といった「対象」が、それらの名辞と対応するのは、「私」がそれらを見て、対応関係を確かめることができるからだ。だが、他人の痛みは、「私」の世界には存在しない。そもそも『論考』でいう世界は、他人の存在しない独我論的な世界なのだ。

言語が世界を写し取るものであるという前提からすれば、そうした見方も成立する。

だがそれは、私たちが言葉を使うことのリアリティからあまりにかけ離れているといわなければならない。

確かに私たちは、相手の痛みを正しく理解することはできない。ベルクソンが『時間と自由』(268ページ)で論じていたように、感覚はそもそも単位に落とし込むことができないからだ。痛さに単位「痛」があって、一般男性のパンチは50痛、プロボクサーのパンチは1000痛、となっているわけではない。

しかし、私たちは、相手が「痛っ！」と言って苦しそうな顔をしていたら、暗黙のうちに「この人は痛がっているな」と思っている。そのとき、私たちは他人の痛みを直接経験できないとしても、相手の痛みが分かっているのだ。

ヴィトゲンシュタインは、このことを、振る舞いの一致という図式で考える。

人間のようにふるまうものについてのみ、ひとは、それが痛みを感じている、と言うことができる。

――前掲書

私たちは誰かがうめいているのを見ると、その人が痛がっていることを自然に了解する。それは相手が、自分が痛みを感じるときと同じような仕方で振る舞っているからである。誰だって痛いときは苦しい顔や身振りをする。ヴィトゲンシュタインは、人間としての共通性が、他人の痛みについての理解を支えていると考えるのだ。

生の一部としての言語ゲーム

『論考』では、「語りうるもの」は直接に検証することができるものにかぎられていた。対象と名辞が「論理形式」を共有し、事実と命題の一致が確認できる場合にのみ、言語は正しく世界を写し取っている(写像している)といえる。本書でヴィトゲンシュタインは、そうした写像図式のかわりに、「振る舞い」の一致図式を提示する。

経験は厳密に一致することはない。それぞれの言語ゲームに応じて、経験は異なったものとなる。それゆえ言語ゲームが厳密に一致することはない。

しかし、生活形式を共有しており、振る舞いの一致が見られるなら、理解が成立していると言えるはずである。そうヴィトゲンシュタインは考えるのだ。

しかし、言語ゲームの概念は、ある意味で諸刃の剣だ。

言語が世界を写し取るという考えを突き崩したという点では、ニーチェの認識論と並ぶ意味をもつ。だが、ニーチェの「遠近法」が相対主義的に受け取られるのと同様、言語ゲームもまた、相対主義的に受け取られることがある。こんな感じだ。

「言語に真理はない。あるのは言語ゲームにおける〝たまたま〟の一致にすぎない」

言語が真理を反映しないという洞察は一つの進展だ。しかし、偶然の一致しか存在しないという見方は必ずしも正当ではない。というのも、数学や自然科学のように、広い共通了解が成立する場合もあるからだ。したがってここで必要なのは、プラトンが『パイドロス』(39ページ)で示したように、共通了解が成立しやすいものと成立しにくいものをきちんと区別することだ。そうしないかぎり、たまたまの一致という考え方を克服することはできない。

偶然の一致しか存在しないという主張は、普遍性を目がける哲学の営みを相対化してしまう。私たちにいま求められているのは、そうした相対化の考えにあらがい、どのような条件が共通了解を可能とするのかについて明らかにすることなのだ。

title: 39

存在と時間

実存哲学の最高峰

マルティン・ハイデガー（1889〜1976年）

存在の意味への問いを表立って見通しのきくように設定するためには、或る存在者（現存在）をその存在に関して先行的に適切に究明しておく必要があるのである。

――『存在と時間Ⅰ』原佑、渡邊二郎・訳、中央公論新社

「ある」とはどういうことだろうか。存在とは何だろうか。

この問題は、哲学の歴史を通して問われてきた問題だ。本書においてハイデガーは、フッサールにより創始された現象学の方法によって、この問いに対し、答えを与えようとする。ただ、存在について問うといっても、いったいどのように問えばいいのか。

これについてハイデガーは、存在の「意味」を問うことによって、存在を明らかにしようとする。その際の手がかりとして、存在が何であるかについて私たちがもっている「了解」に着目する。

私たちは存在している以上、自分の存在について何らかの了解をもっているはずである。こうした存在了解を研ぎ澄まして、そこから概念を取り出す必要がある。そのためにはまず、存在を問うことのできる唯一の存在者、すなわち人間（現存在＊）の存在について明らかにすることで、存在の問題を正しく仕上げる必要がある。

こうした考えに基づき、本書でハイデガーは現象学を用いて、私たち人間の存在について迫っていくのだ。

本書は未完であり、存在の意味を取り出すところまでは行き着いていない。しかし、だからといって本書が失敗作というわけではない。というよりも、本書で展開されている実存論は哲学の歴史における一つの金字塔と呼ぶべきものだ。近代社会の原理論がルソーとヘーゲルで頂点に達したように、本書におけるハイデガーの哲学は、実存論としては不朽の業績である。

私たちにとっての世界　気遣い相関性

まず、ハイデガーはフッサールが日常的な世界のあり方に着目したのと同じように、

＊現存在
ハイデガーでは、自分の存在をつねに了解しつつある人間存在のあり方を指す。人間はただ単に存在しているだけのもの（存在者）と異なり、そのつどの欲望や関心に規定され、さまざまな事物や他者と関係を取りながら、「いま・ここ」という〝現場〟を生きている存在である、という意味。

日常世界における私たちの生のあり方に着目する。ここでいう世界とは、身のまわりの世界*のことだ。

ハイデガーは、私たちは世界のうちにある「存在者」(存在するもの)と「交渉」しつつ存在していると語る。「交渉」と言われるとニュアンスがつかみづらいかもしれないが、要は書いたり使ったりするという実践のことだ。

そうした実践を支えている根拠を、ハイデガーは「気遣い」と呼ぶ。普通は気遣いというと他者に配慮することを指すが、ハイデガーのいう気遣いは、関心や欲望と同一のものと見ればいい。

ハイデガーは、この気遣いに応じて現れてくる存在者を「道具」と呼ぶ。

道具というと、ペンとかトンカチといったツールをイメージするかもしれない。だがここで大事なのは、「道具」の意味は、そのつどの私の気遣い(関心、欲望)に応じて現れてくるということだ。

たとえば、ここにコップがあるとする。「水が飲みたい」という気遣いにとって、コップは飲むための道具となる。だがコップの使い方は、あらかじめ定められているわけ

＊世界
私たちにとって、世界とは、客観的な事物の集合体である以前に、そのつどの関心や欲望(気遣い)に応じて「道具」が意味を現してくる実践的な〝現場〟である。こうした考え方を示した哲学者は、哲学の歴史上、ハイデガーが初めて。

ではない。花を飾りたいと思えば、花瓶代わりに使うこともできる。コップが何であるかは、そのつどの気遣いに相関して定まってくる。ハイデガーはこのように、世界を気遣いによって支えられる「交渉」の場所として規定するのだ。

私たちは普段、身のまわりの世界を、物理的なモノからなる世界だと考えている。これに対してハイデガーは、世界は気遣いを中心として編み上げられている価値の秩序であると考えたのだ。

世界は最初から客観的な意味をもつものとして存在しているわけではない。私たち人間にとっての世界とは、第一に、私の関心や欲望に相関して意味を現すような「道具」を通じて、自分の生き方を選択する可能性の場所である。これは認識論としても、また実存論としても、きわめて画期的な洞察だといっていい。

死の本質観取

もう一つ、ハイデガーの洞察について見ていこう。それは「死」の本質観取だ。

本質観取とは、フッサールにより提唱された方法で、事柄の「意味」を意識経験から見て取ることを指す。

私たちにとって死とは何だろうか。この問題について学問的に考えるとき、私たちはしばしば、それを生物学的、医学的な観点から分析する。生命活動の崩壊、身体機能の停止、というように。だがハイデガーは、そうした観点とはまったく異なるアプローチで死を論じる。すなわち、私たちの生において「死」は何を意味するのか、どのような価値をもつのか、と。その問いに対してハイデガーは次のように論じる。

死の完全な実存論的・存在論的概念は、いまや次のような規定において限界づけられるわけである。すなわち、現存在の終わりとしての死は、現存在の最も固有な、没交渉的な、確実な、しかもそのようなものとして無規定的な、追い越しえない可能性である、と。死は現存在の終わりとしておのれの終わりへとかかわるこの存在者の存在の内で存在している。

——前掲書

これだと圧縮されすぎていて、中身がよくわからないかもしれない。そこで分解してみると、およそ次のようになる。

① 現存在の「終わり」
② 追い越しえない可能性
③ 最も固有な可能性
④ 没交渉的
⑤ 無規定的だが、確実

①――私たちは「終わり」としての死を経験し、了解することはできない。死ぬことはできても、死んでしまった以上、それを了解することはできない。
②――死は一つの観念であって、そのようなものとしてしか私たちは死を経験することができない。死は観念であり、人間にとって最後の可能性である。
③――死は私にとって最も固有な可能性である。確かに、死を看取ったり、葬式に

参列したりすることによって、他者の死を経験することはできる。だがそれをいくら分析しても、〝私にとっての死〞が何を意味するかはわからない。それはあくまで他者の死だからだ。

④――死が問題となるとき、現存在は「没交渉的」となる。日常的な気遣いに応じて現れる道具存在との「交渉」は重要性を失い、死が切迫した可能性として到来してくる。

⑤――しかし、普段私たちは、自分がいつか必ず死ぬということをひた隠し、目を背けている。確かに私たちは「人はいずれ死ぬものだ」と言うが、それによって実は「人は死ぬが、死ぬのは私ではない」と自分自身に言い聞かせているのだ。

以上、ハイデガーの洞察はなかなか優れているといえないだろうか。

死への「先駆」

ハイデガーがどうして「死」の意味について本質観取をするかというと、私たちは自分の死の可能性をきちんと自覚することで、本来的な生き方を選択できるようになる、と考えるからだ。

死の観念は私たちを不安にする。日常の生活において、死を不安に感じない人はほとんどいないだろう。しかし、ここで「どうせいつかは死ぬんだ」「どうせ死ぬんだから人生に意味などないんだ」と思い悩んでいても何も始まらない。大事なのは死に対して自由に直面することであり、それに振り回されることではない。

こうした洞察に基づき、ハイデガーは死の不安を正面から見つめることで、人は自分固有の生き方の可能性を目がけることができるようになると語る。もっとも、ここでいう可能性は、ハイデガーでは最終的に、民族の歴史のうちで伝えられている「善」を目がけることに結びつく。

確かにそれ自体は何の説得力ももたない言い方だが、人生の有限性を自覚したとき、「世の中に流されず、自分の目標をもってきちんと生きなければ」という感情がわきあがってくる場合があるという点については、一定程度は納得できるのではないだろうか。

人間についての深い洞察

私たち人間は、ただ単に存在しているのではなく、自分の欲望や関心に応じて現れてくる可能性を選びながら生きている。その可能性は、まさしくキルケゴールが〝騙り取り〟という言葉で呼んだように、社会の一般的な期待として与えられる場合もあれば、自分自身の意志と価値基準によって開かれてくることもある。この洞察に基づいて、ハイデガーは本書で、私たちにとっての世界のあり方を「気遣い」というキーワードで描き出したほか、私たちの生にとって「死」の観念がもつ意味について論じている。

本節では触れることができなかったが、ハイデガーは私たちにとって「時間」はどのように現れてくるかという点についても考察を行っている。

ポイントだけまとめるとこうだ。

普段私たちは、時間を、過去・現在・未来という不可逆的な流れとして捉えている。未来は現在となり、現在は過去となる。未来はいまだ存在せず、過去はもはや存在しない。未来はいつかやって来て、過去へと流れ去っていく、というように。ハイデガーは、こうした時間の観念は派生的なものにすぎないと考えるのだ。

時間は単なる流れではない。それは私たちが、自分自身の生にどう態度をとるかに応じて、異なる仕方で「現」(いま・ここ)から生まれてくるものである。

このハイデガーの時間論は、いくつかの問題点を含んではいるが、とても深い洞察であり、私たちの常識的な見方を根本的に編み変えるような力強さがある。興味のある方は、ぜひ直接本文に当たってみてほしい。とても難解だが、チャレンジする価値は十分にある。

title:40 形而上学入門

後期ハイデガーの入門書

マルティン・ハイデガー（1889〜1976年）

なぜ一体、存在者があるのか、そして、むしろ無があるのではないのか？

――『形而上学入門』川原栄峰・訳、平凡社

ハイデガーの思想は、第一の主著『存在と時間』（337ページ）に代表される前期と、第二の主著『哲学への寄与』*に代表される後期に大きく区別される。

後期ハイデガーの思想の特徴は、人間存在を通じて存在を問う前期の態度を改めて、古代ギリシアから現代に至るまで、哲学者のテクストにおいて、「存在」という概念がどのように扱われ、論じられてきたかという点に着目することにある。きわめて大量の難解なテキストを残したため、「わからないからこそすばらしい」と信奉する人も少なくない。

＊『哲学への寄与』ハイデガーの第二の主著とも言われる。1936〜1938年に書かれた草稿をまとめたもの。ハイデガーの生誕百年にあわせ公刊。「自分の講義が全部刊行されてから発表するように」との謎めいた指示があったため、

本書は、ハイデガーが1935年にフライブルク大学で行った「形而上学入門」という講義で使ったテキストをまとめたものだ。講義は『哲学への寄与』の執筆が開始される前年に行われたものであり、本書にはハイデガーの後期思想をつかむためのヒントが含まれている。

ハイデガー研究者からは奥義書並みの扱いを受けている。

存在の問い

たとえば私たちは、机がある、コップがある、テーブルがある、というように、存在するもの（存在者）については、何の問題もなく語ることができるし、また実際語っている。だが、一体なぜ、机は、コップは、テーブルはあるのだろうか。そもそも「ある」とは何だろうか。

「なぜ一体、存在者があるのか、そして、むしろ無があるのではないのか？」
——これは明らかにすべての問いの中で第一の問いである。　——前掲書こうした問い、存在するものについてではなく、まさしく存在者の存在、根拠についての問いこそ、ハイデガーによると最も根源的な問いである。

ギリシア語、ギリシア哲学から考える

ハイデガーは、存在に迫るためには、言葉に着目する必要があると語る。

ハイデガーによれば、現代は「存在忘却」の時代である。存在するものばかりが着目され、それを支えている「存在」が忘れられてしまっている。その結果、存在と言葉の関係性が見失われ、「存在」という語がわかりにくくなってしまった。こうした洞察に基づき、ハイデガーは「ある」という語に着目し、それが古代ギリシア時代からどのような変遷を経てきたのかについて見ていく。

本書のキーワードは次の二つだ。

- ピュシス（physis）
- アレーテイア（alētheia）

ともにギリシア語で、ピュシスは「発生」あるいは「発現」、アレーテイアは「非隠蔽性」と一般に訳される。ハイデガーは、この二つの概念が古代ギリシア哲学を通じてどのように論じられてきたかをたどることによって、存在とは何であるかを浮き彫りにしようと試みる。

ハイデガーによれば、古代ギリシアにおいて、存在は「ピュシス」であった。「ピュシスは後世において『自然』と訳されたが、それは退けなければならない。というのも、ピュシスの内実は、自己を立て起こすということにあるからだ。この支配のうちで、存在者が『現成』してくる。これが隠蔽性から抜け出るということであり、すなわちアレーテイアのことだ」

おそらくこういわれても、何がなんだかわからないのではないだろうか。なのでポイントだけ言おう。

存在は隠蔽された状態から明るみへと立ち現れてくることである。以上。

これが本書のポイントだ。「堅固」さとか「滞留」という表現が以下で出てくるが、どれも同じことなので、戸惑うことはない。

存在を限定する四つの条件

ともあれ、ハイデガーは次に、存在を限定する条件を四つ挙げ、それらについて論じていく。具体的には、生成、仮象、思考、当為(かくあるべき)だ。

それがどうしたと思うかもしれないが、ここでハイデガーが言いたいのは、要するに、存在とはそれら四つのいずれからも区別(限定)され、それらに取り囲まれて浮き彫りにされるということだ。なので、その四つの条件は、さほど重要というわけではなく、むしろハイデガーの〝もったいぶり〟と捉えておけばよいが、念のため、確認しておこう。

(一)存在と生成

存在と生成の区別は、ある意味自明のものだ。「ある」と「なる」の区別、と言いかえるとさらにわかりやすいだろう。

ハイデガーは、存在するとは生成を止めることを意味し、存在とは「存続的なものの独自の堅固さ」であるとする。流動するのをやめ、固定した状態が存在であるというのだ。

(二)存在と仮象

次に、第二の区別について見てみよう。ここでは、存在と仮象の違いが問題とされる。仮象とは、蜃気楼など、見かけ上は存在していても、客観的には実在しないもののことだが、ハイデガーはこれもまた古代ギリシア風に考える必要があるとする。

古代ギリシアにおいても、仮象は自己を示す、すなわち現象するという意味で共通する。その意味で仮象は存在である。だが、プラトンやソフィストは仮象を単なる仮象としてしか見なしていなかった、とハイデガーは独自の論を展開する。

プラトンの『国家』(51ページ)に洞窟の比喩がある。生まれてからずっと洞窟に映る影しか見ていなかった人間は、影のほうを真実と思い込むが、ひとたび洞窟の外に出ると、太陽を真実であると思うだろう――。ハイデガーは、こうした物語においてプラトンは存在から仮象を区別してしまったと考えるのだ。

(三)存在と思考

以上の二つの区別を可能とするという点で、存在と思考の区別はその二つに優越する。ハイデガーは、この差別が西洋における最も根本の立場であるとしたが、存在と思考の関係を見るうえで、思考の学問である「論理学」に頼ることはできないと語る。なぜなら、論理学によって、存在の本質であるピュシスとアレーテイアが失われてしまったからだ。

(四)存在と当為

最後に、第四の区別、存在と当為(かくあるべき)について見てみよう。

ハイデガーは次のように言う。当為は「かくあるべき」であって、存在する(かくある)「事実」ではない。そこで、当為は価値として現れるとされたが、「価値は存在する」とも言われるようになり、混乱は頂点に達した。「かくある」と「あるべき」が混同されるようになったというのだ。

ハイデガーは、以上の四つの区別は、存在の真理を明らかにするためには不十分であると語る。

これは要するに、西洋はその歴史において、存在なるものを誤解し、忘却してきたというハイデガーの怒りのメッセージにほかならない。ハイデガーは、プラトンからニーチェに至る西洋哲学そのものが、存在忘却（存在の真理の忘却）のプロセスであると主張しているのだ。

ただ、ここで断っておくと、哲学の歴史が存在忘却の歴史であるとするのは、ハイデガーの独断だ。ハイデガーの先にも後にも、そうしたことを論じているような哲学者はいない。検証することもできない。ほとんど神秘思想と化してしまった後期ハイデガーの固定ファン以外には、ほとんどスルーされているのが現状だ。

後期ハイデガーは、イメージとしては、中世スコラ哲学に近いところがある。スコラ哲学を代表するアクィナスも『神学大全』（89ページ）など、山ほどの著作を残したが、中世哲学、キリスト教哲学の研究者以外には、ほとんど読まれていない。ハイデガーは20世紀の哲学者なので、まだ研究もさかんに行われているが、どれだけの著作が数百年後でも読まれているかということになると、なかなか判断しがたい。

現存在は存在者が立ち現れる「開け」

本書の議論に戻ろう。

以上の四つの区別を踏まえ、ハイデガーは存在が「滞留」であるとする。ではどこに滞留するというのか。それは現存在としての人間存在においてだ。

ハイデガーは『存在と時間』において、人間を現存在と呼んでいた。だが後期ハイデガーでは、現存在の意味が大きく異なってくる。

『存在と時間』では、現存在とは「気遣い」に応じて事物との「交渉」が生じる場としての〝いま・ここ〟を生きる存在としての人間のことを指していた。一方、本書ではそうした実存論的な観点の代わりに、現存在は存在者が立ち現れる「開け」であるとされる。

人間はみずからにおいて開けている所《ダー》である。この中へ存在者が入ってきて作品へと達する。だからわれわれは言う。人間の存在は、語の厳密な意味において「現《ダー》―存在《ザイン》」であると。――前掲書

どこまで確かなのか？

もちろん本書は、後期ハイデガーの思想の一端にすぎない。ハイデガーは『存在と時間』を著して以降、死ぬまでずっと存在の問題を論じていた。したがって、テキストの量が膨大なこともあり、なかなか全体像がつかみにくい。難解だからこそ大きな真理があるはずだと思われることも少なくない。実際、成果がないと割に合わないほどの難解さなのだ。

ただ、掘れば掘るだけ成果が出るというのは、あまりに都合がよすぎる話だ。ギリシア語の語源をたどる方法は一見なるほどと思えるが、果たしてそれがどこまで正当

と言えるだろうか。

そもそも、なぜギリシア語が「存在」について考えるにあたって必要なのだろうか。百歩譲って、それがヨーロッパにとっての「存在」を明らかにするとしても、アジアや南米にとっての「存在」はどう考えればいいのか。それもまたヨーロッパの「存在」を起源としているというのか。それはあまりにヨーロッパを中心とした考え方ではないだろうか。

後期ハイデガーのテクストは、方法論の妥当性を吟味したうえで読み進めるのが賢明だ。その場合、いつもにもましてハイデガーの文章に惑わされない、強い自律の心が必要だ。

第五部

現　代〈Ⅱ〉

● メルロ=ポンティ〜デリダ

title: 41

行動の構造

行動の〝意味〟は何か？

モーリス・メルロ=ポンティ（1908～1961年）

行動そのものが〈意味〉なので〈ある〉。

――『行動の構造』滝浦静雄、木田元・訳、みすず書房

メルロ=ポンティの功績を一言で表すと、フッサールにより創始された現象学の観点から、私たちの「身体」についての本質論を展開したことにある。

内省するとわかるように、私たちの身体は独自の性質をもっている。それは意識のように私たちにとってありありと現れているわけではないが、事物のように自分から離れた対象であるわけでもない。

近代において、人間が神の被造物であるという信念が崩れはじめるとともに、意識と身体の関係を問う「心身問題」が生まれてきた。デカルトの心身二元論、スピノザ

の平行論、ライプニッツの予定調和説などは、この問題に答えを与えようとする試みだった。メルロ＝ポンティもまた、この問題に取り組む。

意識と身体は一体なのか、分離しているのか、相互に無関係なのか、相互に影響を与えあっているのか。本書でメルロ＝ポンティは、行動一般のもつ構造を分析し、私たち人間の行動がどのような原理によって支えられているかを示すことで、これらの問題に取り組んでいく。

本書におけるメルロ＝ポンティの決定的な洞察は、人間の行動を単なる身体動作のレベルに落とし込むことはできないということだ。メルロ＝ポンティによると、人間の行動の本質構造は、「いまある」を超えて「ありうる」を目がけることである。その意味で、人間の行動について考えることは、なぜ私たちは理想を目がけて努力したりあきらめてしまったりするのか、という問題にまで通じることになる。

以下、私たち自身の経験を振り返りつつ、メルロ＝ポンティの示す原理がどれだけ妥当かどうか、確認していくことにしよう。

反射学説批判

メルロ=ポンティは、古典的な行動論は「反射学説」として展開したと指摘する。反射学説とは、刺激と知覚の間に因果的な関係が認められるとする考え方のことだ。刺激が原因として作用し、その結果、反応が生じて、知覚が生じる。同様に、行動も諸部分の因果の連鎖によって構成される。行動に何らかの意図があるように見えるとしても、それはあらかじめ神経系の活動によって調整されているからにすぎない。こうして一切の行動は、因果連関として捉えることができる。これが反射学説の要点だ。

メルロ=ポンティは、こうした見方に異を唱える。

「反射の過程を要素に分解することはできない。実際、刺激と反応のどちらが最初かは言うことはできない。なぜなら、行動が環境の結果であるとも、環境が行動の結果であるとも言えてしまうからだ」

では、どのように考えればいいのか。

「行動は、身体のまわりの空間のなかで『運動志向』をもって生じる。それゆえ、行動を刺激と反応の因果系列に落とし込むことはできない。反射を行動の基本要素とみなす反射学説は錯覚に基づいている」

以上の考察を踏まえて、メルロ＝ポンティは次に、行動の構造を以下の三つに区別して論じていく。

- 癒合《ゆごう》的形態
- 可換《かかん》的形態
- 象徴的形態

以下、それぞれについて確認しよう。

癒合的形態──行動の構造①

第一の癒合的形態では、行動は自然の生存状況、生存条件のなかで限定されており、そこから抜け出ることはできないとする考えだ。

メルロ=ポンティは、アリを使った実験に着目して論じていく。

もし因果関係で行動が左右されるのであれば、どのような状況であろうと、アリは同じ行動をするはずである。だが、棒の上に置かれたアリは、白紙の大きさ、地面への距離、棒の傾きがそれぞれ一定の値をもつときしか、白紙の上に降りることはなかったという。

確かに、自分の巣へと帰る途中のアリが、水たまりに突撃することを見た覚えはない。水たまりの周辺を沿うなど、何らかのルートで巣への新しい道を探している。

アリのような低級な動物であっても、行動は因果連関ではなく、生存の状況と不可分に結びついている。そうした行動の構造を癒合的形態と呼ぶ。

可換的形態――行動の構造②

可換的形態は、構造化された知覚に基づく行動のあり方を指している。

ここでメルロ=ポンティは、ニワトリを使った実験を取り上げる。

ニワトリに薄い灰色（グレー1）の標識がある穀物を選び、少し濃いめの灰色（グレー

2）の標識のほうは放っておくようにしつける。これを数百回訓練したあと、グレー2の標識を、グレー1よりも薄い灰色（グレー0）の標識と交換する。

もしニワトリが色それ自体に反応するのであれば、しつけられたとおりグレー1の標識のほうに反応するだろう。だが実際には、最も薄いグレー0の標識を選ぶ傾向にあった。

それはどうしてだろうか。ニワトリの色の知覚は、濃淡を理解する構造をもっており、しつけられたニワトリは「意味」として知覚された色に基づいて行動したからである。ニワトリといっても、あらかじめ定められた因果関係で行動しているわけではない。「種のアプリオリ*」に限定されてはいるが、そこにはつねに、新しい構造をつくり出すという可能性があるのだ。

＊種のアプリオリ　アプリオリは「先天的」の意。先天的に構造が規定されているので、動物はそれを編み変えることができないという意味。

象徴的形態――行動の構造③

象徴的形態は、私たち人間にとって固有の行動の構造だ。メルロ＝ポンティが取り上げている例は、タイプライターによるタイピング、そしてピアノ演奏だ。

日常的にパソコンを使っていればわかるように、キーボードで文字を入力する際、私たちはつねに、キーの配置の記憶を思い出しつつ、タイピングを行っているというわけではない。最初は手元を確認しながらしかタイピングすることができないが、何度も使っているうちに次第にキーの配置を覚え、手元を見ることなく、指先の感覚だけを頼りにブラインドタッチができるようになる。それは、タイピングが一連の動作として構造化されているからだ。

動物は自己を対象化できず、あらかじめ与えられた条件から抜け出ることができない。だが、私たち人間は、自分の行動を振り返り、それに対して態度を変えることができる。最初はピアノがうまく弾けなくても、練習して上手くなることができる。タイピングも同様だ。仕事でパソコンを使わなければならない状況に追い込まれれば、多少面倒でも、キーボードで文字を打つ練習をする。

もちろん、すぐに上達する人もいれば、なかなか上達しない人もいる。しかし重要なのは、私たちは自分の行動を意識化し、練習によって上達できるということだ。行動を一つの「意味」として把握し、それを編み変えようとすること――ここに人間にとっての行動の構造の本質があると考えるのだ。

人間にとって行動することは実存することである

人間の行動は「いまある」世界の秩序のなかで限定されているわけではない。もし限定されていたとしたら、コンクールのためにピアノを練習したり、試合に向けて特訓したりすることはないだろう。何かに向けて練習し、上達しようとするのは人間だけだ。

人間にとって、行動するとは実存すること、すなわち「いまある」を踏まえて「ありうる」へ目がけてなされる「企投」である。これが本書におけるメルロ=ポンティの主張の最も大きな力点だ。

人間の行動を考えるということ

確かに、本書の議論をそっくりそのまま受け取ることはできない。反射のメカニズムについても、現代の心理学では、本書で語られていることよりもはるかに多くのことが明らかになっているはずだ。

だからといって、メルロ＝ポンティの洞察が色あせているわけではない。

人間の行動を考えるというと、私たちはしばしば、脳神経系がいかに腕の筋肉を動かすか、というような観点で考えてしまう。しかし人間の行動を単なる身体動作に落とし込むことはできない。行動は、刺激と反射の連関に落とし込めるほど単純なものではないのだ。

行動は状況のなかに構造化されている。動物はその構造を客観的に捉えて変化させることができないが、私たち人間は、「いまある」行動の構造を、「ありうる」構造を目がけて変化させることができる。それが人間にとっての行動の本質なのだ。

「ありうる」は、希望となり、夢となる。もし「ありうる」が、身体を支える実存一般の本質であるならば、「生を、そして社会を変える原理は、ただ私たちのなかにしか存在しない」という言葉も、あながち大げさに聞こえないのではないだろうか。ぜひ、自分の関心や欲望が「いまある」行動の構造を変化させていった過程を、自分の経験を見つめて、取り出してみてほしい。

title:42

知覚の現象学

身体の〝意味〟を明らかにする

モーリス・メルロ＝ポンティ（1908～1961年）

私とは私の身体である。

――『知覚の現象学』竹内芳郎、小木貞孝・訳、みすず書房

本書の中心のテーマは、知覚とは何であり、身体とは何であるかについて、実存論的に明らかにすることだ。知覚や身体を自然科学的に分析するのではなく、それらがもつ意味と構造を示すことが本書の主な目的だ。

自然科学的な見解は、いわば事後的な説明であり、私たちが知覚をどのように〝生きている〟かについては示さない。だが、私たちが知覚について第一に知らなければならないのは、まさしく後者のほうだ。そこでメルロ＝ポンティは、フッサールにより創始された現象学の方法を用いて、この点について論じていく。

知覚を「図」と「地」の構造で捉える

まず、メルロ＝ポンティは、古典的な知覚論が陥った問題点を指摘する。『行動の構造』（360ページ）で、行動を刺激と反応の因果関係から説明しようとする反射学説を批判していたが、同様に本書では、知覚を刺激と反応の系列として示そうとする生理学を批判する。

知覚を刺激と反応から生まれるとする考え方は一見わかりやすい。だが、こうした図式では説明できない知覚現象がある。それは錯視だ。

古典的な錯視の一つに、ミュラー・リヤー錯視（図5）がある。これは、両端に矢羽を付けた同じ長さの線分のうち、外向きに矢羽が付けられた線分のほうが、内向きに付けられた線分よりも長く見えるというものだ。

この錯視という知覚現象は、私たちに何を語っているのか。それは、私たちの知覚は固有のコンテクストのうちにあり、客観的秩序とは異なる固有の構造をもっているということだ。

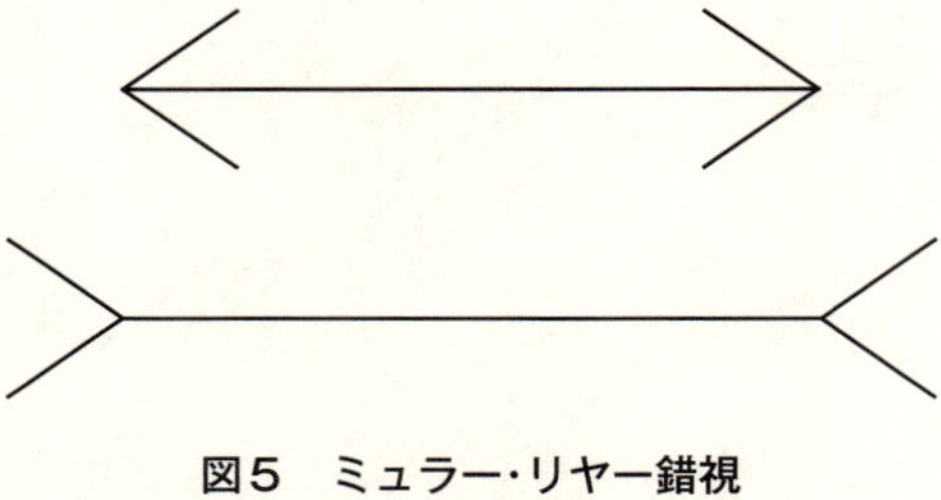

図5　ミュラー・リヤー錯視

メルロ=ポンティは知覚の構造を、「図」(知覚対象)と「地」(知覚領野)の構造として描き出す。

この図と地の関係については、「ルビンの壺」(図6)と呼ばれる図形を使うとわかりやすい。白い部分に着目すると壺が見えるが、黒い部分に着目すると向き合っている二つの顔が見える。視線の向け替えに応じて、見えてくる対象が変わり、知覚される意味が変わってくる。知覚を刺激と反応の因果系列として捉えることによっては、この構造を解明することはできない。

なぜ失った腕が痛むのか?

それでは一体、知覚はどのような原理に基づいて生じるのだろうか。メルロ=ポンティは知覚の原理を身体に見た。身体は知覚される対象ではなく、むしろ対象化を行う原理なのだ。

身体を対象と見なすとうまく説明できなくなる現象として、

図6　ルビンの壺

メルロ=ポンティは「幻影肢《げんえいし》」を挙げる。幻影肢とは、事故などで失った腕や脚がいまだ存在するかのように感じる現象のことだ。

知覚が刺激と反応の因果系列において成立すると考えるかぎり、幻影肢はまるで理解しがたい。なぜなら刺激を生み出しているはずの部分は、すでに失われているからだ。幻影肢はなぜ生じるのだろうか。メルロ=ポンティはその理由について、私たち人間が各々の世界を目がけて存在している実存であるからだと論じている。

手足の切断や欠損を認めまいとしているところのものは、物的ならびに相互人間的な或る世界の中に参加している〈我れ〉であって、これが手足の欠損や切断にもめげず今までと同じく自分の世界へと向いつづけているのであり、そのかぎりで欠損や切断を断じて認めまいとしているわけだ。

――前掲書

メルロ=ポンティはここで、身体を「習慣的身体」と「現勢的身体」の二つの層からなるものとして規定し、幻影肢が生じている際には、現勢的身体では消えている肢体が、いまだ習慣的身体において生きているのだと説明する。

わかりやすく言うと、現勢的身体とは、いまある身体のことだ。これに対して、習慣的身体は、私の世界のうちに〝住まって〟おり、状況のなかで何らかの対象を目がけるための条件として成立している身体のことだ。それゆえ習慣的身体は、必ずしも私たちが普段想定するような意味での身体ではない。目の悪い人にとってはメガネが身体の一部であり、足の悪い人にとっては車イスが身体の一部である。

習慣的身体と現勢的身体のこうした二重性が、私たち人間にとっての身体の特徴である。メルロ=ポンティは、幻影肢が生じるのは、現勢的身体では消えている肢体が、いまだ習慣的身体において生きているからである。

身体図式

身体と肉体は同一ではない。身体は実存する一つのあり方である。メルロ=ポンティはこのことを、「身体図式」という概念によって、さらに掘り下げていく。

「身体図式」という概念を数行で説明しようとすると間違いなく混乱するので、次の事例でイメージをつかみ取ってほしい。

たとえば、私たちは歩くとき、手足の動作を組み合わせることによって歩いているわけではなく、それを一連の動作として行っている。赤ちゃんは、まだ身体図式ができあがっていないので、ハイハイすることしかできない。しかし何度も練習しているうちに、だんだん歩き方を覚え、よちよち歩きができるようになる。これは身体図式が次第に形成されてきたからだ。

私たちは動物と異なり、生まれながらに身体図式を身につけているわけではなく、そのためには時間的な生成を必要とする。一見、不便に思えるかもしれないが、この生成の可能性が、私たちの実存を生かす一つの重要な条件なのだ。

仮に私たちが、生まれながらにして100メートルを5秒で走れる身体をもっていたとしてみよう。その場合、果たして私たちは、短距離走というスポーツに魅力を感じるだろうか。誰が走っても100メートル5秒。それはスポーツではなく、ただの動作にすぎない。生成の可能性があるということは、言いかえると「いまある」身体図式を、「ありうる」ものへと編み変えることができるということだ。そう、前節『行動の構造』で触れた「象徴的形態」と同様の原理がここにあるのだ。

「ありうる」は一つのロマン的な目標になる。世界記録を更新するということは、それまでの人間の限界を超え出るという「夢」を達成することにほかならない。「ありうる」という理想を実現してくれるからこそ、私たちはスポーツに熱狂するし、感動を覚えるのだ。

しかし、私たちは必ずしも技術の巧さに感動しているわけではない。たとえばわが子の運動会。子どもは決して大人ほど足が速いわけでも、技術が優れているわけでもない。にもかかわらず、わが子が頑張っている姿を見ると、深い感動を覚える。

それはわが子の、それまでの「こうある」を超えていこうとする一生懸命な姿にロマンを感じるからだ。

身体化＝習慣化

メルロ＝ポンティのテキストに戻ろう。

私たちは身体図式のもと、世界を一つの「状況」として捉え、その状況において運動を行っている。ここでいう「状況」とは「客観的空間」ではない。それは第一に、対象に対する実存の「広さ」の尺度として現れる。

重要なのは、対象が杖の届く範囲にあることがわかるということは、杖から対象までの客観的な距離を知ることとは違うということだ。

盲人の杖も、彼にとって一対象であることをやめ、もはやそれ自体としては知覚されず、杖の尖きは感性帯へと変貌した。杖は〔盲人の〕触覚の広さと行動半径を増したのであり、視覚の類同物となったのである。

——前掲書

荷棚の奥にカバンがある。そのカバンを取ろうとするが、荷棚まで手が届かず、こちらに引き寄せることができない。そのとき荷棚は私の遠くにある。だが、イスを使って荷棚に手が届くようになれば、カバンは私に対して近く〝なる〟。このように、近

さや遠さは実存の行動範囲によって定まってくるのだ。

杖にせよイスにせよ、私たちはその使い方に習熟することによって、自分の行動範囲を広げることができる。このとき、それらの道具は私の身体を広げてくれる役割を果たすようになる。文字どおり身体の一部になるのだ。メルロ=ポンティはこれを「身体化」という用語で呼ぶ。

身体というとき、私たちはしばしば物理的な意味に限定して考えてしまいがちだが、身体の本質は「なしうる」の条件ということにある。「車をもっていると足に使われる」という言い方があるが、これはまさしく、車が足を代替する移動手段として「身体化」されていることを意味しているのだ。

優れた身体本質論

本書でメルロ=ポンティは、自然科学の知見を前提とすることなく、私たちの知覚現象、身体現象を掘り下げていくことによって、構造と意味を取り出している。私たちの身体を、「ありうる」を目がける実存の条件として描き出したのは、哲学の歴史上、メルロ=ポンティが初めてだ。

実際、自然科学による分析では、身体の物理的な構造は解明できても、私たちにとっての身体の意味は明らかにできない。それは、私たちが普段、身体をどのように経験しているかを内省することによってようやく了解することができる。メルロ=ポンティは本書で、日常の身体経験にどこまでも寄り添い、それをとことん内省することによって、私たちにとっての身体の構造の意味を明らかにしているのだ。

先ほどスポーツの例を出したが、本書の議論を応用すれば、たとえば子どものころ、逆上がりや二重跳びが初めてできたときに感じた喜びや、老いや事故によって、身体を昔よりもうまく動かせなくなったときに感じる悲しさや「いら立ち」の理由についても理解することができる。

つまりそれは、身体機能の変化による生理的な快苦感情ではなく、実存的な「なしうる」の領域の拡大あるいは縮小に相関して生まれる実存的な感情なのだ。

title:43 存在と無

絶対的自由の倫理学

ジャン＝ポール・サルトル（1905〜1980年）

私は自由であるべく運命づけられている。
——『存在と無』松波信三郎・訳、人文書院

人間にとって「ある」とはどういうことか。この問題意識のもと、サルトルは本書で、フッサール的な現象学を批判しつつ、ハイデガー的な実存論・存在論を手がかりに、独自の存在論を展開している。

サルトルは本書で、存在について論じることを通じて、私たち人間存在の「自由」の問題に目を向ける。人間は自由であるべく運命づけられている、人間は自由によって、なすべき目的を自らに知らせることができる、意識の絶対的自由が人間存在の根本条件である、という構えが本書で打ち出されている。

存在は「開示」される

冒頭、サルトルはフッサールの現象学を批判する。その批判は次のようなものだ。

現象学は一切を意識の内側で考えようとするが、意識へと回収されないものもある。それが「存在」（ある）だ。

フッサールは存在を知覚に基礎づけた。だがそのことは、「不在」（ない）を考えると誤っていることがわかる。何かがそこにないということ自体は確かに存在するからだ。それゆえ、存在を知覚に基礎づけることはできない。存在はそれ自体において「ある」。

意識体験が対象をあらしめているのではない。意識が対象を構成しているのではない。なぜなら、何かが知覚されるためには、それは存在しなければならないからだ。認識は存在を開示することである――。

存在は「開示」されるという分析を踏まえて、次にサルトルは「無」について論じている。ポイントは、ただ人間だけが、世界に無をもたらすことができるということだ。

サルトルは次のように言う。

「私たちは対象のまわりの背景を無化することによって対象を認識している。対象に注意を向けるとき、その他の事物は背景へと消えていく。無を世界へともたらすことによって、私たちは世界を編み上げている。無は人間によって『存在される』である」

たとえば、目の前のパソコンを見ているとき、その背景にあるものは〝ない〟ものとされる。対象を認識するということは、その対象のまわりに無を与えることで、それを浮き彫りにすることだ。

では、世界に無をもたらす人間とはどのような存在であるのか。続けてサルトルはこの点について論じる。

対自存在——選択を「自由」に行う存在である人間

サルトルは、私たち人間は自分の存在について絶えず「選択」を行いながら存在しているると語る。選択する存在として、私たちは第一に自由であり、未来を絶えず目がけて存在している、と。

人間は事物と異なり、ただそこにあるような存在ではない。人間は〝いまある〟から〝あるべき〟へ向かって、つねに自分自身のあり方を自由に超え出ていくような存在である。こうした人間のあり方を「対自存在*」と呼んでいる。

対他存在——他者の「まなざし」

また、サルトルは、人間は単に自分自身にとっての存在であるだけでなく、他者にとっての存在でもあると規定している。人間のそうしたあり方を、サルトルは「対他存在*」と呼ぶ。

ここでサルトルは他者を「まなざし」というキーワードで論じる。サルトルによれば、他者と私の関係は「見られること」に帰着する。

たとえば、人前で失敗するなどして恥ずかしさを感じるとき、私たちはまなざしによって自分が規定されていることを了解する。自分が一個の対象として見られている

*対自存在
「対自」はヘーゲルの用語。転じて、自分自身に態度をとる（選択を行う）人間のあり方をいう。

*対他存在
サルトルの用語。対自存在としての自分が、他者にとっては客体として現れることをいう。

ことを意識するとき、それまで馴染んでいた世界のあり方が変わり、私にとっての可能性が他者からのまなざしによっていつでも揺るがされうることを知るのだ。

> 他者のまなざしは、私にとってのあらゆる対象性の破壊である。他者のまなざしは、世界を通じて私を襲う。他者のまなざしは、ただ単に私自身の変化をもたらすばかりでなく、世界の全面的変貌をもたらす。
>
> ――前掲書

サルトルは、私たちが対象を認識する際には、その対象のまわりを無化することによって、対象を浮き彫りにしていると考える。まなざしが、私の可能性を限界づけるものとして現れるのは、それが私の存在を浮き彫りにする対象化の視線であるからだ。対自存在としての私は、無化を通じて事物を認識したり、選択を通じて自己を対象化したりする存在である。だが他者についてそうはいえない。他者のまなざしは、私の世界の向こう側から、私に対し直接に現れる。他者のまなざしは否定することも、無化することもできない。

これはつまり、自らを超え出たところから、自分自身が肯定されたり否定されたりすることで、私にとって世界そのものが変わってくるというのだ。

たとえば、道を歩いているときに、つい思いだし笑いをしたとしよう。「さっきの飲み会、面白かったな」と、にやにやしながら歩いていると、曲がり角で人が現れ、「何が面白いんだコイツ」とでも言いたげな目線を向けてくる。そのとき、楽しかった気分は一気に醒め、恥ずかしさを覚える。それまで親しみを覚えていた世界は、突如、雰囲気を変えてしまう。

サルトルのいう〝まなざし〟は、そうした効果をもたらす、他者の冷ややかな視線なのだ。

自由へと運命づけられている

本書で語られているサルトルの考えをまとめてみよう。

私たちは事物のように、〝いまある〟のうちに存在しているわけではない。与えられた状況のなかで、つねに可能性を選びつつ、あるべき秩序を目がけて自分の生を切り拓いていくという仕方で存在している。自由はこれを支える根本条件である。自由を合理的に理由づけることはできない。むしろ、私たちは自由であるべく運命づけられている。それは私たちが〝あるべき〟の秩序を目がける実存として存在しているからだ。

私たち人間は、過去を引き受けつつ、未来の〝あるべき〟への選択を通じて、現在の地点において、自分自身を新しくつくりあげていくような存在である。自由とは、まさにこの選択を可能にする根本条件なのだ。

極限状態の倫理学

どのような状況においても、人間は自由であることができる。自由に選択し、自分が存在する目的を決定することができる。サルトルがこうした主張を行うに至った背景には、本書が第二次世界大戦の最中に著されたという事情がある。

サルトルは、第二次世界大戦でドイツ軍の捕虜となり、脱走後、レジスタンス活動に参加した。本書の自由論は、そうした極限状態でいかに自由を確保できるか、というモチーフから導かれたものだ。

しかし、哲学では極限状態から倫理を構想するのはルール違反だ。なぜなら哲学は、一般的な市民感覚に支えられている営みだからだ。いかに市民感覚に応える倫理を構想するか。こうした問題に対して、極限状態における自由の観点から答えることはできない。

title:44

悲しき熱帯

文化人類学のバイブル

クロード・レヴィ＝ストロース（1908〜2009年）

私はそこに、もう人間だけしか見いださなかった。

――『悲しき熱帯』川田順造・訳、中央公論社

本書は、フランスの文化人類学者*クロード・レヴィ＝ストロースの著作だ。1930年代にブラジルで行った現地調査に関する紀行文であり、同時にレヴィ＝ストロース自身の自叙伝でもある。

本書は文化人類学、構造主義思想においてきわめて重要な位置をもつ。文学的にも優れており、フランスの文学賞の一つであるゴンクール賞を選考するアカデミー・ゴンクールが、本書がフィクションでないために受賞対象外としたのは残念である、という声明を出したほどだ。

＊文化人類学
自然人類学と並ぶ人類学の一分野。文化や言語、生活様式に着目することで、人類文化の共通構造を明らかにすることを目的とする。ちなみに、自然人類学は生物としてのヒトに着目し、人類の進化の過程を明らかにすることを主な課題とする。

確かに本書には読者を引き込む力がある。20年近く前の記憶を頼りにしたとは思えない緻密な描写、「未開社会*」を侵略する西洋社会の暴力と人間の普遍性に対する深い確信が生み出す鮮明なコントラストが、読者の心に強烈な印象を与える。

「私は旅が嫌いだ」

本書は、次の強烈な文章から始まる。

> 私は旅と探検家がきらいだ。それなのに、いま私はこうして、私の海外調査のことを語ろうとしている。だが、そう心をきめるまでに、どれだけの時間がかかったことか！　私が最後にブラジルを去ってから十五年が過ぎたが、その間じゅう、私はいくどもこの本を書いてみようと思いたった。そのたびに、一種の羞恥と嫌悪が私をおしとどめた。いったい、なんだというのだ？　あのたくさんのあじけない些事や、とるにたりない出来事を、こまごまとものがたる必要があるだろうか。
>
> ――前掲書

＊未開社会
文化が未発達で、技術水準が低く、社会構造が単純な社会をいう。「未開」という語は西洋中心主義の現れとする見方から、「無文字社会」と呼ばれることもある。

レヴィ＝ストロースは、探検家とその話を聞きに来た観衆の間に、幻想を介した一種の共犯関係を見ている。

探検家は人びとに秘境のロマンを与え、人びとはその幻想を甘受する。それはなぜか。レヴィ＝ストロースによれば、西洋社会が多彩な人間性を単色に塗りつぶしているという事実の重さに耐えることができないからだ。

人類は単一的な文明化の道へと向かいつつある。もはや後戻りはできない。レヴィ＝ストロースがあきらめにも似た危機感を抱いていたことがうかがえる。

民族学者になるまで

高校から大学時代にかけて、レヴィ＝ストロースはマルクス主義に傾倒していた。ソルボンヌ大学の法学部に籍を置きつつ、哲学の勉強をする傍ら、社会活動にも積極的に参加していたようだ。

マルクス主義に傾倒していた思い出について、レヴィ＝ストロースは次のように語っている。

> 私にとっては、マルクスが、歴史のかくかくの発展を正しく予見したかどうかを知ることが問題なのではない。マルクスは、物理学が感覚に与えられたものから出発してその体系を築いていないのと同様、社会科学は、事象という次元の上に成り立つのではないことを、ルソーにつづいて、私には決定的と思われる形で教えてくれたのである。
>
> ——前掲書

ルソーは『人間不平等起源論』（160ページ）で、私は自然学者と同様の手法で、人間のありようと不平等の生まれてきた過程についての仮説を置いてみたい、と論じていた。レヴィ＝ストロースは、ルソーのそうした構えを積極的に評価する。

レヴィ＝ストロースにとって社会科学とは、事実を集めることをねらいとする学問ではない。事実からできるかぎり一般的なモデルをつくり上げ、そのモデルによって事実を解釈することを目的とするのだ。

カデュヴェオ芸術と社会構造

レヴィ＝ストロースは本書で、ブラジルの先住民であるカデュヴェオ族、ボロロ族、ナンビクワラ族、トゥピ＝カワイブ族の民族史を記している。彼らはブラジル中西部のマットグロッソ州、マットグロッソ・ド・スル州に居住する少数民族だ。

レヴィ＝ストロースが着目するのは、彼らの芸術と、その社会構造の相関性だ。一見無関係に思える村落と芸術が、同じ規則によって組織化されていることを見るのだ。

まず、カデュヴェオ族の芸術は、男女の二元性によって特徴づけられる。男性は彫り、女性は描く。さらに女性の芸術のなかにも二元性が認められる。一つは角を多用したもの、もう一つは曲線を多用したものだ。こうした対立構造は、装飾の模様のなかに、規則性をもって投影されていくという。

そしてこれと同じ構造が、ボロロ族の社会においても見られる。ボロロ族の村落の分布図と、カデュヴェオ族の絵を並べて見ると、それらが同様の規則によって組織されていることがわかったのだ。つまり、カデュヴェオ族の絵の模様が、等分と裁断を応用して繰り広げられるのと同様、ボロロ族の社会組織も、連携と分割によって展開していく。

こうした一致がなぜ生じるのか。レヴィ＝ストロースは、この問いに答えを与えているわけではない。だが、そうした一致を一個の全体的構造の分析によって発見できるという洞察は、きわめて天才的なものだといえよう。

ナンビクワラ族の社会構造

続けて、レヴィ＝ストロースは、ナンビクワラ族の権力構造と社会構造の関係について着目する。

レヴィ＝ストロースによると、ナンビクワラ族の社会構造はきわめて流動的である。群れは形成されては解体する。そこではどのような構造が働いているのだろうか。レヴィ＝ストロースによる説明を追ってみよう。

まず、初期の段階では、数人の首長を中心に群れが形成される。首長を選出する際には、選出する側の願望だけでなく、選出される側の意向にも沿っていなければならない。ここでは、個人の威信と同意が権力の基盤だ。首長は、同意の範囲を超える事柄については権限をもたない。

首長は、権力を維持するためには、気前の良さを見せることが必要となる。群れの人びとは首長が余分な食糧、道具や武器をもっていることを知っており、それを与えてくれることを期待している。その期待に背くことは、自分の権力を危機にさらすことにほかならない。

また、ナンビクワラ族の首長には、一夫多妻の特権が認められていた。

ここでおそらく私たちは、一夫多妻の概念について、そこに女性への抑圧と男性の優位という社会の〝遅れ〟を見るはずだ。だが、レヴィ＝ストロースはそうした判断は一面的だという。というのも、先に確認したように、レヴィ＝ストロースからすれば、他の要素と関連していない習俗というものは存在せず、習俗を正当に評価するには、それを一個の構造に位置づけて解釈しなければならないからだ。

ナンビクワラ族が一夫多妻を必要としたことには、それ相応の合理的な理由がある。一つの側面だけに恣意的に着目し、そこに批判を向けるのは問題であると考えるのだ。

契約あるいは同意が社会の根拠

先に、レヴィ=ストロースがルソーを積極的に評価している点について確認した。社会科学は調査データの水準で成立するものではない。問題は構造を分析することであって、データはそのための材料にすぎないのだ。

その前提のもと、レヴィ=ストロースはナンビクワラ族の事例から、社会が存在する根拠は契約あるいは同意にあるという、社会契約説に近い洞察に行き着く。

ルソーやその同時代人が、「契約」または「同意」という態度もしくは文化要素が、彼らの論敵、とくにヒュームが主張したように、二次的に形成されたものではないということを理解したのは、彼らがなみなみならぬ社会学的直観をそなえていた証拠である。「契約」と「同意」は、社会生活の第一次原料であり、それらのものが存在しないような政治組織の形は考えることができない。　――前掲書

強制的であれ自発的であれ、「私が首長だ」「はい、あなたが首長です」という相互了解の関係がなければ、そもそも社会が成立することはない。各人は群れることなく、個々に生きていただろう。社会契約は、こうした観点から初めて正当に評価できる概念なのだ。つまり、「社会契約の存在は実証できない」という評価はナンセンスであり、社会契約は社会構造の成立という観点から着目しなければならないと考えるのだ。

人類の普遍性に対する確信

レヴィ=ストロースの文章には、暴力的に侵略してくる西洋社会が自分たちの基準で〝未開社会〟を貶《おとし》めることは不当であるという感度が明確に現れている。

だが、ここで注意しておきたいのは、レヴィ=ストロースは、そうした暴力性に対抗するために〝未開社会〟を理想視しているわけではないということだ。

現在の世界の危機は西洋近代の行き詰まりを示している。いまこそ東洋の理想に帰るべきだ。西洋哲学は物質主義的であり、人間の大事な魂に着目する姿勢を失ってしまった。だからこそいま、日本固有の思想に立ち帰らなければならない——。こういったたぐいの主張は、本屋に行かずとも、インターネット上でごまんと見つけることができる。

レヴィ=ストロースを〝古典〟たらしめているのは、彼がそうした反動形成に陥ることなく、人類の普遍性に対し揺るがしがたい確信を抱いていることだ。レヴィ=ストロースの根本的な洞察は、〝未開社会〟もまた社会としての構造をもっており、その点で西洋社会と変わらないということだ。人類の普遍性に対するこうしたスタンスこそ、哲学的に見て興味深いものだ。

title:45 エロティシズム

エロティシズムの本質論

ジョルジュ・バタイユ（1897〜1962年）

エロティシズムの本質は、性の快楽と禁止との錯綜した結合のなかに与えられている。
――『エロティシズム』酒井健・訳、筑摩書房

本書はフランスの哲学者ジョルジュ・バタイユの代表作だ。テーマはエロティシズムの本質、意味だ。私たちにとってエロティシズムとは何か。人間の性と動物の性はどう違うのか。エロティシズムと「美」はどのような関係にあるか……。バタイユはこうした問題に取り組んでいく。

哲学の歴史において、エロティシズムを積極的に論じた哲学者は、バタイユがほぼ初めてだといえる。本書では、フロイトやニーチェの思想、宗教学や人類学の知見に基づき、エロティシズムを私たち人間にとって本質的なものとして描き出している。

一見、エロティシズムと哲学は、意外な組み合わせに思えるかもしれない。だが本書には、私たち人間のあり方をより普遍的に論じるための本質的な洞察にあふれている。エロティシズムは哲学において、ほとんど手つかずのまま残っている領域なので、真摯に取り組む価値のあるテーマだといえる。

エロティシズムは人間に固有

バタイユは、エロティシズムは人間に固有であり、動物には見られないと語る。それは動物的、本能的な生殖活動とは本質的に異なるものだからだ。

動物は生殖活動としての交尾しか行わない。性行為を行うのは人間だけだ。人間の性行為と動物の交尾は、たとえ生物学的に見て共通点があるとしても、その意味や価値という点では本質的に異なる。

簡単な話、人間は動物が発情するように欲情するわけではない。エロティシズムは、決してスイッチを押せば現れてくるようなものではないのだ。

禁止の「侵犯」

では、人間のエロティシズムは一体何を条件としているのだろうか。バタイユは人間社会は本質的に「労働」の社会であり、ルールによる禁止を必要とする点にあるとする。

労働を集約して組織化するためには、その集団にある一定のルールを置く必要がある。労働時間、命令系統を決定し、各人に作業を割り当てる。ルールに従うかぎりにおいて報酬を受け取り、それに反した場合はサンクション（制裁）が下される。エロティシズムはこうした禁止を定めているルールを「侵犯」する際に生じるものだ。

侵犯は禁止そのものをなくすわけではない。いわば一時的に解除する。そして、禁止の侵犯を達成すると、今度はその侵犯を楽しむために、あえて禁止を維持する。その意味で、「禁止は侵犯されるために存在している」のだ。

以上のバタイユの議論を踏まえれば、たとえば「不倫」にエロティシズムを感じる条件についても見て取ることができる。

● 婚姻という制度の一時的な侵犯。
● 自己価値の下落に対する不安。

不倫は法的な婚姻を前提として成立する。婚姻を維持しつつ、パートナーに内緒で別の異性と性的な関係をもつとき、私たちはこれを不倫と呼んでいる。同棲中の場合は、浮気はあっても不倫はない。

不倫が明らかになると、社会的に大きなダメージが生じる。パートナーからは高額の慰謝料を請求されるかもしれないし、職場ではウワサになるかもしれない。

そうした不安のもと、社会の一般規範を一時的に侵犯するゲームとして営まれるからこそ、不倫はエロティックな響きを帯びるのだ。

女性の「美」を侵犯する

では、女性はいかにして男性にとっての欲望の対象として現れてくるのか。バタイユはこう論じる。

女性は魅力の程度に応じて、男性による侵犯の対象、欲望の対象となる。化粧はその際、美に対する女性自身の気遣いを示すことで、価値ある対象を予感させる。化粧は禁じられた対象の価値、魅力を高め上げるように働き、侵犯の欲望をかきたてるのだ。

ではその際、一体何が侵犯されるのかというと、それは女性の「美」だ。

「私たちにとって美とは、それが隠しているものを予感させるような価値にほかならない。美しい顔や衣服は、侵犯され、汚されるべきものであるからこそ、意味をもつのだ。私たちは美そのものを求めているのではない。美を侵犯することで味わわれるエロス的な喜びのために求めているのだ」

なかなか過激な主張ではあるが、納得できるところもある。実際、この言い方は男性にとっての女性の美のエロス的側面をうまく言い表している。

男性は、女性の裸体それ自体にエロティシズムを感じるわけではない。彼女がみずからの裸体を、日常では侵犯しがたい至高な対象として、ただ一人の男性の前に差し出すからこそ、男性はエロティシズムを覚える。この〝もったいぶり〟が、男性のエロティシズムにとって重要な要素なのだ。

エロティシズムの本質論

エロティシズムの本質は、禁止の侵犯である。なぜ異性に対してエロティックな欲望を抱くのかというと、相手が禁止された存在であるからだ。なぜ美を欲するのかというと、私たちが美が予感させる価値を侵犯し、汚すことに対して喜びを感じるからだ。

醜さはそれ以上汚しようがないという意味で、そしてエロティシズムの本質は汚すことだという意味で、美は第一に重要なのである。禁止を意味している人間性は、エロティシズムにおいて侵犯されるのだ。人間性は、侵犯され、冒瀆され、汚されるのだ。美が大きければ大きいほど、汚す行為も深いものになってゆく。

——前掲書

このバタイユの主張は、男性にとっては確かに納得できるところがある。女性の裸体が魅力をもつのは、それが日常の世界では禁じられており、至高のものを予感させるからだ。その至高なものに一瞬触れることがエロティシズムの核心をなしている。こうした主張に納得感を覚える男性は決して少なくないはずだ。

ただ、バタイユの言い方は、女性にとってはピンと来ないかもしれない。男性と比べると相当な個人差があるのではないだろうか。それなりにバタイユの主張に納得できる人もいれば、ほとんど納得できない人もいるだろう。

女性はどのような条件でエロティシズムを覚えるのだろうか。男性から侵犯されることによってだろうか。それとも男性と同様、侵犯することによってだろうか。そもそも、禁止の侵犯が本質的な条件なのだろうか。

バタイユはあくまで一人の男性だ。エロティシズムの本質論のためには、女性による洞察がぜひとも必要だ。ジェンダー論と比べると、女性による本格的なエロティシズム論はほとんど見られない。今後、そうした議論が現れてくることに期待したい。

title: 46

人間の条件

近代社会=労働社会批判

ハンナ・アーレント（1906〜1975年）

人間はダーウィン以来、自分たちの祖先だと想像しているような動物種に自ら進んで退化しようとし、そして実際にそうなりかかっている。

——『人間の条件』志水速雄・訳、筑摩書房

近代社会が当初の理念に反する矛盾を生み出すことを指摘した思想の潮流としては、第一にマルクス主義がある。近代社会の骨格である資本主義自体が経済格差を生み出す構造になっている。そこでマルクス主義は、共産主義社会の実現を通じて自由と平等をともに達成することを目指した。

アーレントもまた、マルクス主義とは異なる視点から、近代社会批判を行った。それが本書『人間の条件』だ。アーレントは、人間の条件を「労働」「仕事」「活動」という三つの観点から規定し、それに基づいて近代社会批判を行っている。

批判の要点は、近代社会が「労働社会」として展開しており、私たちが人間として自由な存在であるための条件である「仕事」や「活動」を抑圧しているというものだ。アーレントが優れた政治哲学者であることは疑えない。本書が示している構想も原理的だ。だが、ドイツ語を母語とするアーレントが英語で著した本書*は、決して読みやすいものではない。それゆえ本節では、重要な箇所に着目し、ポイントを取り上げて確認していくことにしたい。

人間の条件は「労働」「仕事」「活動」の三つ

先に見たように、アーレントによると、私たち人間は次の三つの条件のもとにある。その三つとは「労働」(labor)、「仕事」(work)、「活動」(action)だ。

労働は生存維持の活動だ。人間が労働する目的は、生命の維持に必要なものをつくり出すことにある。

仕事は人間の「非自然性」に関係する。私たちは普通、仕事というと労働のことを考えるが、ここでいう仕事とは製作活動(工作、工芸)を指している。芸術作品のこと

*ユダヤ人であったアーレントは、ナチスがドイツで政権を獲得した1933年、ドイツからフランスへ亡命した。フランスがドイツに敗北した後、アーレントはアメリカへと渡り、同地で本格的な著作活動を始めた。本書が英語で著された背景にはそうした事情がある。

を英語で「Work of art」といい、アーレントの言う仕事はこの意味で用いられている。

活動は人間の「多数性」に関係する。これは公的空間で行われる言論、政治の条件だ。アーレントはここに人間的な自由があるという。

労働——「必要性」による奴隷化

まずは「労働」について確認しよう。

アーレントは、労働の本質は必要性*によって「奴隷化」されることだと語る。

> 労働することは必然〔必要〕によって奴隷化されることであり、この奴隷化は人間生活の条件に固有のものであった。人間は生命の必要物によって支配されている。だからこそ、必然〔必要〕に屈服せざるをえなかった奴隷を支配することによってのみ自由を得ることができたのであった。
>
> ——前掲書

*必要性
人は生き続けるためには、最低限の衣食住を満たす必要がある。人間的生命を維持するために必要な条件のことを指していう。

私たち人間は、生命を維持するためにさまざまな条件を満たす必要がある。水を飲み、ご飯を食べなければ、飢えて死んでしまう。歴史上人類が、狩猟採取や農耕を行うことを覚えたのは、生命の必要性に対処しなければならなかったからだ。

だが近代において、状況が一変する。それは、労働に用いられる道具が劇的に改良され、「機械」が現れてきたことだ。

機械の登場により、私たちは自分で体を動かして労働する必要がなくなった。これは一見よいことに見えるが、必ずしもそうではないという。なぜなら、労働から苦痛がなくなったため、私たちは「必要性」に従属していることが実感しづらくなり、自由になろうとする動機を維持しにくくなってしまったからだ。

その結果、アーレントは近代社会では「余暇」が一つの社会問題として現れてきたと分析する。なぜ余暇が問題かというと、余暇が本質的に労働によって得られた富を消費することにしか使われないからだ。

余暇において消費される対象は、労働を支える基本的な条件（衣食住）にかぎられない。それは「仕事」によって生み出される製作物に対しても向けられる。余暇は、世界中のあらゆるものを貪欲な消費の対象と変えてしまい、自由を実感するための営みである「活動」に向かうことから私たちを遠ざけてしまっているというのだ。

仕事——製作活動

次に「仕事」について見ていこう。ポイントは仕事(製作活動)によって生み出される「作品」は、その場で消費されるのではなく、時間の経過のなかで耐久的に使用されるものである、という点だ。

だがアーレントは、工作活動もまた、近代社会すなわち労働社会の画一的な基準(生産性)によって等質化されており、その背景には、商業社会から消費社会への転換があると分析する。近代に至り、労働社会が現れた。道具は機械へと改良され、その結果、生産の過程に合わせるよう、機械の側から要求されるようになった。人間が作業の過程を導くのではなく、人間が機械の生産過程によって支配されるようになった。

かつて、製作の作業は長い年月による熟練を要し、作者と作品は緊密に結びついていた。しかし労働手段が改良され、それが工場へと集積されると、少しの時間で誰でも同じモノを生産することができるようになった。機械の登場とともに、労働者は、ただ機械を操作するだけの人形となってしまったのだ。

また、消費社会においては、生産物が一個の作品として公共の場に現れて生産者の評価につながることはない。かつて生産活動は「よい」ものを製作し、それを公的空間において批評にさらし、評価を受けることと結びついていた。

しかし労働＝消費社会においては、生産物は市場で交換され、消費される商品にすぎなくなる。作品は商品として、工作人は労働力として、画一的な基準のもとで評価されるようになってしまったという。

活動――人間関係の〝網の目〟

では、次に「活動」について見ていこう。アーレントによると、活動には次のような本質がある。

● 「多数性」「他者性」「差異性」によって規定されている。

- 活動を通じて私たちは等しく異なる存在になる。
- 世界のリアリティの条件。

活動とは、国籍や人種、性別といった差異性を踏まえつつ、それぞれの固有性や独自性を承認したうえで成立する言論の営みのことだ。

アーレントは活動の空間のモデルとして、古代ギリシアのポリス（都市国家）を想定する。ポリスという公的空間において、市民は差異性を前提とし、固有性や独自性を認め合い、「言論のテーブル」に参加していた。ポリスの市民にとっては、そのテーブルが世界のリアリティにほかならなかった。ポリスとは決して家や公共の建物からなる物理的空間ではなく、活動から生まれる人間関係の〝網の目〟だった。こうした〝網の目〟を、アーレントは「現れの空間」と呼ぶ。

活動のポイントは、その営みに参加するプレイヤーが、自分が誰であるかというアイデンティティを相互に承認する点にある。「現れの空間」において、私たちは自分が誰であるかを示し、相互に了解する。要は、活動を通じて、私たちはお互いがどのような人間であるかを知ることができるというのだ。

アーレントは活動と言論をほぼ同一視しているが、必ずしもそうする必要はない。文学、芸術、スポーツなど、さまざまな営みが活動に含まれる。ただし重要なのは、参加者はプレイヤーとして相互に平等であるということだ。大企業の社長もビジネスマンも主婦も学生も、社会的な権威を抜きにして、対等な立場で「現れの空間」に参加し、ともに批評しあうということが、活動にとっての条件だ。

だがアーレントは、近代の労働社会では、「現れの空間」は無駄な営みとして片づけられる傾向にあると嘆く。要は、現れている暇があったら働け、というわけだ。一切の価値を生命の維持という観点から意味づける労働社会では、活動は時間の無駄にほかならないものとして片づけられてしまうのだ。

人間は〝動物化〟しつつある

最後にアーレントは、近代社会が労働社会となってしまった理由について論じる。その根本的な理由は、キリスト教の生命観にある。

アーレントは言う。

「古代ギリシアでは、仕事と活動が労働の上に立っていた。キリスト教はこれを転倒させた。キリスト教は人間の生命を最高善と見なしたため、仕事と活動が、生命の『必要性』に従属するものとなり、労働は古代ギリシアのように忌避されるどころか、聖なる義務と見なされるようになったのだ」

古代ギリシアのポリスでは、言論を通じて「不死の名声」を打ち立てることが目指されていた。しかし近代において不死なのは、生命の過程の連鎖にすぎない。近代社会では、労働によって生命を維持することだけが求められている。人間は動物へと退化しようとしているのだ……。

こうした主張に達したところで、アーレントは本論を終える。

アップデートで生かせる原理論

本書でアーレントが示した「労働」「仕事」「活動」という三つの概念は、私たちの生にとって、確かに本質的な位置を占めている。アーレントは、公的空間は「活動」

にとってのテーブルであるという見方を示しているが、これは社会構想の観点から見ても参考になるものだ。

一方、近代批判としては、イメージ先行型の悲観が目立つ。当時の圧倒的な工業化の流れを目の当たりにした危機感が色濃く表れており、社会批判としてはさほど原理的とは言いがたい。

もっとも、この点でアーレントを批判しても、さほど意義はない。むしろ私たちに必要なのは、アーレントの議論を現代社会の状況に応じてアップデートすることだ。

アーレントの時代と現代社会の根本的な違いは、現代社会が情報化社会だという点にある。コンピュータとインターネットの爆発的な普及によって、私たちの生の条件は根本的に変化した。労働、仕事、活動のいずれについても、アーレントの時代とはまったく異なる状況にあるといえよう。

このことを踏まえたうえで、私たちの生を支えている根本的な条件を見て、それを十全に満たすことのできる社会を構想することが本書を引き継いで取り組むべき問題だ。

title: 47 革命について

自由は公的空間を必要とする

ハンナ・アーレント（1906〜1975年）

反乱や解放が新しく獲得された自由の構成を伴わないばあい、そのような反乱や解放ほど無益なものはないのである。

——『革命について』志水速雄・訳、筑摩書房

自由とは何か。近代以降、哲学者が何度も問い、それぞれのアプローチで答えを与えてきた問題だ。ルソーとヘーゲルは「一般意志」と「人格の相互承認」の概念によって答えた。アーレントは本書で、フランス革命*とアメリカ独立革命*に関する考察を通じて、この問いに対し、別の角度から答えを与えようとする。

本書の解を先取りすると次のとおりだ。

自由は公的領域への参加を意味する。自由と似ている概念に「解放」がある。だが、解放と自由は本質的に異なる。なぜなら自由は解放と異なり、創設されなければ存在

*フランス革命　1789〜1799年にかけてフランスで生じた市民革命。ブルボン王朝の失政、啓蒙思想の影響、第三身分（平民）の台頭などを受けて起こされた。バスティーユ牢獄の襲撃に始まり、人権宣言の公布を経て、王政は廃止、

しないからだ。「自由の創設」を成し遂げられるかどうか。ここに革命の成功がかかっている。

マルクス主義に対抗して現われてきたポストモダン思想*は、反権力の観点から、自由と解放を同一視して論じる傾向にある。本書でアーレントが論じる権力論は、ポストモダン思想における表象的な批判とは異なり、堅実なものだ。

革命は「自由」の意識に導かれる

そもそも、革命という概念は何をきっかけにして現れてきたのだろうか。

アーレントは、そのきっかけを近代における「自由」の意識の芽生えにあるとする。そしてこれが、中世から近代への移行をもたらした根本的な条件でもあるという。

キリスト教の権威が圧倒的な力をもっていた中世においては、歴史の過程は神によって決定されており、人びとにとっての問題は、その世界観を正しく受け入れられるかどうかにあった。階層は固定されており、それに反抗することは許されない。封建領主の子は封建領主、農奴の子は農奴として生きるしかなかった。

ルイ16世が処刑され、共和制が成立。ロベスピエールによる恐怖政治、総裁政府の時代を経て、ナポレオンによる第一帝政により終結。

＊アメリカ独立革命
18世紀後半、イギリスの植民地だったアメリカが独立し、共和制国家を設立した革命。イギリスがアメリカ植民地の管理費に充てるために課税を強化したことなどに対し、植民地側は大陸会議を開催するなど抵抗。1775年、イギリス軍と交戦状態に入り、翌年ジェファーソンの起草による「独立宣言」を発表。

だが、近代に入ると、社会的な格差が一つの矛盾、解決されるべき問題として映るようになった。

貧困は決して、神によって定められた運命ではない。人間は社会を再編して、貧富の格差を解決することができる。こうした確信が革命の条件である、とアーレントは説くのだ。

さて、冒頭にも記したように、アーレントは、解放と自由は本質的に異なるという主張を置く。人びとを抑圧から解放すれば、そこから自由が自然に生まれてくるわけではない。自由は実質的な社会制度を必要とする。国家の統治形態を組織し、自由を創設する革命のみが、革命の名に値するというのだ。

自由の創設は、権力構造の創設と不可分だ。解放が公的空間を維持する権力を生み出さず、情熱と結びつき、大衆救済へ向かうとき、革命は暴力による失敗に終わらざるをえない。アーレントによると、まさしくフランス革命は、そのようなストーリーで恐怖政治に至ったのだ。

植民地だったアメリカはイギリスの宿敵フランスの援助を受け、戦争に勝利。83年のパリ条約にて独立が達成された。

＊ポストモダン思想
ポストモダンとは、現代を、自由や平等といった「大きな物語」（リオタール）により規定される近代の「後」の時代として表現する概念。ポストモダン思想は、そうした時代状況に呼応して現れてきた思想の流れを指す。「差異」と「多様性」がキーワード。フーコー、ドゥルーズ、デリダが代表的。

フランス革命とアメリカ革命の違い

アーレントは、フランス革命とアメリカ革命を次のように区別する。

- フランス革命が失敗した理由：解放にとどまり、自由の創設につながらなかったため。
- アメリカ革命が、一応、成功した理由：解放を踏まえて、権力の構成に基づく自由の創設へ向かったため。

アメリカ革命について「一応」とただし書きを置いたのは、アーレントはアメリカ革命を全面的に評価しているわけではないからだ。アメリカ革命は初め成功したように見えたが、人びとが参加できるような公的な空間をつくることができなかったため、自由の創設に失敗してしまったと考えたのだ。

アメリカ革命についてはは後で確認することにして、まずはフランス革命が失敗した理由に関するアーレントの見解を確認することにしよう。

フランス革命が失敗した理由

アーレントは、フランス革命が失敗した根本的な理由を、ロベスピエールを代表とする指導者たちが、革命の目的を人民の幸福、豊かさに置いてしまったことに求める。革命の目的を、自由の創設から人民の幸福へ向けるとき、革命は失敗に終わる。これは一見逆説的に思えるかもしれない。だがアーレントによれば、貧困にあえぐ人民を「必要性」から救い出そうとすると、革命はその本質的な目的、すなわち自由の創設という課題を見失ってしまうのだ。

アーレントは、フランス革命によって自由を実感することができたのは、実のところかなりの少数であり、貧困にあえぐ大多数の人民は、自由どころか解放を実感することさえできなかったと分析する。そうした人民に対する「同情」が、フランス革命を失敗させたのだ、と。

なぜ同情が革命を失敗させたのか。それは、同情それ自体は結局のところ情熱であり、決して制度をつくることがないからだ。

フランス革命の指導者たちは、貧民に対する同情に突き動かされた。その結果、革命のうちに「必要性」という要素が入り込んできてしまった。これにより、公的領域において自由を創設することは不可能となり、革命は恐怖政治に行き着いてしまったというのだ。

アメリカ革命が、、一応成功した理由

次にアーレントは、アメリカ独立革命に着目し、アメリカ革命とフランス革命の本質的な違いを、権力システムの構成に置く。

フランス革命は解放を目指した結果、恐怖政治へ行き着いた。一方、アメリカ革命では、独立戦争は解放を超えて国家の構成へと向かった。そこでは権力を構成することが積極的に目指され、その結果、革命の目的である自由の構成が行われた。そのようにアーレントはアメリカ革命を評価する。

アメリカ革命で樹立された権力の基礎は「互恵主義」と「相互性」にあった。こう

言われると難しく聞こえるかもしれないが、要するにアメリカ革命では、相互の約束に基づき、同盟を結ぶことで権力が設立されたと考えるのだ。

権力と自由は、決して相反するものではない。むしろ、自由は確固とした権力の基盤がなければ成立しえない。それゆえ問題は、権力一般に反対することではなく、相互の合意に基づいて権力構造を打ち立てることにある。これはアーレントが批判するルソーにも共通する洞察だ。

だが、アーレントの強調点は、合意それ自体よりも、合意が統治への相互参加を生み出すかどうかということにある。

合意といっても、それが政府に統治を丸投げするなら意味がない。合意が相互に物事を決めていく統治につながらないなら、合意は自由の創設の原理とみなすことはできないと考えるのだ。

公的空間の創設に失敗した

アメリカ革命は、合衆国憲法の制定によって一応は成功したように見える。だが、アーレントは、出発点で致命的なミスを犯していたと語る。それは、自由の創設が自覚的になされた行為であることを人びとが意識できるような公的空間、相互に統治に参加するようなシステムづくりに失敗してしまったことだ。

自由は構成された。しかし公的空間が創設されなかった。その結果、市民的自由、個人の福祉、そして世論が残された。ここに決定的な問題がある。

アーレントは世論に対し否定的だ。なぜなら、世論は圧倒的な力で全員一致を求め、各人の意見を圧殺することで、共和制の本質である「自由な統治」の根幹を揺るがしてしまうからだ。ハミルトン*やジェファーソン*といった、アメリカ合衆国の建国者たちにとって、世論が主導する政治は、新たな専制支配のあり方として脅威に映ったのだというのだ。

もっとも、ジェファーソンらも世論の支配を前に、ただ手をこまねいていたわけではない。ジェファーソンは人びとが統治に参加し、公的な事柄に関心をもつための制度として、「郡区」とタウン・ミーティングに強い期待をかけていた。それらの制度によって、自由の持続的な構成を実現しようとしたのだ。

*アレクサンダー・ハミルトン（1755頃～1804年）
アメリカの政治家。独立戦争では、アメリカ合衆国初代大統領ワシントンの副官として活躍。強力な中央政府の必要性を説き、憲法制定の運動に参加。アメリカ合衆国憲法を起草したことで有名。1804年7月、政敵アーロン・バーとの決闘にて銃弾を受け、死去。

*トーマス・ジェファーソン（1743～1826年）
アメリカ合衆国第3代大統領（在任1801

だが、アーレントは、実際にはそうならなかったと分析する。というのも、自由の構成のためにつくられたアメリカ憲法自身が、公的空間を人びとの代表者だけに与えていたので、人びとが公的な事柄に無関心になるのは構造上必然的だったからだ。

自由をともに構成する

アーレントの自由論は、解放と自由の本質的な違いに対する洞察によって貫かれている。

確かに、安定した権力構造と統治の存在しないところで、人びとが持続的に自由であることはできない。このことは、何十年にもわたって内戦が続いている地域を見れば、すぐに理解できる。「権力は自由の敵である」とする見方は、そうした現実の重みを考えれば、あまりにも素朴だ。

自由を実質化するためには、それに応じた制度が必要である。この洞察は確かに納得できる。だが、それと並んでアーレントが強調しているのは、そうした制度は、人びとが公的空間に参加しなくなると、形骸化してしまわざるをえないということだ。

～1809年）。共和制を推進。初代国務長官、第2代副大統領を歴任。大統領在任中、ナポレオン政権下のフランスからルイジアナを購入。

二十世紀における革命の惨状の内に葬り去られたのは、まさにこのような国家の変容に対する希望、すなわち、近代的な平等主義的社会の全成員が公的問題の「参加者」になることができるような新しい統治形態にたいする希望にほかならなかった。

——前掲書

本書の最後でアーレントは、エリート層による統治に対して批判を行っている。エリート層による政治それ自体に問題があるわけではない。問題は、政治が一つの専門的な職業になってしまっていることだ。

自由は公的空間への参加のうちにある。それゆえ各人が一個の市民として、統治に参加できるシステムを設立できなければ、自由の創設が成功したとはいえない。政治の専門職業化という流れは、人びとから統治に携わる機会とともに、市民感覚をも奪ってしまうとアーレントは指摘するのだ。

title:48 全体性と無限

エマニュエル・レヴィナス（1905～1995年）

倫理の条件は〝私〟の外部にある

〈他者〉の「抵抗」にはむしろ積極的な構造がある。つまり倫理という積極的構造があるのである。

——『全体性と無限』熊野純彦・訳、岩波書店

中世ヨーロッパでは、善の根拠はキリスト教の神に置かれていた。善は神の恩寵によってしか到達することができない。こうした考えは、ルネサンスを経て、近代哲学において根本的に編み変えられた。カントは『純粋理性批判』（175ページ）で、人間は自分の理性で何がよいことであるかを知り、それを目がけることができるはずだと説き、ヘーゲルは『精神現象学』で、全知は存在しないという前提で成立する個々人の間の相互承認だけが倫理の根拠であると論じた。

本節で見ていくフランスの哲学者レヴィナスは、こうした態度を含め、それまでの

哲学における倫理の捉え方に対し、根本的な批判を試みる。

「人間に備わるエゴイズムは、そもそも倫理に反するものではないか。エゴイズムの暴走こそが、過酷な戦争をもたらしたのではないだろうか。そして、もしそうであるならば、一体何が倫理の根拠になるのだろうか」

レヴィナスは本書で、フッサールによる「発生的現象学」を用いて、この問いに答えようとする。

フッサールの現象学は、主に二つの部門に区別される。一つ目は静態的現象学だ。これは現在の意識体験を内省することで、素朴な世界確信がどのような条件によって支えられているのかを見ようとするものだ。『現象学の理念』（282ページ）や『イデーン』（291ページ）は、静態的現象学の著作だ。

これに対し、発生的現象学は、そうした世界確信が、いったいどのようにして成立（発生）してきたのかを明らかにしようとするものだ。静態的現象学が現在の意識を立ち位置にしているのに対し、発生的現象学は、それをさかのぼって、自然な世界が成立する本質的な構造を仮説として示すものだ。

たとえば私たちは、自分が乳児だったころの記憶をもたないが、乳児を観察することを通じて、乳児にとっての世界がどのようなものであるかを類推することができる。レヴィナスが行おうとしていることも、実はそこからさほど外れているというわけではない。

初めに言っておくと、レヴィナスの著作はどれも読みにくいが、本書はそのなかでもとりわけ難解だ。記述は錯綜し、全体像はつかみづらい。その理由はおそらく、レヴィナスが自分の経験を何度もたどり返し、忘れている体験を掘り起こしながら考察を進めていることにある。この点からすれば、レヴィナスの書き方は発生的現象学の方法に従っているといえる。

糧の「享受」

倫理の根拠は何か。この問題に取り組むにあたってのレヴィナスの前提は、倫理の根拠は主体としての実存であるというものだ。

レヴィナスは安易に、倫理の根拠を宗教の教えや習俗のルールに求めることはしない。あくまで、個々の主体のなかから取り出されなければならないと考えるのだ。では、その主体は一体どのようにして成長してくるのか。自分は一体、どのようなきっかけで倫理感をもつようになったのだろう。この問いに対する答えを求めて、レヴィナスは私たち自身の成育・成長に着目し、倫理を備えた主体が成長してくるプロセスを描き出そうとするのだ。

レヴィナスは実存が成立する第一の条件を糧の「享受*」であるとした。享受とは、「〜によって」生を養うことをいう。享受のうちで、実存は欲求を満たす。実存は「感受性」のうちで、与えられた糧を直接に味わい、幸福のうちにある。レヴィナスは言う。

「そもそものはじめから、生は愛されている」

糧「によって」生きることは、〝幸福の連関〟を生きることなのだ。

わかりづらいと思うので例を記そう。

私たちはコーヒーを飲むとき、生きる「ために」飲んでいるとは考えていない。そうではなく、コーヒーの味わい「によって」生きているという感じをもつ。レヴィナスは、そうした幸福な「〜によって」に囲まれて、倫理の土台となる実存が育ちはじ

*享受
私たちの生は、アーレント的な「必要性」に促されるだけでなく、何かを楽しむ（享受する）ことによっても支えられている。食後のコーヒー、風呂上がりのビール……。何かのためではなく、ただその「至福の一時」を楽しむときに、深い「幸福」を感じることがあるだろう。母親の胸に抱かれる赤ちゃんの満たされた表情は、まったき幸福のうちにある実存のありかを示している。

めると考えるのだ。

「横領」と「全体性」

では、享受を根拠とした実存のその後を、レヴィナスはどのように描いているだろうか。続きを見ていこう。

実存は与えられるだけの幸福に満足せず、享受の対象を発見し、それを自分の所有へ引き入れようとする。その試みは「労働」として現れる。労働は享受を延期する。実存は、より大きな享受を期待して労働に励むのだ。

レヴィナスは、労働を可能にする条件を「家＊」と考えた。〝わが家〟は親密な空間だ。実存は家に住まい、親密な空間をもつことで落ち着きを得て、自己を配慮することができるようになり、倫理を担う下地をつくる。

だが、実存は「労働」によって巨大な暴力の応酬に巻き込まれる。それはなぜだろうか。レヴィナスは次のように考える。

まず、労働は「作品」を生み出す。その「作品」は、市場で一般的な価値に落とし

＊家
実存は「わが家」において、安心感をもつ。外界の寒風に吹きさらされても、家に帰れば暖かい愛情のぬくもりが感じられる。そうした愛情をもとに、実存は自己愛を育て、自分自身を尊重し、大切な存在として配慮することができるというのだ。

込まれ、その価値は貨幣によってはかられる。作品は作者の手を離れて、作品の体系のうちへ組み込まれ、他者に「横領*」されるものになるのだ。

レヴィナスが示した「横領」の究極的なあり方は戦争である。戦争において国家は、個々の実存を絶対的な秩序によって動員する。家に住まう実存は、こうして巨大な暴力の応酬に巻き込まれていくというわけだ。

このような状況において、果たして倫理は可能なのだろうか。レヴィナスは可能だという。ではどのようにしてか。「横領」から「贈与*」に転換することによってである。

「横領」から「贈与」へ　他者の「顔」

〝わが家〟において糧を享受する実存は、自己愛を備えて、自己配慮ができるようになり、「労働」によって糧をつくり出す能力を手に入れた。だが、この段階では、横領から贈与に向かうことはできない。なぜなら実存はまだ、他者に開かれていくための原理を手にしていないからだ。

レヴィナスのいう他者とは、ただの他人という意味ではない。たとえば孤児や寡婦

*横領
愛情に包まれた「わが家」からひとたび外に出ると、そこは荒涼とした、生存競争の戦場だ。誰かに出し抜かれないよう気をつけるだけでなく、自分もまた誰かを出し抜いていかないと、あっという間につぶされてしまう。まさに「渡る世間は鬼ばかり」。レヴィナスによると、そうしたエゴイズムの争いが極大化した状態が「戦争」である。

*贈与
横領から贈与への転換は、どうすれば可能となるだろうか。レヴィ

のように、いままさに手が差し伸べられることを求めているような他者のことである。

　ここでレヴィナスは、他者の「顔」という概念を示す。他者は「顔」により、「私」のうちに同一化されることを拒むものとして、「私」の向こうから直接に「啓示」される。つまり絶対的な他者が、それまで「家」に住まっていた実存に対し、善を果たすべき理由を直接に告げ知らせてくるというのだ。

贈与の条件　〈女性〉と〈師〉

ナスはこの問題に取り組むに際し、宗教の教えに頼ることを禁じ手とする。神の命令以外に、一体何が贈与を可能にするのか。以下レヴィナスは、この点に対して答えを与えるべく考察を進めていく。


　では、いかにして他者を迎え入れることができるだろうか。くどいようだが、この問いに答えるにあたって、宗教の教義を根拠にすることはできない。そうではなく、私たち自身の記憶をたどって、何が倫理感の根拠として働いているかを明らかにする必要があるのだ。私たちは一体、どのようにして倫理観を育て上げてきただろうか。

　レヴィナスもまた自身の記憶をたどり、他者の「顔」が倫理の条件としてはたらくための前提条件を取り出す。レヴィナスの洞察によると、その前提条件は次の二つだ。

- 〈女性〉からの「優しさ」
- 〈師〉からの「言葉」

まずは、〈女性〉からの「優しさ」について見ていこう。

実存は、初めは「家」で養育されなければならない。子どものころは、みずから糧を生み出す能力をもたないからだ。〝わが家〟と糧は、初めは養育者によって与えられる必要がある。愛情をもってそれらを実存に与えるような養育者を、レヴィナスは象徴的に〈女性〉と呼ぶ。ここでいう〈女性〉は、基本的には母親をイメージすればよいが、必ずしもそうでなければいけないわけではない。実存を迎え入れる優しさを〈女性〉というキーワードで象徴的に表現しているのだ。

だが、〈女性〉からの愛情を受けた実存は、まだ贈与する段階には達していない。「家」での親密性は、他者に対するエゴイズムとしてもはたらくことがあるからだ。〈女性〉からの愛情をそのまま他者に対して向けることができる場合もあれば、わがままに育ってしまうこともある。実存の自己愛は、第三者の厳しい批判によって問いただざれる必要があるのだ。

そこで登場するのが〈師〉というわけだ。ここでいう〈師〉は、わかりやすいようにかみ砕いて言うと、高校の生活指導の先生をイメージするといい。始業時間に遅刻しても、初めのうちは多少大目に見てもらえるが、そこで甘えて遅刻癖をつけてしまうと、そのうち職員室に呼び出される。初めは、悪いことをしているという自覚がないので、呼び出されるとびくっとする。「あっ、調子に乗ってたかな……」とおびえながら職員室に行くと、「おい、お前はいつも遅刻してるな！　何をやっているんだ、しっかりしろ！」と説教をされる。たいていの場合は、そこで素直に反省して、「わかりました、明日から気をつけます」と答えるだろう。こうした類の〝お叱り〟を、レヴィナスは〈師〉による審問（問いただし）と考えるのだ。

〈師〉は「言葉」によって、実存にルールを与える。もし〈師〉がいなければ、実存はわがままに育ってしまう。何が従うべき規範であるか、何が善であり悪であるかについては、「家」に住まうだけでは理解することができないからだ。

実存は、〈女性〉からは優しさを、〈師〉からはルールを与えられる。〈女性〉により優しく迎え入れられた経験を思い出しながら、自分が善を果たすべき存在であるという自覚のもと、救いを求める他者を迎え入れ、他者に対し「贈与」を行うことができるようになるのだ。

他者の迎え入れは限定された関係に留まらず、公共的な次元へと開かれていく。レヴィナスは、他者とのそうした関係を「兄弟関係*」（同胞愛）と呼ぶ。

兄弟関係における迎え入れの責任には限界がない。他者は無限に待ち構えており、「ここまでが兄弟関係である」という規定を置くことはできないからだ。

だが、私の生には死という限界がある。

ここには、兄弟関係をくじきかねない重大な問題がある。責任が増えるばかりで、それが果たせる希望が存在しなければ、私たちは責任を果たそうとする動機を保つことができないからだ。返しても膨らみつづける借金を返しつづけようと思うだろうか。

「多産性」が今と未来をつなげる

レヴィナスはこの問題を解くための原理として、「多産性*」という概念を導入する。

*兄弟関係（同胞愛）
キリスト教には、「隣人愛」の倫理がある。〈あなた自身のように、あなたの隣人を愛さなければならない〉。レヴィナスは、宗教の後ろ盾なしに倫理を基礎づけるために、兄弟関係を一つの課題として提起しているのだ。

多産性は、自分の子どもや子孫を指していると見ることもできるし、あるいは後続する世代全体を指していると見ることもできる。

レヴィナスは次のように論じる。

「男性から女性へのエロス的な関係においては、男性が自分の主観性を抜け出て、かつそこに帰ってくるような運動が現れる。男性は愛すべき他者を見いだし、愛撫を行う。愛撫は感覚的なものを超え出て行き、『みずからのかたちから絶えず逃れて未来に向かうもの』を引き起こすのだ」

非常にクサい言い方ではあるが、言われているのは要するに、生殖行為は子孫を残すという方法で、未来との関係を「現在において」つくり出すということだ。レヴィナスは、こうした未来との関係のうちに、他者を迎え入れる責任を果たすための原理を見る。

*多産性
兄弟関係は、倫理を果たすべき責任が無限であることを明らかにした。兄弟関係に比すれば、私の実存などひとつの塵あくたにすぎない。レヴィナスによると、多産性はこうしたニヒリズムを打ち破る可能性の原理にほかならない。

多産性が老いを生むことのない歴史を継続させる。無限な時間によって、老いてゆく主体に永遠の生命がもたらされるわけではない。無限な時間と

は諸世代の非連続性をつらぬいてより善いものなのであり、子の汲みつくすことのできない若さがその時間を刻んでいるのである。
——前掲書

子どもは、いわば自分の分身であり、よりよい世界を実現する希望、可能性として私に立ち現れる。その可能性を信じることができれば、私は〈女性〉と〈師〉から受け継いだ責任のバトンに意味を見いだすことができると考えるのだ。

倫理の可能性をめぐって

本書でレヴィナスが試みたのは、「横領」のネットワークを「贈与」のネットワークに転換することによって、倫理の可能性を基礎づけることだ。

ここでレヴィナスが直面した問題は、私たちがみずから進んで贈与を行う条件は一体どこに置くことができるか、というものだ。

永久に完済できない借金と同様、増えつづける責任を果たそうとする動機を私たちは保つことができない。贈与を義務として持ち出せるなら話は早いが、レヴィナスにとって、それはあまりに素朴な選択肢だった。もしそうすることで倫理の問題が万事解決できるなら、そもそも「横領」の究極的な形態である戦争は生じなかっただろう。

この問いに対してレヴィナスが示した解決策は、「贈与」のネットワークに子ども、子孫の観念を導入することだ。

いま、すべての他者を迎え入れることはできないとしても、次のなかに位置づけつつ、次の世代への希望を抱くことができれば、私たちはいま「若さ」を取り戻し、〝責任のバトンリレー〟に復帰して、再び走りはじめることができるだろうと考えるのだ。

もちろん、これはレヴィナスの一つの仮説にすぎないが、次の世代の可能性を信じることが、倫理を構想する際の重要な条件であることは確かだといえないだろうか。「未来の他者がバトンをつないでくれるだろう」と信じ、自分ができるかぎりの範囲で責任を果たすことができれば、社会を無限に広がる「贈与」のネットワークとして立て直すことができるはずである。レヴィナスはこうした考え方を示すことで、エゴイズムに代わる倫理の根拠を置こうと試みたのだ。

title:49 言葉と物

ポストモダン思想の代表作

ミシェル・フーコー（1926～1984年）

人間は、われわれの思考の考古学によってその日付けの新しさが容易に示されるような発明にすぎぬ。そしておそらくその終焉は間近いのだ。

――『言葉と物』渡辺一民、佐々木明・訳、新潮社

20世紀後半、フランスではポストモダン思想が現れてきた。本節で見ていくミシェル・フーコーは、ポストモダンの代表的な思想家だ。

ポストモダン思想の基本的なモチーフは、近代社会の制度が矛盾の構造であることを示すことにある。自由や平等といった理念から、家族や国家といった制度に至るまで、近代社会それ自体が、実は暴力や抑圧によって支えられている――。

こうした主張によって、反権力、反制度、反普遍性といった構えを強く押し出す点に、ポストモダン思想全般の特徴がある。

本書でフーコーは、歴史上の膨大なデータをもとに、「近代」が、時代の流れのなかで現れてきた一つの状態にすぎないことを示し、近代社会の制度や構造など普遍的と捉えられるものに絶対的な根拠が存在しないことを明らかにしようとする。

その際、フーコーが用いるのが「エピステーメー」*という概念だ。

エピステーメーとは、一言で言えば「知の枠組み」のことだ。一切の認識はエピステーメーに基づいて行われる。それぞれの時代には、それぞれのエピステーメーがあり、人びとはそれに従って世界を認識しているにすぎない。それゆえ、普遍的な認識なるものは成立しない。フーコーはエピステーメーという概念に、こうしたメッセージを込めているのだ。

フーコーは、西洋文化には二つの大きな断絶があると語る。うち一つは16世紀から17世紀前半の「古典主義時代」であり、もう一つは近代である。それに従えば、西洋文化は①古典主義時代以前、②古典主義時代、③近代の3つに区分され、それぞれの時代には、それぞれのエピステーメーがあることになる。

近代の知もまた一つの相対的なものにすぎないということを象徴する概念として、

*エピステーメー
ギリシア語で「知識」のこと。フーコーはこれを、ある時代における知の制度的枠組みという意味で使う。

フーコーは「人間」に着目する。

一見、知の相対性と「人間」の概念は、ほとんど関係がないように思えるかもしれない。だが、フーコーは「人間」とは、近代固有のエピステーメーから生み出されたものにすぎない*と語る。つまり、ひとたび近代のエピステーメーが変わってしまえば、「人間」なるものは、波打ち際の砂のように消滅してしまうというのだ。

古典主義時代のエピステーメー

ではまず、古典主義時代のエピステーメーがどのようなものだったのか、フーコーの叙述に沿って確認してみよう。

古典主義時代以前の知のパラダイムにおいては、「類似*」が重要な役割を果たしていた。「類似」とは、言語と物の対応関係のことをいう。古典主義時代以前では、「言葉はいかに物同士の関係を写し取ることができるか?」ということが問題だった。

だが、古典主義時代に入ると、言葉と物の「類似」は背景に退いていく。言葉は物の秩序に対応しなくなり、独自の秩序を構成するようになる。

*ここで言わんとするのは、あたかも私たちが自明であるかのように考えている事柄は、いずれも時代の知の枠組みによって規定されたものにすぎないということ。「人間」もしかり。近代に現れてきた「人文科学」は、あたかも自分たちが、人間に対する絶対確実な知に到達しているかのように考えたが、それは大きな勘違いであるとフーコーは言いたいのだ。

*類似
「言葉」はいかに「物」(現実)を写し取ることができるかという枠組

そうした知の枠組みを、フーコーは「表《ひょう》」＊という用語で呼ぶ。

表においては、「言葉」と「物」の関係ではなく、「言葉」の相互関係が問題となる。事物の表象が、表の秩序のうちにマッピングされ、整理される。表のパラダイムにおける知の体系では、言葉の一般的な秩序を論じる「一般文法」や、自然事物の体系を整理する「博物学」、物のもつ価値の尺度を論じる「富の分析」が現れてくる。

表のパラダイムのポイントは、表は独自の秩序ではあるが、その秩序はあくまで、物の秩序によって裏づけられていることにある。

たとえば「富の分析」では、価値の尺度は金そのものがもつ価値によって保証される。貨幣の価値は、貨幣に含まれる金属量によってはかられる。より多くの金を含んでいる貨幣は、より大きい価値を示す。こうした前提に基づいて「富の分析」は貨幣の価値について論じていたというのだ。

近代のエピステーメー

古典主義時代における知のパラダイムでは、表象を「表」に秩序づけることが問題

＊表
古典主義時代に入ると、みが生きていた古典主義時代以前では、言葉は物の〝標識〟であった。フーコーによると、象形文字は、「言葉」を「物」に似せたものであり、占卜（占い）は、「物」を解釈することで、現実を予言することをねらいとする。古代中国、殷の占卜では、事前に占うことを獣骨に刻みつけ、その獣骨を熱したときに現れるひび割れの形を見て占ったと言われている。その際に使われた甲骨文字が、現在確認されている最古の漢字である。

とされていた。だが、近代に入ると、再度、エピステーメーの転換が起こる。その結果、「一般文法」は言語学、「博物学」は生物学、「富の領域」は経済学へと変化する。

この移行の背景には、〈秩序〉から〈歴史〉への転換がある。時間という軸が現れたことで、〈歴史〉や〈構造〉のパラダイムが現れ、表の秩序を置き換えたのだ。

古典主義時代のエピステーメーとの決定的な違いは、探求の対象が、目に見えるもの（表象）から、目に見えないもの（歴史、構造）へ変わったことにある。

たとえば「富の分析」では、価値の基準は、それ自体として価値をもつ貨幣に置かれていた。これに対し、アダム・スミスにより創始された経済学では、物の秩序とは無関係である「労働」が価値の基準となる。もはや貨幣にどれだけの金属量が含まれているかは問題ではない。貨幣の価値は、それがどれだけの「労働」を反映しているかによって定まるようになったのだ。

フーコーは近代における一連のエピステーメーの転換によって、「人間」なるものが現れてきたと語る。言いかえると、「人間」とは、言語学、生物学、経済学という近代のエピステーメーによってかろうじて支えられているだけの、はかない像である

「言葉」と「物」の直接的な関係を離れて、「言葉」同士の秩序が成立し、知の枠組みも、その秩序そのものを整理することに向けられる。そうした知の枠組みを、フーコーは「表」と呼ぶのだ。

と考えるのだ。

人間科学は普遍的ではない

フーコーは「人間」を対象とする近代のエピステーメーにおいて、人間科学（人文科学）が現れてきたと論じる。人間科学とは、先にあげた言語学や生物学、経済学によって規定される「人間」をテーマとした学問体系のことだ。

ここで重要なのは、人間科学もまた、エピステーメーの一状況によって現れてきたものにすぎず、決して普遍的な知の体系などではないということだ。

フーコーは人文科学に対し、「人間」が近代の知のパラダイムに規定された存在であることに気づかないまま探求を続けていると批判する。近代の思考は人間学の「眠り」に落ちており、近代もまた一つの時代にすぎないことを忘れ、普遍的な知に到達したと思い込んでしまっているというのだ。

本書の結論で、フーコーは次のように言う。

「人間学の眠りから目を覚まさせるためには、人間学的な偏見にとらわれずに思考の限界を問い直すことで、人間学を攻撃し、それを徹底的に破壊するしかない。人間なるものを素朴に探求しようとする人びとには、『哲学的笑いを向けることしかできないだろう』」

代案を出せない近代批判

ここまで確認してきて、おそらくいったいフーコーが何のためにこうした批判を行ったのか、ほとんど見えてこなかったかもしれない。実際、『言葉と物』を見ても、モチーフがハッキリと書かれているわけではない。デカルトやルソー、カントといった近代哲学者たちが、最初に考察の目的を置き、それに従って議論を進めていたのとは対照的に、フーコーらポストモダン思想家は、自分の根本的なモチーフを隠しつつ、文章全体を通じて、言いたいことを暗に伝えようとするのだ。

フーコーの言いたいことを私なりに推測してみると、こんな感じだ。

「近代は自由と平等の理念を基礎として出発したが、それは新たな矛盾と抑圧の構造を生み出した。その構造を支えている条件を明るみに出せば、新たな〈自由〉が開かれてくるはずである……」

とはいえ、フーコーは近代の次に現れるべき時代について、積極的に論じているわけではない。

確かにフーコーは、近代が一つの時代にすぎないことを明らかにしたが、それだけでは、「では一体、近代の矛盾はどうすれば解決できるのか？」といった問いに答えることはできない。

そういうわけで、おそらく「人間」が消滅すると言われても、まるで意味がわからないかもしれない。だがそれは、現代に生きる私たちにとっては、ごく自然な感覚であり、疑う必要はない。

本書は、人間の主体性に絶対の信頼をよせるサルトルの実存主義と対比され、当時のインテリたちの「人間の絶対性を信じているなんて素朴だね(笑)」的な雰囲気のもとで評価されてきた。これは現代風には、マスコミなどの各種メディアによって私たちの世界観は規定されてしまっており、無知な一般大衆はそのことに気づいていない、という言い方に近くなる。ポストモダン思想は、暗黙のうちに「私だけが真理を知っている」というような態度に陥ってしまっているのだ。

もっとも、フーコー自身は決してそのように考えていたわけではない。彼のなかには、「人間」という規定を置いてしまうと、そこにおさまらない多様な生のあり方が抑圧されてしまうという強い危機感があった。実際、フーコーは同性愛者であり、そのことに深く苦悩し、青年期には自殺未遂事件を起こしている。

しかし、ここでフーコーに対して私は次のように言ってみたい。

必要なのは、「人間」の概念を相対化して消滅に追い込むことではなく、それを鍛え上げることである。どのような「人間」の概念を置けば、抑圧が生まれることなく、私たち一人ひとりが納得した生を送ることができるのかといった問いに答えることである。哲学的な冷笑を向けている場合ではないのだ。

哲学とは、常識を徹底的に吟味し、問題点を取り出し、それを解決することで、それまでの常識をより普遍的なものに編み変えていく営みである。力強い思考によって、原理を鍛え上げ、それを一般の市民感覚によって試し抜くことが、現代社会の問題に取り組むにあたって、哲学に求められている第一の課題なのだ。

title: 50

声と現象

同一性を解体する「脱構築」の思想

ジャック・デリダ（1930～2004年）

認識および認識論という観念は、それ自体、形而上学的ではないだろうか。
──『声と現象』林好雄・訳、筑摩書房

観念は、私たちを幻惑させる。観念には一般性があり、それゆえ無限性を予感させてくれるからだ。なかでも、論理的な矛盾を突くパラドックス（逆説）は、私たちを引き寄せるような〝魔力〟をもっている。

論理的なパラドックスの一つに、ギリシア・クレタ島出身のエピメニデス*によるとされる「嘘つきのパラドックス」がある。

「『クレタ島人は嘘つきだ』とクレタ島人は言った」

もしクレタ島人が嘘つきなら、「クレタ島人は嘘つきだ」は嘘になる。だが、クレ

＊エピメニデス
古代ギリシアの詩人・預言者。生没年不詳。クレタ島生まれ。バートランド・ラッセルが論文で取り上げ有名にした。

タ島人が正直者ということになると、最初の定義に反してしまう。クレタ島人が嘘つきと言う自分はどうなのか、というわけだ。

こうした類いのパラドックスは「自己言及のパラドックス」と呼ばれ、ポストモダン思想で大いに流行した。言葉の意味を一義的に決めることはできない。言葉が「言いたいこと」を正しく表現できるという考えは誤っている。そうした主張によって、ポストモダン思想は普遍性や客観性といった、それまでの哲学の営みで熟成されてきた理念を、一気に相対化しようとしたのだ。

「真理」を否定

ポストモダン思想が普遍性という理念を否定するに至ったことには、いくつかの歴史的な経緯もある。一つはマルクス主義の硬直化だ。

マルクス主義の認識論の立場を覚えているだろうか。エンゲルスは『空想より科学へ』（257ページ）で、「弁証法的唯物論」という概念を示していた。ここではその概念の中身は重要ではない。問題なのは、その世界観が唯一の〝真理〟として示されたことだ。

ポストモダン思想は「われわれの世界観は絶対に正しい。階級闘争の歴史が世界の真理である」とするマルクス主義の構えがスターリン主義*に結びついたと見た。そして、それまでの哲学が、真理を追い求める形而上学として営まれてきたことを暴こうとしたのだ。

前節で確認したフーコーは『言葉と物』（437ページ）で、いかなる認識も、その時代固有のエピステーメー（知の制度）に応じて生じるものにすぎないと論じていた。「絶対に正しい普遍的な認識なるものは存在しない。一切の認識は相対的なものである。だが、マルクス主義を含め、『人間』を対象とする近代の学問は、そのことにまるで気づいていない。近代の知は失敗したのだ」

近代の知の体系をまるごと批判することによって、フーコーは普遍性の理念に対し「NO！」を突きつけたわけだ。

本節で見ていくジャック・デリダもまた、フーコーと同様、普遍性の理念を批判する。フーコーは、いわば考古学的にさまざまなデータを駆使して、近代の相対性を描き

*スターリン主義
旧ソ連のヨシフ・スターリン（1879〜1953年）による独裁体制をいう。スターリンの個人崇拝、大量粛清などが特徴。

だしていたが、デリダは言語に着目し、哲学が真理への欲求に取りつかれていると批判する。

「普段、私たちは言葉が『言いたいこと』を正しく表現できると考えている。だが、『いま』という表現はどうだろう。『いま』と言った時点で、それは過去のものになっている。『いま』は、現在を正しく捉えられない。にもかかわらず、フッサールは、言葉は『言いたいこと』と正しく対応しているという。ここには『言いたいこと』が言葉の意味の原因であるという、真理への〝野望〟がはたらいているのだ」

本書でデリダは、フッサールにより創始された現象学を否定的に評している。フッサールは一見、世界の究極原因を探求する形而上学を否定するという態度をとりながら、実は現前意識*（ありありとした現在という感覚）を、意味の絶対的な起源とみなしている、と批判したのだ。

*現前　フッサールの概念。意識における対象の「ありあり感」を指していう。

差異の〝たわむれ〟

では、フッサールに対して、デリダはどのような代案を示すのか。それは、意味は確固とした「いま」ではなく、差異のたわむれ（運動）から生まれてくるというものだ。もっとも、「いま」という地盤に意味の根拠を置くことは、さほど重大な問題ではない。むしろデリダの問題意識は、原理を定めること自体にある。原理を置けば、全体主義的な抑圧が生じてくる。したがって、正しい世界観などそもそも存在しえないことを論理的に証明し、真理を求める欲望を徹底的に否定すれば、多くの人びとが差異と多様性を尊重し、生を営むことができるはずである。

このようにして、ポストモダン思想は、真理や共通了解といった考え方を批判するのだ。

「音声中心主義」批判

「意味は確固とした原理ではなく、差異の運動によって生じてくる」と主張することで、デリダは、フッサールの「音声中心主義」を批判する。

音声中心主義といってもなかなかイメージがわかないかもしれないが、構図さえつかむことができれば非常にシンプルだ。

ポイントは次のようなものだ。

意識と言語の間にはズレがあり、決して完全に重なり合うことはない。だがフッサールは、意識と言語を強引に結びつけようとする。その試みを象徴する概念が「声*」である。

> 意識の構成元素と言語の構成元素とは、ますます見分けにくくなるだろう。ところで、その見分けにくさは、自己への現前性の核心に、非‐現前性と差異（媒介性、記号、参照指示等々）とを引き入れてしまうのではなかろうか。この難題が、一つの答えを呼び寄せる。その答えが、声と呼ばれるのだ。
>
> ——前掲書

デリダの言葉をかみ砕いてみよう。

フッサールでは、意味は意識内での独り言（内言）によって生み出されるといわれる。「声」は、その内言を表現し、〝響き〟を反復する。言いかえると、話し手が言わんとする〝意〟を正しく反映する。フッサールは意味が生まれる構造一般を、こうした反

*声
普段私たちは、「言いたいこと」は声に出すことによって直接に表現できると考えている。「おいしい！」という言葉は、その人が実際においしいと感じたことを表現している、というように。こうした意識と言葉の対応関係を、デリダは「声」というキーワードで呼ぶ。なぜ「声」なのかというと、書き言葉（エクリチュール）にはそうした対応関係が見いだされないと考えるからだ。

映モデルで考えているというのだ。

しかし、デリダはこの反映モデルは決して成立しないと論じる。

一つ例を考えてみよう。道を歩いていたら、足元にメモ用紙が落ちていた。拾ってみると、そこには次のようにある。

「バカ」

さて、これをどう考えればいいか。その二文字をどれだけ眺めていても、それが言わんとすることを理解することはできない。なぜなら、そのメモを残した人は、もうそこにいないからだ。

デリダは、こうした構造は、書き言葉（エクリチュール）*だけではなく、話し言葉（パロール）*についても当てはまると語る。誰かに「バカ」と言われても、それが何を意味しているかについてはただ解釈することしかできない。表現と意味の一致は、絶対に確かめることができないのだ。デリダはこのことを、「作者の死*」という概念によって言い表す。

*エクリチュール
書き言葉のこと。エクリチュールは意識との対応関係から切り離され、読み手の自由で多様な解釈にゆだねられる。絶対的に正しい表現（真理）は存在せず、無数の解釈の「戯れ」しか存在しない、という意味で使われる。解釈における多様性、多義性こそが意味の特質である、というのがデリダがここで言いたいこと。

*パロール
話し言葉のこと。言葉が意識を正しく表現するという「声」図式のもとにあるとされる。

作者の死

作者の死とは、表現は、その表現を行った人の意識と完全に切り離されていることを意味する比喩だ。必ずしも、その人が実際に死亡しているわけではない。

では、なぜデリダはそれを説明するためにあえて「死」という言葉を用いたのだろうかというと、この点についてもフッサールと対比して考えてみよう。

フッサールは、意味が成立してくる意識のありようを、「生き生きした現在」という言葉で説明している。わかりやすく言うと、知覚対象がもつ〝ありあり感〟のことだ。フッサールは、意味の起源は最終的にこの〝ありあり感〟にあると考えた。

しかし、デリダは反論する。たとえば次のような言葉を考えてみよう。

「私はいまここにいる」

フッサールの「声」図式では、この表現の起源は、私が実際にいまここにいるということについての〝ありあり感〟にある。だが、よく考えてみると、私以外の誰でも「私」と言うことができるし、このいまの瞬間以外でも「いま」という言葉は意味をもつ。「こ

＊作者の死
パロールにおいては、意味の根源は話し手の意識にあるとされる。しかしエクリチュールでは、言葉は書き手（著作家）の手を離れてしまい、意味はただ読み手の側が解釈することしかできない。デリダは、これが意味一般の構図であると考えるのだ。

こ」も同様だ。

デリダは、意味は具体的な〝ありあり感〟から切り離され、そのつど状況に応じた解釈にゆだねられていると考える。ある表現に与えられた意味は、決してその表現を行った人の意識が生み出したものではなく、つねに状況における差異が生み出す〝効果〟にすぎないというのだ。

反普遍性の哲学

こうしたデリダの思想は「脱構築＊」という名のもと、ポストモダン思想を代表する考え方として多くの注目を集めた。

一切の意味は差異が生み出す〝効果〟にすぎず、そこに決して確固とした根拠は存在しない。そうした反普遍性の立場を打ち出すにあたって、脱構築の思想はきわめて手頃な道具となる。トリックさえわかれば、誰でも簡単に既成の制度を批判できる。

実際、そのようにして著作、論文が量産されてきた。

だが、デリダのフッサール批判は本当に妥当だろうか。

＊脱構築
男と女、外部と内部といった二項対立から〝はみ出る〟他者を指摘することで、西洋文化に潜んでいる形而上学を暴こうとする試み。たとえば、男女という区別を自明視してきた近代は、そこに入らない他者（ＬＧＢＴ）を抑圧してきた、というように。

フッサールは意味の根源を、意識の「生き生きとした現在」に置いており、「還元」は、その「生き生きとした現在」を明らかにすることで、意味の根源を定めるための方法である。これがデリダによる基本的なフッサール理解だ。

率直に言うと、これはかなり疑わしいものだ。

先ほど『現象学の理念』と『イデーン』を見たときに明らかにしたように、フッサールは「還元」を〝態度変更〟として規定していた。だがそれは何のためかというと、私たちの世界像が、どのような根拠により支えられているかを明らかにするためだ。

還元とは、世界が客観的に存在するという前提をいったんストップし、一切を意識に置き戻すことで、その客観性の確信を成立させている条件を明らかにするための方法だ。フッサールは、還元によって、認識の根源要素を取り出しているのではなく、その共通構造を取り出そうとしているのだ。

もちろん、その構造が客観的かどうかについては、自分だけで確かめることはできない。自分で受け取った構造は、自分一人に当てはまるとしても、必ずしも他の人に当てはまるとはかぎらないからだ。

したがって、認識の客観的な構造を明らかにするためには、自分の経験から受け取った洞察をテーブルの上に置き、それを他の人たちと確かめあう必要があるのだ。

以上を踏まえて、先ほどの「バカ」の例については、どう考えればいいか。

たとえば、「バカ」と言ってきた相手が見知らぬ人であれば、侮辱感を覚え、ムッとする。ただ、これが10年来の幼なじみならどうだろう。愛情表現として受け取る場合もあれば、見損なったという意味で受け取る場合もあるはずだ。「バカ」の意味は、その二文字をどれだけ眺めていてもわからない。なぜなら、私たちはその意味を、言われたときの状況や、それまでの関係性を踏まえたうえで受け取るからだ。

確かに、言葉の意味がよくわからないこともある。その場合、その意味を知らなくてよければそのまま流すし、逆にそれが大事だと思えば、「それってどういう意味？」と質問し、何を言わんとしているのか確かめようとする。もちろん相手は嘘をつくかもしれない。

だが、それが本当に嘘かどうかさえ、私たちは知ることはできない。相手の心をのぞくことはできないからだ。

では、言葉の意味は、解釈にすぎないのだろうか。

そんなことはないはずだ。

私たちは、条件が満たされれば、相手が本当のことを言っているという揺るがしがたい確信を抱く。深く信頼する人からの言葉は「嘘かもしれない」と思うことなく、素直に受け取っている。

確かにそれは一つの解釈だ。誤解かもしれない。しかしそれが解釈であることと、その言葉が自分の心を支える揺るがしがたさをもっていることは、まったく別のことだ。

言葉がいかに私たちの心を動かし、言葉によっていかに私たちが傷ついたり悲しんだり、慰められたり喜んだりするかということに目を向けず、ただ形式だけを分析しても、言葉の意味を理解することはできない。なぜなら形式は、言葉の一つの側面にすぎないからだ。

相対化は何も生み出さない

ポストモダン思想の基本の目的は、原理に対抗し、普遍性を否定する点にある。その背景については初めに確認したとおりなので、繰り返さない。ここではむしろ、ポストモダン思想をどう評価すればいいかを考えてみたい。

ポストモダン思想は、真理や普遍性に、差異や多様性を対置させて徹底的に相対化した。普遍性に回収されない〝絶対的な差異〟という概念を置けば、抑圧のない社会が生まれるはずだという淡い希望のもとで。

では、果たして彼らの願いは叶っただろうか。

確かに差異の概念は人びとの間に浸透した。絶対に正しい世界観など存在しない。多様性を尊重しよう。いろいろな考え方があっていいじゃないか、と。

だが、私たちがいま目撃しているのは何だろうか。多様な世界観が相互に争い、人びとの生を苦しめている光景ではないのか。あるいは、理想を描くことができず、閉塞感のなかでもがいている姿ではないのか。

このような状況において、私たちは、差異や多様性といった言葉に希望を感じることはない。幻惑されることもない。実感に響く力を失ってしまったのだ。

では、どこから始めればいいのか。そして、どのように考えればいいのか。

この問いに対し、哲学は一つの答えをもっている。

いかなる前提も置かず、最初から考えなおすこと。〝真の〟世界観が存在するという前提を取り払い、いかなる生、いかなる社会が「よい」といえるかについて考えること。あらかじめ答えが用意されているわけではない開かれた言語ゲームのなかで、誰もが共有できるスタート地点から、ともに言葉を交わし、原理についての共通了解をつくり出していくこと。

この点を考えるとき、近代哲学者たちの姿が浮かぶ。彼らもまた、中世のキリスト教的世界観の壊れを感じ取ったとき、いったいどこから手をつければいいのかという問題に直面したはずだからだ。

当時はまだ中世の世界観が力を保っていた。近代哲学者たちは反逆者だった。デカルト、ホッブズ、スピノザ、ヒューム、ルソー、ヘーゲル……。彼らはいずれも、おのおのの状況で、非難や迫害を受けていた。だが彼らは、伝統に立ち戻ることなく、あるいは、相対化へ逃げることなく、原理的に考察を行った。

相対化は何も生み出さない。誰もが納得できる原理を置くことができなければ、哲学の営みとしては敗北である。彼らの著作には、そうしたメッセージが込められているように思える。

さて、ここで改めてもう一度、自分の人生、そして私たちの社会を眺めてみよう。自分にとって本当に「よい」人生とは何か？　どのような社会が、ともに「よく」生きるための条件だろうか？　この点に対する答えを与えるのは決して簡単ではない。しかし、これらの問いに真摯に向き合えば向き合うほど、あなたは自身の中に生きる、先ほどの近代哲学者たちの息遣いを感じるはずだ。

あとがき

哲学を勉強するようになったのは、大学の学部を卒業し、大学院への進学が決まった後です。哲学をきちんと勉強しなくてはいけないという思いで、早稲田大学国際教養学部の竹田青嗣《たけだせいじ》ゼミの扉を叩いたのが、哲学を始めるきっかけになりました。それまでは、哲学には軽く触れた程度で、哲学者の名前すらほとんど知りませんでした。

学部生のころ、確か19歳くらいだったと思いますが、通勤ラッシュに巻き込まれるのが嫌すぎて、早朝7時くらいに大学に行っていたことがあります。やることもないので、なんとなく買っておいたカントの『純粋理性批判』（175ページ）を読みはじめたところ、わずか数分で眠りに落ちてしまいました。前提知識なく読むとたいていそうなります。それから数年間、『純粋理性批判』を開くことはありませんでした。

よくなかったのは、大学の書店でショーペンハウアーの『読書について』を見つけてしまったことです。哲学者は本を読みまくるが思考力をもたない、というようなことが書いてありました（当時はそう受け取りました）。別にショーペンハウアーの主張が間違っていると言いたいわけではありませんが、それを曲解して「そうか哲学書を読むのは良くないことなのか」と、壮大な勘違いに陥ってしまったことは、いまから考えると痛い損失でした。

ただ、仮に当時から哲学書を読んでいたとしても、その中身をしっかり受け取ることができたかどうかについては、また別の話です。知的遊戯にハマっていただけの可能性もあります。そうした道にそれることなく、古典をじっくり読み進め、哲学の意味をつかむことができたのも、読みはじめてから数年のうちに起きた種々の出来事のおかげかもしれません。

そのうちの一つが、インターネット上での活動です。

哲学書をきちんと読みはじめてから2年ほど経ち、次第に要約レジュメがたまってきたころ、インターネット上で哲学を解説するウェブサイト「Philosophy Guides」を開設しました。開設当初は、アクセス数が1日わずか数人だけのときもあり、くじけそうになることもありましたが、まわりの応援もあって継続でき、いまでは多いときで1日数千人のアクセスを数えるまでになりました。本書の解説の一部は、このサイトで公開した記事をベースに、大幅な加筆修正を加えたものです。

ところで、哲学を勉強している学生の間では、こんな言い方がされることがあります。

「あの人は入門書しか書けない（から読む価値はない）」

哲学書を解説することは簡単である。簡単な解説を書くことは、より簡単である。一見それらしく見えますが、根拠のない先入観です。

哲学を一通り勉強している人に哲学を解説するのは簡単です。難しいのは、一般の人びとに届く言葉で、哲学のポイントを過不足なく伝えることです。実際にやってみてわかりましたが、それには相応の技術が要求されます。本書がそうした要求に応えられているかどうかについては、読者の方々の判断にゆだねるほかありません。

最後になりますが、本書は私にとって初めての単著です。竹田教授ほか、竹田ゼミのみなさんの励ましには大いに助けられました。竹田教授には哲学の何たるかを教えていただき、感謝してもしきれません。今日まで静かに見守ってくれた両親にも、深く感謝しています。

2016年2月

平原 卓

参考文献案内

第一部

『プラトンとの哲学――対話篇をよむ』（納富信留・著、岩波新書、2015年）／『プラトン入門』（竹田青嗣・著、ちくま学芸文庫、2015年）／『アリストテレス――自然学・政治学』（山本光雄・著、岩波新書、1977年）。

第二部

『トマス・アクィナス』（稲垣良典・著、勁草書房、1996年）／『世界の名著 トマス・アクィナス』（山田晶・訳、中央公論社、1975年）に収められている「聖トマス・アクィナスと『神学大全』」は、アクィナスの生涯と『神学大全』の全体構成をコンパクトに解説。

第三部

『カント 信じるための哲学――「わたし」から「世界」を考える』（石川輝吉・著、NHKブックス、2009年）／『使えるヘーゲル――社会のかたち、福祉の思想』（福吉勝男・著、平凡社新書、2006年）／近代哲学の現代的意義を論じたものとして『近代哲学再考――「ほんとう」とは何か・自由論』（竹田青嗣・著、径書房、2004年）、『「自由」はいかに可能か――社会構想のための哲学』（苫野一徳・著、NHKブックス、2014年）を挙げておきます。

第四部

『知識ゼロからのニーチェ入門』(竹田青嗣、西研・著、藤野美奈子・画、幻冬舎、2012年)はユーモアを効かせたマンガが面白い／『ニーチェはこう考えた』(石川輝吉・著、ちくまプリマー新書、2010年)も好著／『ソシュールの思想』(丸山圭三郎・著、岩波書店、1981年)／『ウィトゲンシュタイン『論理哲学論考』を読む』(野矢茂樹・著、ちくま学芸文庫、2006年)／フッサール、ハイデガーは『哲学的思考――フッサール現象学の核心』(西研・著、ちくま学芸文庫、2005年)、『ハイデガー入門』(竹田青嗣・著、講談社選書メチエ、1995年)など。

第五部

『知識ゼロからの哲学入門』(竹田青嗣、現象学研究会・著、幻冬舎、2008年)／『はじめての構造主義』(橋爪大三郎・著、講談社現代新書、1988年)／『サルトル――「人間」の思想の可能性』(海老坂武・著、岩波新書、2005年)／レヴィナスについては「レヴィナスの哲学」(石川輝吉・著『本質学研究・第1号』、2015年所収)が絶対のおすすめ。レヴィナス全体の流れを押さえた画期的な論考／デリダに関しては『存在論的、郵便的――ジャック・デリダについて』(東浩紀・著、新潮社、1998年)を挙げておきます／『言語的思考へ――脱構築と現象学』(竹田青嗣・著、径書房、2001年)は分析哲学とポストモダン思想に対する原理的批判。

［な］

［は］

［た］

［さ］

索 引

［著者プロフィール］

平原 卓●ひらはらすぐる

1986年北海道生まれ。早稲田大学文学研究科修士課程修了(人文科学専攻)。哲学者・竹田青嗣教授に師事し、卒業後も薫陶を受けつづけている。古今東西の主な哲学書を紹介するウェブサイト「Philosophy Guides」を開設し、高校生レベルの知識でも理解できると好評を博している。難解な哲学書でも要点を的確に押さえる読解能力、複雑な概念を平易な言葉で表現するアウトプット能力に定評がある期待の新人哲学者。

【Philosophy Guides】 www.philosophyguides.org

読まずに死ねない哲学名著50冊

2016年3月15日　初版発行
2025年4月18日　18刷発行

著　者　平原　卓
発行者　太田　宏
発行所　フォレスト出版株式会社
〒162-0824　東京都新宿区揚場町2-18　白宝ビル7F
電話　03-5229-5750（営業）
03-5229-5757（編集）
URL　http://www.forestpub.co.jp
印刷・製本　中央精版印刷株式会社

ISBN978-4-89451-964-0　Printed in Japan